ACCESO GRATIS ***a la Lectura en la Nube***

Para visualizar el libro electrónico en la nube de lectura envíe junto a su nombre y apellidos una fotografía del código de barras situado en la contraportada del libro y otra del ticket de compra a la dirección:

ebooktirant@tirant.com

En un máximo de 72 horas laborales le enviaremos el código de acceso con sus instrucciones.

DERECHO CONSTITUCIONAL ANTIDISCRIMINATORIO DESDE UNA PERSPECTIVA DE GÉNERO

DERECHO CONSTITUCIONAL ANTIDISCRIMINATORIO DESDE UNA PERSPECTIVA DE GÉNERO

CATALINA RUIZ-RICO RUIZ
Catedrática de Derecho Constitucional

tirant lo blanch
Valencia, 2024

En caso de erratas y actualizaciones, la Editorial Tirant lo Blanch publicará la pertinente corrección en la página web www.tirant.com.

EDITA: TIRANT LO BLANCH
C/ Artes Gráficas, 14 - 46010 - Valencia
TELFS.: 96/361 00 48 - 50
FAX: 96/369 41 51
Email: tlb@tirant.com
www.tirant.com
Librería virtual: www.tirant.es
DEPÓSITO LEGAL: V-3582-2023
ISBN: 978-84-1197-374-8

Si tiene alguna queja o sugerencia, envíenos un mail a: *atencioncliente@tirant.com*. En caso de no ser atendida su sugerencia, por favor, lea en *www.tirant.net/index.php/empresa/politicas-de-empresa* nuestro procedimiento de quejas.

Responsabilidad Social Corporativa: http://www.tirant.net/Docs/RSCTirant.pdf

A mis padres Gerardo y Margarita, siempre a mi lado

A Encarnación Ruiz Guerrero, mi otra madre, por su entrega infinita

Con todo cariño, a mis queridos y adorables tíos Aurelio, Carmen y Luis Felipe Ruiz Tallón

Y a mis hijas Lucía y Elena, sin ellas nada hubiera sido posible.

Índice

1. Descripción inicial: objeto, oportunidad y objetivos

El presente estudio innovador y transversal se orienta a la construcción de un sistema constitucional antidiscriminatorio desde una perspectiva de género, basado en la consolidación de unos principios, medidas preventivas, derechos, obligaciones, responsabilidades y efectos jurídicos. Se ha realizado sin pretensión de exhaustividad respecto de las causas discriminatorias consideradas como "numerus apertus" por el Tribunal Constitucional y con una proyección multidisciplinar mínimamente invasiva por la convergencia con otras disciplinas jurídicas.

El iter expositivo se acomoda a las diversas fases de la investigación científica representadas por el objeto, la oportunidad, objetivos, resultados, conclusiones y un enfoque prospectivo. En primer lugar, la hipótesis de partida se centra en el planteamiento de la problemática y controversias constitucionales que suscita el régimen actual de igualdad fragmentario y descohesionado, mediante el análisis de las objeciones jurídicas, déficits, lagunas e incongruencias jurídicas en su configuración.

Su oportunidad deriva del actual contexto legislativo convulso por la profusión de normas y proyectos como la Ley 15/2022, de 12 de julio, integral para la igualdad de trato y la no discriminación (LIT), la Ley Orgánica 10/2022, de 6 de septiembre, de garantía integral de la libertad sexual, la Ley 4/2023, de 28 de febrero, para la igualdad real y efectiva de las personas trans y para la garantía de los derechos de las personas LGTBI (LT), el Anteproyecto de Ley Orgánica integral contra la trata y la explotación de seres humanos y el Anteproyecto de ley de diversidad familiar y apoyo a las familias.

Los riesgos derivados de la atomización jurídica de la igualdad planean en la diversificación de los derechos y soluciones jurídicas aplicables a la violencia y discriminación. En particular, la compartimentación por razón de "géneros" (femenino, masculino, intersexual) deriva en diferencias de trato que obligan necesariamente a una revisión constitucional. La reciente normativa ha impulsado regímenes más garantistas que la Ley Orgánica 3/2007, de 22 de marzo, para la igualdad efectiva de mujeres y hombres (LOIEMH), por la previsión del acoso discriminatorio, un régimen de infracciones y sanciones, medidas cautelares y preventivas (artículo 1.2 LIT), un concepto amplio de discriminación (artículo 4 LIT), una modalidad indirecta no circunscrita al sexo, la superior gravedad de la discriminación múltiple como infracción muy grave (artículo 47.4 LIT), la responsabilidad patrimonial, reparación del daño discriminatorio y presunción de daño moral por concurrencia de causas de discriminación (artículo 27 LIT). En la Ley de Igualdad de Trato no se regula la discriminación por razón de género y advierte en su artículo 3.2 de que su regulación "se entiende sin perjuicio de los regímenes específicos más favorables establecidos en la normativa estatal o autonómica por razón de las distintas causas de discriminación previstas en el apartado 1 del artículo 2". Esta disposición confirma diferencias normativas de trato entre modalidades discriminatorias y paralelamente las dificultades para la aplicación analógica de la LIT al ámbito de la discriminación por razón de género conforme a su literalidad por su exclusión, a salvo el recurso al principio informador de igualdad.

Entre los objetivos de esta monografía destacan la determinación inicial de la perspectiva de género y de su carácter vinculante ante los Tribunales, considerando que la regulación actual restringe la aplicación del enfoque de género a las políticas (artículo 4.3 y 4.4 LIT) a diferencia del Convenio de Estambul que lo extiende a las leyes reforzando de este modo su exigibilidad jurídica[1].

La aplicación de la perspectiva de género a otras modalidades de violencia contra la mujer y al campo de los derechos fundamentales constituye la principal finalidad de este trabajo. En relación a la primera cuestión se propone el reconocimiento de "otras violencias de género" en el ámbito doméstico, laboral, educativo o virtual, y la inconstitucionalidad de la diferencia de trato con las víctimas de violencia de género. Según la STC de 25 de enero de 2021, el artículo 14 de la Constitución no prevé un tratamiento idéntico ante situaciones

---

1 El artículo 4.4. LIT señala: "En las políticas contra la discriminación se tendrá en cuenta la perspectiva de género y se prestará especial atención a su impacto en las mujeres y las niñas como obstáculo al acceso a derechos como la educación, el empleo, la salud, el acceso a la justicia y el derecho a una vida libre de violencias, entre otros".

jurídicamente diferenciadas, vedando las desigualdades artificiosas o injustificadas, carentes de criterios objetivos y razonables (Sentencia del Tribunal Constitucional 191/2020, de 17 de diciembre). La diferencia de trato debe proceder de distinciones proporcionadas que obedezcan a una diferencia objetivamente justificada y que supere un juicio de proporcionalidad.

El denominador común a los maltratos y discriminaciones por razón de género causados por el hecho de ser mujer y afectarles desproporcionadamente, fundamenta la unificación de las violencias de género con objeto de impedir una brecha discriminatoria entre víctimas, en términos similares a la operada en el marco de la violencia sexual mediante la Ley Orgánica 10/2022, de 6 de septiembre. Si bien esta última normativa ha generado diferencias de trato injustificables mediante la equiparación en derechos de las víctimas de violencia de género y las de violencia sexual, con exclusión de las mujeres maltratadas por acoso laboral, bullying, ciberacoso, en el ámbito doméstico o intrafamiliar[2]. La desproporción en cifras de la violencia de género respecto de estas modalidades de maltrato no puede justificar en términos comparativos un trato legal desigual, considerando que también el mobbing, ciberacoso, bullying o el maltrato doméstico presentan unas elevadas tasas de maltrato femenino. A lo sumo fundamenta el recurso a acciones positivas por afectar en mayor medida a las relaciones de pareja o análoga afectividad, sin que pueda "reputarse de discriminatoria y constitucionalmente prohibida —antes al contrario— la acción de favorecimiento, siquiera temporal, que aquellos poderes emprendan en beneficio de determinados colectivos, históricamente preteridos y marginados, a fin de que, mediante un trato especial más favorable, vean suavizada o compensada su situación de desigualdad sustancial (STC 216/1991, de 14 de noviembre).

El desarrollo científico de nuevos derechos fundamentales de género o manifestaciones de los existentes, pretende la concreción de la tutela judicial efectiva desde una perspectiva de género mediante

---

2 Así la atribución a las víctimas de violencia de género y sexuales de idénticos derechos de movilidad o traslado a otro puesto de trabajo, entre otros (artículos 40 y 82).

la responsabilidad del Estado, la no revictimización, el acceso a la información, la agravante de género y el trato individualizado de las víctimas como derechos emergentes. Paralelamente se dirime el reconocimiento del derecho fundamental a la corresponsabilidad, al olvido de los maltratadores y agresores sexuales, a la protección absoluta de sus datos personales, planteando la constitucionalidad de listas o bases públicas con fines de prevención y seguridad de las mujeres; y a garantías jurídicas frente a la violencia económica (11,5% de mujeres soporta un control de sus gastos según Macroencuesta sobre violencia contra la mujer, 2019).

Respecto de las soluciones jurídicas aplicables, la mediación en el ámbito de la violencia (filioparental y bullying) contra mujeres y niñas será objeto de revisión por su prohibición en el ámbito penal y concretamente de la violencia de género, con el riesgo de una diferencia de trato entre víctimas; y por implicar renuncia o disposición sobre derechos fundamentales, salvo que se limite a supuestos de maltrato leve o de baja intensidad. De igual modo se recurre al interés público de género y al interés de los mayores como criterios diseñados para resolver los conflictos entre derechos. Por último, se articula el encaje de la violencia y discriminación a los hombres desde una perspectiva de géneros que según las estadísticas afectan al 38% en el caso del maltrato doméstico, principalmente niños y adolescentes, con un 10% mujeres maltratadoras inscritas en el Registro de protección de las víctimas de violencia de género y doméstica.

El objeto de la construcción de un sistema antidiscriminatorio de género exige el planteamiento de nuevos derechos, deberes, responsabilidades, soluciones a los conflictos jurídicos y el adelantamiento de la respuesta jurídico-constitucional a la prevención y daño potencial. La hipótesis de partida se centra en el proceso ascendente de feminización de la violencia en la esfera educativa, laboral, virtual o doméstica, con lesión extrema de los derechos fundamentales[3].

---

[3] Según la *Propuesta para una Directiva del Parlamento europeo y del Consejo sobre la lucha contra la violencia contra la mujer y la violencia doméstica*, "la violencia contra las mujeres y la violencia doméstica están generalizadas en toda la UE y se estima que afectan a 1 de cada 3 mujeres en la UE. En cuanto a los tipos de violencia más específicos, en 2014, 1 de cada 10 mujeres informó que había sido víctima de violencia sexual y 1 de cada 20 había sido violada. Más de 1 de cada 5 mujeres

La introspección constitucional en la violencia de género plantea como principal objeción la discriminación entre víctimas derivada de la desigualdad de regímenes jurídicos. La avalada constitucionalidad de la Ley Orgánica 1/2004, de 28 de diciembre, de Medidas de Protección Integral contra la Violencia de Género ha desembocado paradójicamente en consecuencias inconstitucionales[4]. Las argumentaciones del Tribunal Constitucional (STC 59/2008, de 14 de mayo de 2008) para agravar la violencia en las relaciones de pareja sustentadas en la posición subordinada de la mujer, el contexto relacional, la discriminación de género o la brutal desigualdad, resultan plenamente extensibles al maltrato en las relaciones laborales, domésticas, escolares o virtuales[5].

En principio, la identificación y reconocimiento de un bullying, mobbing, ciberacoso, violencia doméstica o filioparental de género, constituyen el presupuesto necesario para evitar la desigualdad entre

---

ha sufrido violencia doméstica. La violencia cibernética es igual de frecuente: en 2020, se estimó que 1 de cada 2 mujeres jóvenes sufrieron ciberviolencia de género. Las mujeres en general experimentan con mayor frecuencia la ciberviolencia basada en su sexo o género, en particular las formas sexuales de ciberviolencia. Las mujeres también experimentan violencia en el trabajo: alrededor de un tercio de las mujeres en la UE que han sufrido acoso sexual lo experimentaron en el trabajo".

4 Vid., Donoso Vázquez/Vilà Baños/Rubio Hurtado/Prado Soto, "Perfil de cibervictimización ante las violencias de género 2.0", *Femeris,* Vol. 1, nº 1-2, págs. 35-57, doi: http://dx.doi.org/10.20318/femeris.2016.3226 http://www.uc3m.es/femeris, pág. 39. "Las violencias de género son violencias que se ejercen sobre mujeres, por la posición que se les ha asignado en la construcción histórica de la categoría hombre-mujer, pero también sobre aquellos y aquellas que trasgreden el orden social generizado. El género que encontramos en la red es heteronormativo, en el que mujeres y cualquier persona que se sitúe fuera de los márgenes de los "patriarcalmente" aceptables, se convierte en un colectivo vulnerable de ser agredido o acosado".

5 De acuerdo con la STC 59/2008 de 14 de mayo, la voluntad del legislador con la L.O.1/04 fue "...sancionar más unas agresiones que entiende que son más graves y más reprochables socialmente **a partir del contexto relacional en el que se producen y a partir también de que tales conductas no son otra cosa...que el trasunto de una desigualdad en el ámbito de las relaciones de pareja de gravísimas consecuencias para quien de un modo constitucionalmente intolerable ostenta una posición subordinada"**... al considerar esta violencia una manifestación brutal de desigualdad..."

víctimas[6]. La tendencia internacional a la unificación de las múltiples violencias sobre la mujer contribuye a la revisión del sistema jurídico español compartimentado y disperso. Según el Convenio del Consejo de Europa sobre prevención y lucha contra la violencia sobre las mujeres y la violencia doméstica, aprobado en Estambul por el Comité de Ministros del Consejo de Europa el 7 de abril de 2011, la "violencia por razones de género" incluye a toda violencia contra una mujer porque es una mujer o que afecte a las mujeres de manera desproporcionada (artículo 2)[7]. Conforme a esta disposición los derechos de las víctimas en que confluyan ambos requisitos deberían ser idénticos, sin que las mujeres maltratadas por la violencia de género puedan ser objeto de una diferencia de trato legal.

La desigualdad estructural por razón de sexo y género constituye el hilo conductor común del maltrato, acoso y delitos sexuales contra mujeres y niñas, basada en la subordinación, grave dependencia e

---

6 Destaca Sobrino, G., *La protección laboral de la violencia de género: Déficits y ventajas*, ISNB 9788490042472, Valencia, 2013, afirmando que "la Ley Orgánica de Violencia de Género se encarga explícita y únicamente de la tutela de las mujeres que sufren agresiones por parte de su cónyuge/ex-cónyuge o pareja/ex-pareja, dejando al margen de su ámbito de aplicación cualquier otra forma de violencia contra la mujer acontecida por otro tipo de agresor o en ambiente diferente al meramente familiar. A pesar de la rúbrica bajo la que se denomina, esta Ley, lejos de regular la violencia relacionada con el género en general, limita su actuación a la violencia de género doméstica en exclusividad. Lo que implica un radio de acción de la Ley de Violencia de Género mucho más limitado del que aparentemente presume abordar, puesto que, se reduce tan solo a la violencia puramente doméstica o sexo-sentimental. Y más aún cuando se le otorga una perspectiva integral y multidisciplinar que abarca tanto los aspectos preventivos, educativos, sociales, asistenciales y de atención posterior a las víctimas, como la normativa civil que incide en el ámbito familiar o de convivencia donde principalmente se producen las agresiones, así como el principio de subsidiariedad en las Administraciones Públicas".

7 "España asumió compromisos concretos derivados de la ratificación del Convenio del Consejo de Europa para la protección de los niños contra la explotación y el abuso sexual (Convenio de Lanzarote) y de la aprobación de la Directiva 2011/93/UE del Parlamento Europeo y del Consejo, de 13 de diciembre de 2011, relativa a la lucha contra los abusos sexuales y la explotación sexual de los menores y la pornografía infantil y por la que se sustituye la Decisión marco 2004/68/JAI del Consejo".

indefensión[8]. Por esta razón, las relaciones de poder, control o dominación no pueden contextualizarse exclusivamente en el ámbito de la pareja, conyugal o de análoga afectividad, pese a que esta violencia sea la más problemática y desproporcionada.

El concepto legal excluyente de violencia de género ha derivado en la desprotección de víctimas de "otras violencias de género" mediante el infradesarrollo jurídico de su tutela[9]. La inaplicación de la perspectiva de género al acoso laboral, escolar, intrafamiliar o al maltrato a través de nuevas tecnologías, desemboca en un trato desigual sin aparente justificación objetiva y razonable[10]. La discriminación se agrava especialmente por la confluencia de otros factores de riesgo (edad, discapacidad, exclusión social...) y en la violencia pluriofensiva por razón de género (con amenazas, lesiones, ofensas,

---

8 Para Sobrino, G., *La protección laboral de la violencia de género...*, cit., "quizás, lejos de crear una pluralidad de nuevas leyes sobre violencia contra la mujer, cada una de ellas normativadora de un entorno diferente, lo correcto sea construir un único cuerpo legal que, de manera integral, regulase la violencia de género globalmente. De este modo, cuando una mujer sufriese algún tipo de violencia procedente de actos relacionados con su mera condición femenina no se vería abocada a tener que detenerse previamente a estudiar el entorno en el que fue realizada para determinar de qué tipo de violencia se trata y por qué norma, convenio colectivo o Plan de Igualdad se encuentra regulada. Es ello lo que actualmente acontece, cuando la mujer sufre una agresión sexual en el trabajo su protección depende, en primer lugar, de si existe convenio colectivo, Plan de Igualdad, o Protocolo..."

9 En la 122/000060 Proposición de Ley Orgánica de Violencia Intrafamiliar, se señala que "una de las razones del abandono por el legislador de esta imprescindible perspectiva es la asunción de la perspectiva de género como la única relevante a la hora de luchar contra la violencia doméstica, como si solo existiese la violencia machista contra la mujer y como si esta tuviese como única causa una percepción de roles sociales en clave de lucha de clases o de poder. Esta perspectiva reduccionista es la vigente en España desde la Ley Orgánica 1/2004, de 28 de diciembre, de Medidas de Protección Integral contra la Violencia de Género, y no ha conseguido el objetivo de acabar con, ni reducir, la llamada «violencia de género» ni el resto de violencias intrafamiliares".

10 A propósito, vid., Aranda Álvarez, E., *Violencia de género y discapacidad,* Pedro Fernández Santiago, Carmen Sánchez Carazo, Elviro Aranda Álvarez, Más allá de la ley: enfoques sobre la violencia de género: jornadas / coord. por Fernando Reviriego Picón, 2009, ISBN 978-84-692-2506-6, pág. 173.

muerte...)[11]. Por consiguiente, entre los fines del estudio destacan la aplicación de la perspectiva de género a las discriminaciones emergentes de mobbing, bullying, violencia doméstica o ciberacoso y a los derechos fundamentales para reforzar la protección de niñas y mujeres.

---

[11] Vid., AA.VV., "Conducta bullying y su relación con la edad, género y nivel de formación en adolescentes", *Psicogente,* nº 13, 2010, págs. 13-26. Junio, 2010. http://www.unisimonbolivar.edu.co/rdigital/psicogente/index.php/psicogente, se admite que "tradicionalmente se ha observado que las formas de maltrato entre las mujeres encajan dentro de la dinámica conocida como *agresión relacional* caracterizada por un mayor número de hostilidades de tipo social y psicológico que se puede presentar en las relaciones sociales de las mujeres de todas las edades y niveles de formación".

2. Configuración jurídica de la perspectiva de género

2.1. DELIMITACIÓN CONCEPTUAL

Según García de Enterría, los conceptos jurídicos indeterminados se definen "por contraposición a aquellos determinados, que se refieren a una realidad delimitada de manera precisa e inequívoca". En este espacio indefinible, se ha incubado la perspectiva de género como concepto jurídico indeterminado no sólo por su significado poliédrico y la imprecisión de estereotipos culturales y tradicionales, sino por ser un término ajeno al Derecho sin precedentes hasta la Ley 3/2007, de 22 de marzo, para la igualdad efectiva de mujeres y hombres (LOIEHM)[12]. Con posterioridad la Ley 15/2022, de 12 de julio, integral para la igualdad de trato y la no discriminación, ha regulado el reconocimiento del "derecho de toda persona a la igualdad de trato y no discriminación por expresión de género" (artículo 2) y la incorporación a las políticas de la perspectiva de género (artículo 4.4). También la Ley Orgánica 10/2022, de 6 de septiembre (artículo 2c), regula el enfoque de género en el ámbito de las Administraciones Públicas sin extenderlo a las leyes o normas con fines de juridificación. A diferencia de la Ley 30/2003, de 13 de octubre, sobre medidas para incorporar la valoración del impacto de género en las disposiciones normativas que elabore el Gobierno, disponiendo que los Anteproyectos de Ley y los Reglamentos deben ir acompañados de un informe sobre el impacto por razón de género de las medidas

12 Destacan la Directiva 2006/54/CE relativa a la aplicación del principio de igualdad de oportunidades e igualdad de trato entre hombres y mujeres en asuntos de empleo y ocupación de la UE; Recomendaciones Generales nº199 y 3310 y Convenio del Consejo de Europa sobre prevención y lucha contra la violencia contra la mujer y la violencia doméstica; Recomendación General del Comité Cedaw nº19 sobre la violencia contra la mujer de 29 de enero de 1992; Convenio del Consejo de Europa sobre prevención y lucha contra la violencia contra la mujer y la violencia doméstica, hecho en Estambul el 11 mayo 2011 y ratificado por España (BOE nº 137 de 6 de junio de 2014).

que se establecen en el mismo[13]. El carácter preceptivo de la evaluación ha contribuido a la juridicación de la perspectiva de género pese a la escasa relevancia del informe sobre impacto de género conferido por la jurisprudencia (STS de 18 de diciembre de 2018), al considerarlo como un sucinto análisis sin ser un vicio procedimental que determine la nulidad de la norma[14]. No obstante, la Propuesta para una Directiva del Parlamento europeo y del Consejo sobre la lucha contra la violencia contra la mujer y la violencia doméstica pretende garantizar que las autoridades nacionales traten a las víctimas con perspectiva de género[15].

Entre los intentos definitorios de este concepto destaca el Convenio de Estambul, precisando el "género" como "los papeles, comportamientos, actividades y atribuciones socialmente construidos, que una sociedad concreta considera propios de mujeres o de hombres"[16]. En un sentido amplio, la Cumbre Judicial Iberomericana (2017) delimitó la perspectiva de género como "una categoría de análisis que permite visibilizar la asignación social diferenciada de roles y tareas en virtud del sexo, género o preferencia-orientación sexual; revelar las diferencias en oportunidades y derechos que siguen a esta asignación; evidenciar las relaciones de poder originadas en estas diferencias; hacerse cargo de la vinculación que existe en-

---

13 La Decisión del Consejo de 20 de diciembre de 2000, por la que se establece un programa de acción comunitaria sobre la estrategia a seguir en materia de igualdad entre hombres y mujeres (2001-2005), establece "la evaluación del impacto en función del sexo en distintos ámbitos de intervención de la estrategia marco comunitaria (vida económica, social, vida civil, roles, etc.), como una de las acciones a emprender para el logro de los objetivos mencionados en el referido programa".

14 Si el impacto del reglamento es nulo o neutro nada habría que explicar, lo que aliviaría el rigor literal de la exigencia de tal informe en relación a todo proyecto reglamentario (STS 27 de octubre de 2016 (rec. 929/2014).

15 La Estrategia europea para la Igualdad de Género 2020-2025 incluye entre sus objetivos fundamentales "la integración de la perspectiva de género combinada con actuaciones específicas y descansa en la interseccionalidad como principio horizontal para su aplicación".

16 Vid., Bender, L., « Sex Discrimination or Gender Inequality? », *Fordham Law Review,* Volume 57, 1989, pág. 946, «this involves distinguishing between sex and gender, recognizing our acculturated association of caregiving responsibilities with women, and illuminating the power dynamics that undergird gender differences ».

tre las cuestiones de género, raza, religión, edad, creencias políticas, etc.; preguntar por los impactos diferenciados de las leyes y políticas públicas basadas en estas asignaciones, diferencias y relaciones de poder; y determinar en qué casos un trato diferenciado es arbitrario y en qué casos es necesario". De otra parte, la Corte Internacional de Derechos Humanos ha venido estimando que los estereotipos de género son incompatibles con el derecho internacional de los derechos humanos (Caso Artavia Murillo y otros).

Desde un punto de vista doctrinal, Lagarde entiende la perspectiva de género como "una mirada ética y crítica para enfrentar la inequidad, la desigualdad y los estereotipos prevalecientes en el análisis de las relaciones sociales intergenéricas e intragenéricas, privadas y públicas, personales y grupales"[17]. Al respecto, Balaguer Callejón, M. considera que el género "es un término de excesiva apertura semántica para dar cuenta de la diferencia sexual. La distinción entre sexo y género apunta a la referencia biológica del sexo y la del rol del género, pero su utilización indistinta hace que haya problemas de delimitación conceptual que aconsejan su deslinde". Mientras el sexo es una "cuestión biológica que determina unos rasgos fisiológicos distintos entre hombres y mujeres, el género se basa en la construcción social que predetermina unos rasgos conductuales marcados por la sociedad patriarcal"[18].

El desarrollo jurisprudencial de la perspectiva de género ha impulsado la suplantación del sexo por el género, reflejando la evolución de las sociedades modernas[19]. En esta línea el Tribunal Constitu-

---

17 Vid., Lagarde, M., "La perspectiva de género", en *Género y feminismo. Desarrollo humano y democracia,* Ed. Horas, España, 1996, págs. 14 y ss. A propósito, Jiménez Hidalgo, A., *Juzgar con perspectiva de género en la jurisdicción de lo social* ¿es necesaria una reforma legislativa? Ponencia impartida en las 2as. Jornadas Jurídicas de Derecho Laboral y Sindical del Gabinet Tècnic Jurídic de CCOO de Cataluña "La precariedad laboral: desigualdad y discriminación", Barcelona, 8 de noviembre del 2018, suelen entenderse "los estereotipos de género como una opinión o creencia generalizada acerca de atributos o características que hombres y mujeres poseen o deberían poseer o de las funciones sociales que ambos desempeñan o deberían desempeñar".

18 Vid., Gómez Conesa, A., "Análisis crítico del agravante por razones de género del art. 22.4 CP", *Diario La Ley 2021.*

19 Al respecto, vid., Rodhe, D., *Justice and Gender: Sex Discrimination and the Law,* ISBN-13 978-0674491014, 1991, pág. 5, respecto del problema de la delimitación

cional, en Sentencia 59/2008, de 14 mayo, considera que cuando la LO 1/2004, de 28 de diciembre, de Medidas de Protección Integral contra la Violencia de Género, utiliza el término género, no lo hace en referencia a "...una discriminación por razón de sexo. No es el sexo en sí de los sujetos activo y pasivo lo que el legislador toma en consideración para los efectos agravatorios, sino el carácter especialmente lesivo de ciertos hechos...como manifestación de una grave y arraigada desigualdad...".

La superposición del género al sexo como criterio discriminatorio se confirma por el Tribunal Superior de Justicia de Canarias argumentando que "el género produce estratos sociales y, en ese sentido, se asemeja a otras fuentes de estratos como la raza, la clase, la etnicidad, la sexualidad y la edad. Nos ayuda a comprender la estructura social de la identidad de las personas según su género y la estructura desigual del poder vinculada a la relación entre los sexos" (STSJ Canarias de 21 de mayo de 2018).

Recientemente la STC 67/2022, de 2 de junio deslinda ambas nociones exponiendo que "el sexo permite identificar a las personas como seres vivos femeninos, masculinos o intersexuales", y viene dado "por una serie compleja de características morfológicas, hormonales y genéticas, a las que se asocian determinadas características y potencialidades físicas que nos definen". A diferencia del género que "define la identidad social de una persona basada en las construcciones sociales, educativas y culturales de los roles, los rasgos de la personalidad (...) incluyendo normas, comportamientos, roles, apariencia externa, imagen y expectativas sociales asociadas a uno u otro género". "Mientras que el sexo se vincula a la concurrencia de una serie de caracteres físicos objetivamente identificables o medibles", los caracteres asociados al género son relativos y coyunturales y pueden variar de una sociedad a otra y de uno a otro tiempo histórico".

La juridificación conceptual de la perspectiva de género ha influido en el desplazamiento del sexo como móvil de la desigualdad estructural de la mujer, pudiendo considerarse resultado del evolucionismo social. A diferencia de la Constitución española que sólo prevé la discriminación por razón de sexo, la legislación de igualdad

---

entre género y sexo.

incorpora el concepto de género basado en "los papeles, comportamientos o actividades y atribuciones socialmente construidos que una sociedad concreta considera propios de mujeres o de hombres". Aunque la discriminación contra la mujer se basa en el sexo como resulta de la Convención de Naciones Unidas sobre la Eliminación de todas las Formas de Discriminación contra la Mujer, hecha en Nueva York el 18 de diciembre de 1979. El hecho de ser mujer como causa discriminatoria deriva originariamente del sexo y no de los roles culturales o tradicionales. Así la STS 565/2018, de 19 de noviembre, aplica la agravante de género a aquellos casos en que haya quedado acreditado que el autor ha cometido los hechos contra la víctima mujer por el mero hecho de serlo…"

No obstante, el Tribunal Constitucional agrega a los géneros masculino y femenino una tercera categoría "transgénero omnicomprensiva de todas aquellas identidades de género que ponen de manifiesto una discrepancia entre ésta y el sexo de la persona"[20]. La transcendencia constitucional de este pronunciamiento radica en el reconocimiento individualizado de una nueva prohibición de discriminación por identidad de género, como manifestación concreta del derecho de igualdad[21]. Paralelamente, desde una perspectiva constitucional, puede plantearse la diferencia de trato derivada de la LOIEMH y el riesgo de competencia desleal con el género feme-

---

20 "El Tribunal Constitucional se detiene también en la sentencia sobre los conceptos de orientación sexual e identidad de género. El primero, indica, se refiere «a la preferencia por establecer relaciones afectivas con personas de uno u otro sexo. "La identidad de género es una circunstancia que tiene que ver con el libre desarrollo de la personalidad, íntimamente vinculada al respeto de la dignidad humana". "Cuando no se ajusta a parámetros hetero-normativos clásicos, es decir, allí donde identidad de género y sexo de la persona no son absolutamente coincidentes, puede hacer al individuo acreedor de una posición de desventaja social históricamente arraigada". «La denominación genérica de transgénero, continua, «engloba las situaciones en que se produce una modificación del aspecto del cuerpo o de funciones fisiológicas por medios médicos o quirúrgicos (…) e incluso las situaciones en que, sin que exista transición física o jurídica en sentido estricto, se manifiesten otras expresiones de género como una adopción de vestimenta, habla gestos o comportamiento propios del género con el que se identifica la persona, independientemente del sexto biológico identificado en esa persona».

21 Ley 4/2023, de 28 de febrero, para la igualdad real y efectiva de las personas trans y para la garantía de los derechos de las personas LGTBI.

nino (e incluso masculino). En particular, la entrada en escena del género intersexual avalado con anterioridad por la STC 67/2022, de 2 de junio de 2022 y la reciente Ley 4/2023, de 28 de febrero, para la igualdad real y efectiva de las personas trans y para la garantía de los derechos de las personas LGTBI, introducen una cohabitación de géneros no exenta de conflictos potenciales.

En primer lugar, se ha verificado el reemplazo del concepto de género (femenino) por el de identidad o expresión de género (trans) en figuras como el acoso discriminatorio regulado en la LIT. Respecto a la equiparación entre géneros femenino y trans, prescinde del criterio de desproporción en uno y otro caso mientras a su vez, el derecho a autodeterminación de género puede reportar situaciones de menoscabo a los derechos de las mujeres. En cuanto a la igualación entre ambos géneros a efectos concretos de derechos entre víctimas, presenta un fin legítimo y una cobertura legal[22]. Así el artículo 2.2. LIT admite diferencias de trato "cuando los criterios para tal diferenciación sean razonables y objetivos y lo que se persiga es lograr un propósito legítimo o así venga autorizado por norma con rango de ley, o cuando resulten de disposiciones normativas o decisiones generales de las administraciones públicas destinadas a proteger a las personas, o a grupos de población necesitados de acciones específicas para mejorar sus condiciones de vida o favorecer su incorporación al trabajo o a distintos bienes y servicios esenciales y garantizar el ejercicio de sus derechos y libertades en condiciones de igualdad".

---

22 El artículo 65 establece que cuando las personas LGTBI sufran violencia LGBTIfóbica en el ámbito familiar o violencia intragénero se dictará una orden de protección en los términos establecidos en el artículo 544 ter.1 de la Ley de Enjuiciamiento Criminal, aprobada por Real Decreto de 14 de septiembre de 1882. 2. Las administraciones competentes en materia educativa escolarizarán inmediatamente a las personas descendientes que se vean afectadas por un cambio de residencia derivado de estos actos de violencia. 3. Existiendo una sentencia condenatoria por un delito por los actos violentos a que se refiere el apartado primero, una orden de protección o cualquier otra resolución judicial que acuerde una medida cautelar en favor de la víctima, esta tendrá los derechos laborales y de Seguridad Social que se atribuyen a las víctimas de violencia de género en el artículo 21 de la Ley Orgánica 1/2004, de 28 de diciembre, de Medidas de Protección Integral contra la Violencia de Género

Desde una perspectiva constitucional, la igualdad de trato entre el género femenino y trans no plantea a priori reproches como medida antidiscriminatoria. Sin embargo, el problema se suscita atendiendo de un lado, a "la desproporción" existente entre la violencia o discriminación poblacional de las mujeres en comparación con la que afecta estrictamente a un colectivo o minoría (trans); y de otro a la desigualdad estructural histórica y sistemática del género femenino. La Ley Trans provoca efectos discriminatorios por la equiparación de derechos de víctimas trans con las de violencia de género, desde una apariencia de neutralidad pero en detrimento de las víctimas de otras formas de violencia contra las mujeres. En consecuencia, las víctimas de acoso laboral, doméstico, escolar o ciberacoso tendrían menos derechos que las víctimas de violencia intragénero, y adolecerían además de las garantías del referido Proyecto en materia de infracciones y sanciones (artículos 72 y ss), o medidas cautelares y de prevención (artículo 28), y contra el ciberacoso (artículo 29).

De otra parte, respecto al riesgo de competencia desleal con las mujeres, se infiere de la Ley Trans en el supuesto de rectificación de la mención registral del sexo pasando del sexo masculino al femenino. Se dispone que en este caso la persona podrá ser beneficiaria de medidas de acción positiva adoptadas específicamente en favor de las mujeres en virtud del artículo 11 de la Ley Orgánica 3/2007, de 22 de marzo, para la Igualdad Efectiva de Mujeres y Hombres, para aquellas situaciones generadas a partir de que se haga efectivo el cambio registral, pero no respecto de las situaciones jurídicas anteriores a la rectificación registral (artículo 46.4). También al prever que no se alterará "el régimen jurídico que, con anterioridad a la inscripción del cambio registral, fuera aplicable a la persona a los efectos de la Ley Orgánica 1/2004, de 28 de diciembre, de Medidas de Protección Integral contra la Violencia de Género" (artículo 46.3); y en las prácticas y competiciones deportivas para evitar "ventajas competitivas que puedan ser contrarias al principio de igualdad". Aunque en estos supuestos legales no se integra toda la casuística que puede derivarse del uso abusivo o fraudulento del ejercicio del derecho a transexualizarse, debiendo aplicarse entonces el género biológico y genético sobre el opcional y no impedir el régimen jurídico que les correspondería.

Por esta razón, la imprevisión genérica del fraude de ley en el derecho de autodeterminación del género trans a la carta, sin controles oficiales o médicos, puede menoscabar la igualdad de las mujeres. No obstante, para eliminar este riesgo o bien cualesquiera disfunciones del ejercicio legal del derecho a cambio de sexo en perjuicio de mujeres (y hombres), el reconocimiento de un tercer género trans habría de llevarse hasta sus últimas consecuencias a todos los efectos legales generando un sistema público propio para este colectivo, sin invadir espacios del género femenino o masculino (v.gr. competiciones deportivas, plazas de oposiciones o concursos...), aunque no podría extralimitarse del ámbito estríctamente nacional salvo a través de acuerdos internacionales.

2.2. CATEGORIZACIÓN Y FUNCIONES

En base al artículo 4.3 Ley 15/2022, de 12 de julio, "el derecho a la igualdad de trato y la no discriminación es un principio informador del ordenamiento jurídico y, como tal, se integrará y observará con carácter transversal en la interpretación y aplicación de las normas jurídicas"[23]. Esta naturaleza aparece avalada por la jurisprudencia considerando que "ello significa, por un lado, que la igualdad entre mujeres y hombres constituye un valor supremo del ordenamiento jurídico; y, por otro, que consecuentemente, la aplicación de tal principio debe considerarse criterio hermenéutico imprescindible para la interpretación de las normas jurídicas" (SSTS de 26 septiembre 2018 y 13 noviembre 2019).

En consecuencia, la perspectiva de género como derivación del principio de igualdad debe "informar" la interpretación y aplicación del principio de igualdad y "ello exige al poder judicial razonar con una lógica distinta de la de épocas pasadas y que resulte útil para remover los obstáculos que dificulten la igualdad efectiva" (STSJ de

---

[23] Al respecto, la STSJ Canarias de 2 de febrero de 2021, considera que "se trata de juzgar integrando la perspectiva de género proclamada por el artículo 4 de la referida Ley Orgánica 3/2007. El principio de integración de la dimensión de género en la actividad jurídica, vincula a todos los poderes del Estado, al legislativo, ejecutivo y judicial".

Andalucía de 25 de marzo de 2012, STSJ de Madrid de 22 de febrero 2012)[24].

La perspectiva de género como principio informador puede anteponerse a las leyes mediante la exclusión de la interpretación literal de aquellas normas que producen un impacto de género negativo "al desplegar efectos desproporcionados sobre el colectivo femenino" (SSTC 128/1987, 253/2004 y 91/2019). En esta línea, la STS de 14 octubre 2020 confirma la necesidad de apartarse de una interpretación literal del precepto, "por exigir condiciones que supondrían negar la posibilidad de protección a quien es víctima de violencia de género"[25]. De modo que también se configura como principio *pro persona* para la protección de las víctimas en base a la función social de la interpretación (STSJ Canarias 2 de mayo de 2017)[26].

A través de la condición de principio informador interpretativo, la perspectiva de género alcanza el rango de principio *pro libertate* del derecho fundamental de igualdad y representa su máxima efectividad[27]. Para el Tribunal Supremo la interpretación en el sentido más favorable implica "atender a la finalidad de la norma interpretada de forma tal que sea favorecedora de la igualdad entre mujeres y hombres" (SSTS de 26 junio 2018 y de 10 de mayo de 2006, sobre interpretación con perspectiva de género de las acciones positivas).

No obstante, la perspectiva de género ha rebasado este alcance meramente interpretativo y su aplicación judicial facultativa hasta transfigurarse en un mandato imperativo y deber de los jueces y

---

24 Vid., Tur Ausina, R/Álvarez Conde, E., *El principio de igualdad, Deontología, principios jurídicos básicos e igualdad*, 2016, ISBN 978-84-309-7061-2, pág. 192.

25 Si bien la SAP de Ciudad Real de 28 de octubre de 2021 se opone a que un análisis con perspectiva de género pueda imponerse al principio de especialidad.

26 "La distribución de la carga de la prueba resulta acorde con la imprescindible vinculación entre las obligaciones de protección de la seguridad y salud de la trabajadora y el respeto al principio de igualdad de trato entre hombres y mujeres", conforme a la doctrina de la STJUE de 19 octubre 2017.

27 La STC 14 de marzo de 2011 admite que "la interpretación de la norma de manera más favorable a la efectividad a los derechos fundamentales de las mujeres y no de forma mecánica o formalista en correspondencia al mandato constitucional de remoción de los obstáculos impeditivos de la Igualdad real o sustancial", y en la misma línea la STC 14 de febrero de 2002.

tribunales[28]. Según Salazar Benítez, serán estos últimos quienes "en muchas ocasiones tendrá que suplir el vacío del que no se ha ocupado el legislativo, o concretar lo que en las leyes aparece de manera muy abstracta o elegir, entre las posibles interpretaciones, aquella que garantice de manera más completa la igualdad…". Si bien "esta labor, necesariamente más compleja, exige un saludable activismo judicial, ensamblado o articulado en un activismo jurídico (y, por lo tanto, más amplio) que responda a las exigencias de la igualdad propias de una democracia igualitaria o inclusiva"[29].

La doctrina jurisprudencial representada por las SSTS de 21 de diciembre de 2009 y de 26 de septiembre de 2018 compele a los jueces y tribunales "a incorporar tal criterio de hermenéutica normativa y llevar a cabo un enjuiciamiento guiado por la perspectiva de género mediante el examen de la transversalidad del principio de igualdad a través de una interpretación de la ley que fuera acorde con los postulados impuestos por la LOIEMH". Posteriormente, numerosas sentencias han consolidado la obligación de los órganos judiciales para que actúen remediando los potenciales efectos discriminatorios que el ordenamiento jurídico y las prácticas institucionales pueden tener en detrimento de las personas, principalmente de las mujeres. En particular, la STSJ de Canarias de 27 de julio de 2021 confirmando que "es obligación de todo órgano jurisdiccional integrar la perspectiva de género en la impartición de justicia…tiene su razón de ser en la voluntad de terminar con la histórica situación de inferioridad, en la vida social y jurídica, de la población femenina"; y la SAP de Córdoba de 27 de septiembre de 2021 que obliga a los juzgados y tribunales a juzgar con perspectiva de género por infracción de los artículos 4 y 15 de la LOIEHM.

A sensu contrario, la obligación de los órganos judiciales de incorporar la perspectiva de género exige "la no aplicación de normas

---

28 A propósito, vid., Lorenzo Rodríguez-Armas, M., "La igualdad real y efectiva desde la perspectiva de género en la jurisprudencia del Tribunal federal alemán y el Tribunal Constitucional español", *Anuario Jurídico y Económico Escurialense*, 2007, pág. 187.

29 Vid., Salazar Benítez, O., "La necesaria perspectiva feminista en la enseñanza, interpretación y aplicación del Derecho", *Investigaciones feministas*, Vol. 12, nº 2, 2021, pág. 366.

o criterios tradicionales que signifiquen vulneración de principios y valores consagrados en la Constitución y opuestos a la realidad social y jurídica del tiempo presente..." (STS de 21 de diciembre de 1989). En este sentido, la STC 119/2021, de 31 de mayo, afirma que el análisis que "corresponde efectuar a los órganos judiciales no puede situarse exclusivamente en el ámbito de la legalidad, sino que tiene que ponderar y valorar el derecho fundamental en juego, como metodología de impartición de justicia equitativa de acuerdo con el mandato contenido en el art. 4 y 15 de la LOIEMH en relación con el art. 1, 9.2° y 10.2° y 96 de la CE (STC 140/2018 de 20 de diciembre de 2018). En teoría las resoluciones judiciales no pueden apoyarse en la equidad "salvo que la ley expresamente lo permita" (artículo 3.2. Código civil) aunque la perspectiva de género podría cumplir una función equitativa por la vía de principio informador del ordenamiento jurídico.

A propósito de las funcionalidades de la perspectiva de género, constituye una herramienta con potencial jurídico transformador de la sociedad en cuanto "excede del mero proceso de elaboración de las normas, atravesando de nuevo su aplicación e interpretación, su planeamiento político, su óptima implementación, y neutraliza los estereotipos de género latentes en los mismos"[30]. Al respecto, para la Magistrada L. Avilés *juzgar con perspectiva de género permite transformar las prácticas de aplicación e interpretación del derecho y actuar de una manera global sobre el conflicto jurídico. Permite actuar sobre las personas, sobre los hechos y sobre la norma jurídica, aplicando una visión crítica de la realidad. Es un método critico de conocimiento de la norma jurídica, tanto sustantiva como procesal, así como expresión en las resoluciones, desvinculado de estereotipos y roles discriminatorios universales, que evita contribuir a su perpetuación (….) la aplicación de la perspectiva de género como instrumento o método jurídico de análisis requiere constatar la existencia de una relación desequilibrada de poder, se ha de identificar a la persona que se encuentra en situación de desigualdad por razón de género y valorar la posible adopción de medidas especiales de protección".*

---

30 Vid., Maturana, P., "Juzgar con perspectiva de género: Fundamentos y análisis de sentencias", *Anuario de Derechos Humanos, Vol. 15, nº 2, 2019, pág. 281.*

Con carácter general constituye un mecanismo preventivo, proactivo y reactivo, corrector de desigualdades y asimetrías aplicable a la resolución de conflictos jurídicos de intereses y derechos[31]. En estos términos, la SAP de Tenerife de 15 de junio de 2021 admite que "la solución de conflictos debe contemplarse con una perspectiva de género, naturalmente en la medida en que esa perspectiva afecte a la relación de que se trate". Desde esta posición judicial se abordará el conflicto entre los principios de aplicación de la norma penal mas favorable al reo (maltratador y agresor sexual) y de perspectiva de género en el contexto de la polémica Ley de Garantía Integral de la Libertad Sexual, con la finalidad de fundamentar la primacía de este último para la protección jurídica de las mujeres, contrarrestando la interpretación penal en favor de los agresores sexuales.

2.3. ÁMBITO APLICATIVO

La perspectiva de género se extiende a los supuestos en que se involucren patrones estereotípicos o relaciones asimétricas de poder, como reconocen las SSTSJ Canarias de 13 de marzo de 2020 y de 22 de junio de 2020. En concreto, "la perspectiva de género en el enjuiciamiento del caso debe implementarse como metodología de resolución en toda controversia judicial en la que se involucren relaciones asimétricas o patrones estereotípicos de género" (STSJ Canarias de 10 de febrero de 2022). La aplicación judicial con perspectiva de género a "categorías sospechosas" de desigualdad se efectúa cuando el daño genera un impacto diferenciado entre géneros, la medida de reparación se basa en una concepción estereotipada o provoca efectos discriminatorios y penalizadores.

---

31 Para Poyatos i Matas, G., "Juzgar con perspectiva de género: una metodología vinculante de justicia equitativa", *Revista de Género e Igualdad*, nº 2,2019, pág. 19, puede definirse "como metodología judicial de resolución del conflicto jurídico, Hay dos formas de impartir justicia, hacerlo formal y mecánicamente y hacerlo con equidad y perspectiva de género. La primera perpetúa las sistémicas asimetrías sociales entre sexos, la segunda, en cambio, camina hacia una sociedad (realmente) igualitaria. Una sociedad que mide con el mismo rasero a los desiguales genera más desigualdad".

Respecto de su esfera objetiva de acción, se ha ampliado a diferentes ramas jurídicas procesal, civil, laboral, penal o constitucional, como se expone a continuación.

2.4. RAMIFICACIÓN JURÍDICA

Dentro del marco procesal, la perspectiva de género puede desplegarse "en la tramitación del procedimiento a través de un nutrido conjunto de cláusulas de protección jurisdiccional efectiva de la igualdad de género, que tienden a flexibilizar el rigor procesal y a garantizar la tutela de las víctimas; en la valoración de la prueba (distribución de la carga de la prueba de la discriminación, relevancia de la declaración de la víctima); en la aplicación de las normas sustantivas específicamente dirigidas a la mayor efectividad de la igualdad de trato y oportunidades (prohibición de discriminación directa e indirecta, medidas de acción positiva, democracia paritaria e igualdad de oportunidades, derechos de maternidad y conciliación, protección frente a la violencia de género" (Poyatos, G.).

En particular, el enfoque de género contribuye a la "interpretación de la declaración de la víctima-mujer considerando que no se trata de un testigo más sino cualificado como sujeto pasivo de la agresión" (STS de 13 de junio de 2018) y es "trascendental su aportación al análisis de la fiabilidad del testimonio de la víctima y credibilidad de su relato" (SAP de Aragón de 27 de mayo de 2021).

Paralelamente, puede operar como instrumento en la corrección de situaciones incoherentes que perjudican a la víctima, como la negación de la condición de parte en el procedimiento administrativo sancionador para actuar en igualdad de armas frente al agresor sexual o de género, y en colaboración con la Administración por el restablecimiento de sus derechos[32].

También la perspectiva de género tiende a facilitar la prueba mediante la inversión del *onus probandi* (13.1LOIEHM) aunque no sólo

---

[32] Destaca Gómez Colomer, J.,"La victimización secundaria de la mujer que ha sufrido acoso sexual, acoso laboral o tratos vejatorios y degradantes, a cargo de su superior jerárquico funcionario público, en el procedimiento administrativo sancionador", *Revista Electrónica de Ciencias Criminológicas*, nº 2, 2017, pág. 1.

en procedimientos contra actuaciones discriminatorias por razón de sexo; siendo innecesario probar la intención de dominación o machismo (STS 20 de diciembre de 2018), porque "el acto objetivo de maltratar un hombre a su pareja o expareja es un acto ya de violencia de género"[33].

En la valoración de la prueba "facilita el destierro de los estereotipos de género más frecuentes que subyacen en los casos de violencia de género, y que generan la expectativa de un determinado comportamiento que se traslada y carga sobre las víctimas, exigiéndoles que actúen de una determinada manera frente al delito" (STS de 13 de junio de 2018); mediante "la necesidad de un análisis no restrictivo o mecánico, sino contextual de los medios de prueba dada las especiales dificultades de la víctimas de violencia a la hora de denunciar y probar su situación" (STS de 20 de enero del 2016).

En el marco penal, el Tribunal Supremo recurre a la perspectiva de género en materias diversas como la circunstancia de alevosía (SSTS de 24 mayo 2018, 13 de junio 2018; 25 de abril de 2019); la concreción de la agravante de género (SSTS de 26 febrero 2019, de 3 noviembre 2020, de 27 enero 2021); o los beneficios procesales (STS 747/2019, de 3 de junio de 2019, contraria al arraigo familiar en caso de violencia de género cometido por un extranjero por no suponer "ningún sacrificio ilegítimo ni desproporcionado al principio de protección a la familia"). Particular relevancia jurídica adquiere la aplicación de la perspectiva de género a la prescripción de delitos sexuales y violencia de género, mediante el cómputo del plazo en beneficio de la víctima. Conforme a la STSJ Canarias de 10 de febrero de 2022, "otra interpretación sería restrictiva para los derechos humanos de la actora y podría suponer una discriminación institucional por incumplimiento del principio internacional de diligencia debida "al impedir el acceso a la justicia de la actora, mediante una interpretación restrictiva, mecánica y carente de perspectiva de género". Paralelamente el TC admite que "en la instrucción penal por violencia de género los jueces deben llevar a cabo el canon reforzado

---

[33] Así la STS 25 de septiembre de 2018 señala que "el autor comete los hechos por sentirse superior y como medio para demostrar a la víctima que la considera inferior en la violencia contra la mujer".

constitucionalmente exigible de realizar una investigación suficiente y eficaz" (Nota informativa Nº 85/2020)[34].

La consolidación de la perspectiva de género en la esfera penal fundamenta su aplicación preferente en los supuestos de conflicto con los principios *in dubio pro reo* y de la norma penal mas favorable a los agresores sexuales y maltratadores, con el fin legítimo de prevención y garantía de las mujeres. La problemática excarcelación de aquéllos en base a la Ley de garantía integral de la libertad sexual plantea la necesidad de interpretación desde una perspectiva de género, anteponiendo a las víctimas de violencias por razón de género sobre el favor del reo. En esta línea, el legislador ha contribuido a argumentar la perspectiva de género como excepción a los principios que favorecen a los implicados en violencia de género y sexual, aún erosionando la presunción de inocencia. Así, el recurso a los indicios de maltrato, al hecho de estar incurso en un procedimiento por maltrato, o la inversión de la carga de la prueba en la discriminación por razón de género, tienden a la insostenibilidad de aquellos principios incompatibles con la defensa de las mujeres. No resulta coherente que se prive de derechos a los no condenados por violencias de género y se beneficie a los reos con sentencia firme en perjuicio de las víctimas, prevaleciendo la reinserción sobre la seguridad y los derechos fundamentales de las mujeres.

En la esfera del Derecho sustantivo, el orden laboral constituye el hábitat más común de la perspectiva de género (STS de 21 de diciembre de 2009) especialmente respecto a las penalizaciones de derechos (STS de 3 de julio de 2019, anula la forma de calcular la pensión en el trabajo a tiempo parcial por discriminación indirecta de las mujeres). Sobre el Derecho administrativo, también adquiere

---

34 Según la STC 87/2020, de 20 de julio de 2020, "este canon reforzado se entenderá debidamente colmado en tanto en cuanto, subsistiendo la sospecha fundada de delito se practiquen otras diligencias de investigación que, complementando esos testimonios enfrentados de las partes unidas por una relación de afectividad, presente o pasada, permitan ahondar en los hechos descartando o confirmando aquella sospecha inicial". De ahí que, "el deber de diligencia requerirá abundar en la investigación allí donde no se hayan agotado las posibilidades razonables de indagación sobre los hechos de apariencia delictiva, vulnerándose el derecho a la tutela judicial efectiva si el órgano judicial clausura precipitada o inmotivadamente la investigación penal".

significación jurídica para los informes de impacto de género, como requisito de validez de las actuaciones urbanísticas (SSTS de 13 octubre 2011, de 10 marzo 2017 y de 14 enero 2020).

2.5. EFECTOS CONSTITUCIONALES

Desde un prisma constitucional, la perspectiva de género presenta una eficacia antidiscriminatoria y correctora de desigualdades que la ley formal no alcanza a eliminar[35]. En concreto "hacer real el principio de igualdad no permite neutralidad, hay que adoptar un enfoque constitucional, removiendo los obstáculos que lo dificulten, e integrando la perspectiva de género… de acuerdo con la doctrina constitucional" (STSJ Canarias de 10 de febrero de 2022)[36]. Este planteamiento influye en la relajación del término de comparación por las dificultades de identificarlo en situaciones de desigualdad estructural y con el fin de evitar resultados perversos (v.gr. una pensión pueda verse minorada como enfermedad en vez de accidente no laboral, STS de 2 julio 2020). También la perspectiva de género implica la interpretación de la razonabilidad y proporcionalidad en el sentido de la máxima efectividad protectora.

De igual modo el enjuiciamiento sin perspectiva de género puede propiciar la vulneración del derecho fundamental a tutela judicial

---

35 Como afirma Ramírez Belmonte, "Concepto de género: Reflexiones", *Ensayos*, nº 9, 2008, pág. 310, "el concepto de género abarca tanto hombres como mujeres".

36 Según la STC 216/1991, de 14 de noviembre "la igualdad que el art. 1.1 de la Constitución proclama como uno de los valores superiores de nuestro ordenamiento jurídico —inherente, junto con el valor justicia, a la forma de Estado Social que ese ordenamiento reviste, pero también, a la de Estado de Derecho— no sólo se traduce en la de carácter formal contemplada en el art. 14 y que, en principio, parece implicar únicamente un deber de abstención en la generación de diferenciaciones arbitrarias, sino asimismo en la de índole sustancial recogida en el art. 9.2 CE". Y la STC 12/2008, de 29 de enero, que "el art. 9.2 CE expresa "la voluntad del constituyente de alcanzar no sólo la igualdad formal sino también la igualdad sustantiva, al ser consciente de que únicamente desde esa igualdad sustantiva es posible la realización efectiva del libre desarrollo de la personalidad; por ello el constituyente completa la vertiente negativa de proscripción de acciones discriminatorias con la positiva de favorecimiento de esa igualdad material".

(art. 24.1 CE), en relación con el derecho a la no discriminación por razón de sexo (art. 14 CE). Sobre esta cuestión se pronuncia la Sala Primera del Tribunal Constitucional al admitir a trámite un recurso de amparo por su especial transcendencia constitucional (Nota informativa TC de 26 enero 2022), basada en la aplicación judicial de una atenuante por dilaciones indebidas que *hace recaer la responsabilidad de los retrasos en las víctimas de abusos sexuales*. El TC argumenta que "reviste especial trascendencia constitucional porque de una parte, puede dar ocasión al Tribunal para aclarar o cambiar su doctrina, como consecuencia de un proceso de reflexión interna; y de otra, permite valorar cambios normativos para la configuración del contenido del derecho, como puede ser la necesidad de incorporar, en casos como el presente, el enjuiciamiento con perspectiva de género, de conformidad con lo exigido por Convención sobre la eliminación de todas las formas de discriminación contra la mujer de Naciones Unidas y por el por el Convenio del Consejo de Europa sobre prevención y lucha contra la violencia contra las mujeres y la violencia doméstica (Convenio de Estambul)"[37]. En consecuencia, se confirma la eficacia de la perspectiva de género para fundamentar la especial transcendencia constitucional no sólo por las causas admitidas en el supuesto anterior, sino también por interpretaciones lesivas de derechos fundamentales o bien por la repercusión social de asuntos sobre violencia de género o delitos sexuales que transcienden del caso concreto y generan alarma social.

Por último, conviene señalar que la perspectiva de género está sujeta a límites competenciales pudiendo incurrir en inconstitucionalidad por extralimitaciones, como resulta de la STC 159/2016, de 22 de septiembre de 2016. El TC concluye que "la obligación de incorporar la perspectiva de género en todas las medidas integradas en el plan de acompañamiento que deben elaborar las empresas en los expedientes de regulación de empleo, es inconstitucional por invadir las competencias del Estado en materia laboral".

---

37 En concreto, a propósito de la aplicación de una atenuante por dilaciones indebidas, según la tesis del TC "el cómputo del tiempo desde que se producen los hechos probados y no cuando la víctima denuncia, implica que cuanto más tarda en denunciar es penalizada legalmente".

3. Influencia de la perspectiva de género como criterio antidiscriminatorio

3.1. EN LA CONSTRUCCIÓN DE OTRAS VIOLENCIAS DE GÉNERO

El Convenio del Consejo de Europa sobre prevención y lucha contra la violencia contra las mujeres y la violencia doméstica señala como objetivos "la protección de las mujeres contra todas las formas de violencia, y prevenir, perseguir y eliminar la violencia contra las mujeres y la violencia doméstica; contribuir a eliminar toda forma de discriminación contra las mujeres y promover la igualdad real entre mujeres y hombres, incluida mediante la autonomía de las mujeres (artículo 1). En términos similares, la Propuesta para una Directiva del Parlamento europeo y del Consejo sobre la lucha contra la violencia contra la mujer y la violencia doméstica, acoge un concepto extenso de "violencia contra las mujeres como violencia de género dirigida contra una mujer o una niña por el hecho de que es una mujer o una niña, o que afecta de manera desproporcionada a mujeres o niñas, incluidos todos los actos de esta violencia que causen o exista la probabilidad de que causen daños o sufrimientos de naturaleza física, sexual, psicológica o económica, incluidas las amenazas de realizar tales actos, la coacción o la privación arbitraria de libertad, tanto si se producen en la vida pública como en la vida privada" (artículo 4).

En concreto, abarca la violencia sexual, incluida "la violación, la mutilación genital femenina, el matrimonio forzado, los abortos o esterilizaciones forzados, la trata de personas con fines de explotación sexual, el acecho, el acoso sexual, el feminicidio, la incitación al odio y los delitos por razón de sexo y diversas formas de violencia en línea ("violencia cibernética"), incluido el intercambio o la manipulación no consentidos de material íntimo, el acecho cibernético y el acoso cibernético". Su objetivo se centra en combatir la violencia contra las mujeres y la violencia doméstica de manera integral desde varios ángulos, con la finalidad de prevenir dicha violencia, proteger y apoyar a las víctimas y garantizar el acceso a la justicia.

Desde esta perspectiva internacional, la Comisión Europea en un informe reciente admite que la regulación de España sobre violencia de género es "bastante particular", por ser "el único caso en la que la definición específica está enfocada en el ámbito íntimo". Lo recomendable para España sería que extendiera su legislación a otras formas de violencia, lo que "tendría un altísimo impacto" positivo en las víctimas a la hora de acceder a la Justicia[38]. De este modo muestra su preocupación por el escaso tratamiento de la violencia fuera de las relaciones de pareja y las dificultades de las víctimas en el acceso a la justicia. Conforme a esta manifestación implícitamente se reconoce no sólo la brecha entre víctimas, sino también la posible vulneración del derecho fundamental a tutela judicial efectiva de otras víctimas maltratadas por razones de género.

El problema deviene a raíz de la Ley Orgánica 1/2004, de 28 de diciembre, de Medidas de Protección Integral contra la Violencia de Género, pese a su firme constitucionalidad según la STC 59/2008, de 14 de mayo de 2008[39]. El incumplimiento por esta normativa del Convenio de Estambul se fundamenta en la aplicación de un concepto restrictivo inadaptado al de víctimas de violencia doméstica, y excluyente por limitarse a las relaciones de pareja o conyugales y provocar fisuras jurídicas entre víctimas.

Paralelamente las argumentaciones del Tribunal Constitucional para agravar la violencia en las relaciones de pareja resultan plenamente extensibles a las relaciones familiares, laborales, domésticas,

---

38 Según dicho informe a pesar de que hay una "clara conexión" entre la violencia de género y la desigualdad "son muy pocos los Estados que lo vinculan". Hay muchos países que han criminalizado específicamente la mutilación femenina y, sin embargo, no lo han hecho con otras violencias hacia la mujer más generalizadas y "que impactan en toda la sociedad". La Comisión podría presentar una propuesta a nivel europeo para criminalizar el discurso y los delitos de odio en base al género y a la orientación sexual.

39 Vid., Donoso Vázquez/Rebollo Catalán, *Violencias de género en entornos virtuales*, Editorial Octaedro, 2018, pág. 87, "las violencias de género son violencias que se ejercen sobre mujeres, por la posición que se les ha asignado en la construcción histórica de la categoría hombre-mujer, pero también sobre aquellos y aquellas que trasgreden el orden social. El género que encontramos en la red es heteronormativo, en el que mujeres y cualquier persona que se sitúe fuera de los márgenes de los "patriarcalmente" aceptables, se convierte en un colectivo vulnerable de ser agredido o acosado".

educacionales o tecnológicas[40]. En concreto, la brutal y arraigada desigualdad, la subordinación, sometimiento, efectos discriminatorios y la identidad de bienes constitucionalmente protegidos,

Por otra parte, la compartimentación de la violencia de género limitada a las relaciones de pareja o análoga afectividad genera incoherencias jurídicas a nivel nacional que tratan de superarse mediante el Pacto de Estado contra la violencia de género aplicable a todos los tipos de violencia contra la mujer; el Observatorio de Violencia contra la mujer y no exclusivamente de género; el Registro de protección de víctimas de violencia de género y violencia doméstica; o la legislación de pensiones de orfandad por fallecimiento de la mujer víctima de violencia.

En el marco internacional, la Propuesta para una Directiva del Parlamento europeo y del Consejo sobre la lucha contra la violencia contra la mujer y la violencia doméstica prevé la adopción de medidas por los Estados miembros respecto de ambos tipos de violencia contra la mujer.

El trato desigual entre mujeres víctimas según la modalidad de violencia, adolece de justificación objetiva y razonable y se adentra en un espacio de dudosa constitucionalidad. Para superar este contexto fragmentario, la perspectiva de género puede contribuir a unificar el régimen jurídico de las violencias contra la mujer integrando las "agresiones como manifestación del dominio del hombre sobre la mujer a sus bienes básicos y derechos fundamentales (vida, integridad física y salud, libertad, dignidad, seguridad); de discriminación, desigualdad y relaciones de poder de los hombres sobre las mujeres; que muestran altísimas cifras en torno a la frecuencia de una grave criminalidad que tiene por víctima a la mujer; generan gravísimos daños; y por una grave y arraigada desigualdad"[41].

---

40 En base a la STC 59/2008 de 14 de mayo, la voluntad del legislador con la L.O.1/04 fue la de "...sancionar más unas agresiones que entiende que son más graves y más reprochables socialmente a partir del contexto relacional en el que se producen y a partir también de que tales conductas no son otra cosa...que el trasunto de una desigualdad en el ámbito de las relaciones de pareja de gravísimas consecuencias para quien de un modo constitucionalmente intolerable ostenta una posición subordinada"

41 https://www.oscar-cano.com › los-delitos-de-violencia.

Las violencias cometidas contra las mujeres "por el hecho de serlo" presentan un perfil común con la violencia de género en las relaciones de pareja y afectan a idénticos bienes constitucionalmente protegidos y derechos fundamentales de las víctimas[42]. Aunque el Tribunal Constitucional consideró hace más de una década en la citada sentencia que exclusivamente "las agresiones del varón hacia la mujer que es o que fue su pareja afectiva tienen una gravedad mayor que cualesquiera otras en el mismo ámbito relacional". Afirmación que resulta discutible especialmente en la violencia doméstica sobre niños y niñas o en la denominada violencia vicaria.

De igual modo la violencia contra las mujeres en las relaciones domésticas, laborales, virtuales o escolares constituyen manifestaciones "de la discriminación, la situación de desigualdad y las relaciones de poder de los hombres sobre las mujeres". Al margen de soportar como las víctimas de violencia de género el mismo "efecto intimidatorio a la conducta, que restringe sus posibilidades de actuación libre; su dignidad, en cuanto negadora de su igual condición de persona y en tanto que hace más perceptible ante la sociedad un menosprecio que la identifica con un grupo menospreciado" (STC 59/2008, de 14 de mayo de 2008).

Por consiguiente, siendo comunes las causas y la gravedad de los efectos jurídicos en las violencias cometidas contra las mujeres por el solo hecho de serlo, resulta insostenible desde una perspectiva constitucional un régimen jurídico fragmentario y desigual, limitando la protección jurídica reforzada exclusivamente al maltrato en la pareja o relaciones análogas.

La superior gravedad penal de la violencia de género y el tratamiento jurídico "preferente" de estas víctimas puede cuestionarse en base a la aplicación de criterios de razonabilidad y proporciona-

---

42 La Macroencuesta de Violencia contra las Mujeres (Delegación de Gobierno para la Violencia de Género) expone que "el 24,2% de mujeres de 16 años o más residentes en España han sido víctimas de violencia física o sexual por parte de su pareja, expareja o terceros. Esta violencia de género también se encuentra muy presente entre jóvenes y menores. Según el Instituto Nacional de Estadística, la tasa de mujeres víctimas de violencia de género a partir de 14 años de edad fue de 1,3 por cada 1.000. Casi la mitad de las víctimas (49,3%) tenían una edad entre 25 y 39 años".

lidad. Al respecto, puede considerarse razonable "la protección de la libertad y de la integridad física, psíquica y moral de las mujeres respecto a un tipo de agresiones... que tradicionalmente han sido a la vez causa y consecuencia de su posición de subordinación", con independencia del contexto de las relaciones de pareja o en otros ámbitos relacionales conforme a la citada STC 59/2008, de 14 de mayo de 2008.

En relación al principio de proporcionalidad, debe aplicarse la jurisprudencia constitucional considerando como "desproporción constitucionalmente reprochable ex principio de igualdad entre las consecuencias de los supuestos diferenciados, cuando quepa apreciar entre ellos un desequilibrio patente y excesivo o irrazonable... a partir de las pautas axiológicas constitucionalmente indiscutibles y de su concreción en la propia actividad legislativa" (SSTC 55/1996, de 28 de marzo, FJ 9; 161/1997, FJ 12; 136/1999, de 20 de julio, FJ 23). De acuerdo con esta doctrina, el desequilibrio entre víctimas vulnerables y la lesión de sus derechos fundamentales justifica un trato unificado con carácter general, al margen de las circunstancias personales y familiares[43].

La perspectiva de género como principio interpretativo debe integrar la motivación jurídica y los conceptos de razonabilidad y proporcionalidad en el sentido de máxima efectividad protectora para las víctimas de violencia de género, doméstica, acoso o delitos sexuales. La reciente Ley 15/2022, de 12 de julio, integral para la igualdad de trato y la no discriminación, impone al demandado la justificación objetiva y razonable de la proporcionalidad de las medidas por indicios de discriminación (artículo 30.1).

El artificioso deslinde y compartimentación de violencias contra la mujer, sin apenas rastro a nivel internacional, no sólo ha propiciado la discriminación entre víctimas sino un infradesarrollo legal

---

43 Destacan las SSTC 103/1983, de 22 de noviembre, FJ 6; 128/1987, de 26 de julio, FJ 7; 229/1992, de 14 de diciembre, FJ 2; 126/1997, de 3 de julio, FJ 8...). La STS 13/2001 de 29 de enero señala que "si bien en tales supuestos el canon de control, al enjuiciar la legitimidad de la diferencia y las exigencias de proporcionalidad resulta mucho más estricto, así como más rigurosa la carga de acreditar el carácter justificado de la diferenciación" (FJ 4).

de los delitos por razón de género cometidos fuera del ámbito de la pareja[44].

El impacto negativo derivado de un concepto excluyente de violencia de género ha influido en la invisibilidad jurídica y social de otras violencias sobre la mujer en los ámbitos laboral, escolar, virtual, doméstico o intrafamiliar, contribuyendo consiguientemente a su revictimización pública[45]. Al margen de que las políticas públicas y las leyes concentradas en la violencia de género, afectan negativamente a la autopercepción como víctimas de mujeres en situaciones de bullying, acoso laboral, ciberacoso o violencia doméstica, con tendencia a la clandestinidad de estos delitos y conductas lesivas de derechos fundamentales[46].

Por tanto, la perspectiva de género puede coadyuvar a la construcción de un sistema antidiscriminatorio y condensador de las múltiples violencias contra la mujer con un mismo denominador común: las relaciones de poder, control y subordinación[47]. En esta línea, la reciente Ley Orgánica 10/2022, de 6 de septiembre, de garantía integral de la libertad sexual incorpora derechos y obligaciones en materia laboral, unifica a las víctimas de violencia sexual y las equipara a las de violencia de género (en materia de derechos laborales y de Seguridad Social)[48].

---

44 Vid., Aranda Álvarez, E., "La Ley contra la violencia de género", Temas para el debate, nº. 121 (dic.), 2004 (Ejemplar dedicado a: Diez años de Temas), pág. 13.

45 Al respecto, Tur Ausina, R., *Violencia de género e igualdad: una cuestión de derechos humanos* (Coord. Gallardo Rodríguez; Figueruelo Burrieza (dir.), del Pozo Pérez (dir.), León Alonso (dir.), ISBN 978-84-9045-077-2, 2013, pág. 283.

46 Vid., AA.VV., "Conducta bullying y su relación con la edad, género y...", cit., tradicionalmente se ha observado que las formas de maltrato entre las mujeres encajan dentro de la dinámica conocida como *agresión relacional* caracterizada por un mayor número de hostilidades de tipo social y psicológico que se puede presentar en las relaciones sociales de las mujeres de todas las edades y niveles de formación.

47 Vid., Sobrino, G., *La protección laboral de la violencia de género...*, cit., afirmando que "la Ley Orgánica de Violencia de Género se encarga explícita y únicamente de la tutela de las mujeres que sufren agresiones por parte de su cónyuge/ex-cónyuge o pareja/ex-pareja, dejando al margen de su ámbito de aplicación cualquier otra forma de violencia contra la mujer acontecida por otro tipo de agresor o en ambiente diferente al meramente familiar".

48 Sin embargo, la Ley 1/2021, de 24 de marzo, de medidas urgentes en materia de protección y asistencia a las víctimas de violencia de género regula medidas

3.1.1. Acoso laboral

En el marco internacional, la OIT establece que la expresión "violencia y acoso" en el mundo del trabajo designa "un conjunto de comportamientos y prácticas inaceptables, ya sea que se manifiesten una sola vez o de manera repetida, que tengan por objeto, que causen o sean susceptibles de causar, un daño físico, psicológico, sexual o económico"(artículo 1.a) Convenio nº 190 sobre la violencia y el acoso de 2019)[49].

A nivel doctrinal, el acoso laboral se entiende como "**violencia psicológica extrema**, de forma **sistemática y recurrente** y **durante un tiempo prolongado**, sobre otra persona o personas en el lugar de trabajo con la finalidad de destruir las redes de comunicación de la víctima o víctimas, su reputación, perturbar el ejercicio de sus labores y lograr que finalmente esa persona o personas acaben abandonando el lugar de trabajo" (Leymann)[50].

Según la jurisprudencia constituye acoso laboral o mobbing "aquella conducta abusiva o violencia psicológica a que se somete de forma sistemática a una persona en el ámbito laboral, manifestada especialmente a través de reiterados comportamientos, palabras o actitudes que lesionen la dignidad o integridad psíquica del trabajador y que pongan en peligro o degraden sus condiciones de trabajo; actitudes de hostigamiento que conducen al aislamiento del interesado en el marco laboral, produciéndole ansiedad, estrés, pérdida de autoestima y alteraciones psicosomáticas, y determinando en ocasiones el abandono de su empleo por resultarle insostenible la presión a que se encuentra sometido" (STS de 16 de febrero de 2011).

---

relativas al personal que presta servicios de asistencia social integral **a víctimas de violencia de género, y otras formas de violencia contra las mujeres** que, por su naturaleza, se deban prestar de forma presencial.

49 La Agencia Europea para la Seguridad y la Salud en el Trabajo (EU-OSHA) tras indicar que no existe una definición del acoso moral común a todos los países, señala una posible definición, y así "el acoso moral en el lugar de trabajo es un comportamiento irracional repetido con respecto a un empleado o a un grupo de empleados, que constituye un riesgo para la salud y la seguridad".

50 "Las investigaciones extranjeras indican que las mujeres suelen buscar las órdenes de protección después de graves niveles de victimización y de una exposición prolongada a los abusos" (Carlson, Harris, y Holden, 1999; Harrell y Smith, 1996; Zoellner et al., 2000).

3.1.1.1. Bases para su admisión

Entre las bases del acoso laboral como otra violencia de género destacan fuentes internacionales, estadísticas y el sustrato derivado de las relaciones de poder

A nivel internacional, la Convención sobre la eliminación de todas las formas de discriminación contra la mujer" (1981), la Declaración sobre la eliminación de violencia contra la mujer" (1993), "la convención de Belem do Para" (1994), como también el Convenio 190 de la OIT sobre "la eliminación de violencia y acoso en el mundo del trabajo", reconocen el derecho de toda persona a un mundo del trabajo libre de violencia y acoso[51].

La Resolución del Parlamento Europeo, de 11 de septiembre de 2018, sobre las medidas para prevenir y combatir el acoso sexual y psicológico en el lugar de trabajo, en los espacios públicos y en la vida política en la Unión (2018/2055(INI), reclama a los Estados miembros que "pongan en marcha políticas activas y eficaces que prevengan y combatan cualquier forma de violencia contra las mujeres, incluidos el acoso sexual y los actos sexistas y de acoso laboral a los que la mayoría de las mujeres pueden estar expuestas en el lugar de trabajo. Aborda igualmente la necesidad urgente de establecer normas en materia de violencia y acoso en el trabajo que proporcionen un marco legislativo para los gobiernos, los empleadores, las empresas y la actividad sindical a todos los niveles; observando que ciertos grupos de trabajadores pueden verse más afectados por el acoso psicológico y la violencia en el lugar de trabajo, en especial las mujeres embarazadas, las personas con hijos, las mujeres con discapacidad, migrantes o indígenas, las personas LGBTI y las mujeres que trabajan a tiempo parcial, en prácticas o con contratos temporales"[52].

---

51 Vid., AA.VV., "Diferencias de género en el acoso psicológico en el trabajo", *Psicologia em Estudo*, Maringá, Vol. 10, nº 1, jun./abr. 2005, pág. 5, sobre las variables básicas como edad y género que parecen estar relacionadas con conductas de acoso.

52 La Propuesta para una Directiva del Parlamento europeo y del Consejo sobre la lucha contra la violencia contra la mujer y la violencia doméstica señala respecto de los empleadores, que "la concienciación y una mejor comprensión y apoyo de los trabajadores que son víctimas de acoso laboral por motivos de sexo per-

El Convenio nº 190 de la OIT (2019) sobre la violencia y acoso (pendiente de ser ratificado por España), admite que "la violencia y el acoso por razón de género afectan de manera desproporcionada a las mujeres y las niñas, reconociendo también que la adopción de un enfoque inclusivo e integrado que tenga en cuenta las consideraciones de género y aborde las causas subyacentes y los factores de riesgo, entre ellos los estereotipos de género, las formas múltiples e interseccionales de discriminación y el abuso de las relaciones de poder por razón de género, es indispensable para acabar con la violencia y el acoso en el mundo del trabajo"[53].

Con carácter general, el acoso se ha regulado en la Ley Orgánica 3/2007, de 22 de marzo, para la igualdad efectiva de mujeres y hombres (artículo 7) y actualmente en la LO 10/2022, de 6 de septiembre, de garantía integral de la libertad sexual (artículo 48), diferenciando entre acoso sexual y por razón de sexo, sin prever el acoso por causa de género. Esta última prevé la obligación por las empresas de "promover condiciones de trabajo que eviten la comisión de delitos y otras conductas contra la libertad sexual y la integridad moral en el trabajo, incidiendo especialmente en el acoso sexual y el acoso por razón de sexo; arbitrar procedimientos para su prevención y dar cauce a denuncias o reclamaciones; a incluir la valoración de riesgos de los diferentes puestos de trabajo ocupados por trabajadoras y la violencia sexual entre los riesgos laborales concurrentes"[54].

Paralelamente, también las cifras estadísticas adquieren relevancia jurídica para justificar la necesidad de intervenciones legislativas especialmente a través de normativas con perspectiva de género. Así

---

mitirían el desarrollo de un entorno de trabajo seguro, con un impacto positivo en la productividad".

53 Según cifras oficiales de la Asociación Nacional de Entidades Preventivas Acreditadas (ANEPA), "aproximadamente un 6% de los trabajadores sufre algún tipo de violencia laboral, mientras el 28% de los empleados españoles padece habitualmente conductas violentas de baja intensidad pero solamente el 16% de las empresas españolas tiene algún protocolo para tratar la intimidación y el acoso".

54 El artículo 12 Ley 10/2022 impone a las empresas el deber de promover condiciones de trabajo que eviten la comisión de delitos y otras conductas contra la libertad sexual y la integridad moral en el trabajo, procedimientos para la prevención y códigos de buenas prácticas.

numerosos informes y estudios concluyen en la superior victimización de las mujeres por acoso en las relaciones laborales respecto de los trabajadores masculinos[55].

El acoso laboral adolece de perspectiva de género pese a que la mayoría de los datos desagregados confirman la desproporción de esta conducta sobre mujeres (70%) en relación a los hombres (30%), cumpliendo el presupuesto previsto en el Convenio de Estambul para el reconocimiento jurídico de violencia contra la mujer[56]. Según Chiaroni el porcentaje de trabajadoras víctimas de acoso laboral se produce "en número superior a los varones y además se las acosa de un modo distinto, pues suelen aparecer connotaciones sexistas o machistas...". También Fuentes Valdivieso admite que "las mujeres registran múltiples experiencias de diferentes tipos de acoso, en tanto que están sujetas a las diversas formas de opresión de género construidas históricamente y viven con mayor frecuencia acoso en el trabajo que no siempre es necesariamente sexual"[57].

---

55 En base a un informe reciente "El acoso sexual y acoso por razón de sexo en el ámbito laboral de España" (2021), "el acoso sexual es una experiencia generalizada y común para muchas mujeres de la UE una de cada cinco mujeres ha sido objeto de acoso. La Macroencuesta de Violencia Contra la Mujer 2019 realizada por la Delegación del Gobierno contra la Violencia de Género señala que del total de mujeres de 16 o más años residentes en España, el 40,4% ha sufrido acoso sexual en algún momento de su vida, el 18,1% ha sufrido acoso sexual en los últimos 4 años, y el 10,2% han sufrido este acoso en los últimos 12 meses (6,5% un jefe o supervisor hombre, 12,5% otro hombre del trabajo, 0,3% una jefa o supervisora, 0,9% otra mujer del trabajo)".

56 Para Escartín/Salin/Rodríguez-Carballeira, "El acoso laboral o mobbing: similitudes y diferencias de género en su severidad percibida", *Revista de Psicología Social,* Vol. 28, nº 2, 2013, en varios estudios se concluye que "las mujeres trabajadoras suelen valorar diversas situaciones ofensivas más como mobbing y también perciben los comportamientos abusivos de un modo más grave; las mujeres trabajadoras con menor poder organizativo y social suelen sentirse más acosadas, pero la falta de sensibilidad respecto al género puede conllevar que no sean valoradas sus problemáticas".

57 Vid., Pérez del Río, T., "La violencia de género en el trabajo: el acoso sexual y el acoso moral por razón de género", *Temas Laborales,* nº 91/2007, pág. 183.

3.1.1.2. Relaciones de poder en el ámbito laboral

En las relaciones de poder por razón de género influyen determinantemente los perfiles de la víctima y del maltratador o acosador especialmente dentro del entorno laboral. Entre las razones de la victimización dirigida a las mujeres pueden destacarse la superior capacidad de trabajo, inteligencia u otras cualidades laborales positivas, que intensifican la misoginia laboral y la aversión por razón de género basada en el estereotipo de inferioridad intelectual. "El rechazo y/o persecución a mujeres que destacan en el medio laboral, puede ser por sus características físicas, grados de inteligencia, empatía y, en muchos casos, por manifestar permisividad; situación que las coloca en una posición de vulnerabilidad o indefensión" (Fuentes Valdivieso)[58].

De otra parte, los informes sobre victimología de la violencia en el trabajo señalan la vulnerabilidad como factor de riesgo demostrando estadísticamente que "las víctimas más frecuentes del acoso sexual en el trabajo son mujeres jóvenes que acaban de conseguir su primer empleo, normalmente de carácter temporal o atípico, mujeres solas con responsabilidades familiares como madres solteras, viudas, separadas, divorciadas, y mujeres que acceden por primera vez a sectores profesionales o categorías tradicionalmente masculinas, en las que las mujeres se encuentran subrepresentadas, sobre todo si lo hacen de forma individual…o las que acceden a puestos de responsabilidad"[59]. Por esta razón, el acoso laboral presenta un perfil

---

[58] Para Fuentes -Valdivieso, "Acoso laboral o *mobbing* y violencia de género", *Rev Sanid Milit Mex, Vol.* 67, 2013, "la violencia de género se manifiesta cotidianamente en los ambientes laborales, en tanto que no existe un reconocimiento al trabajo de las mujeres. Algunos hombres sí pueden ver la desigualdad e inequidad para con las mujeres; sin embargo, rivalizan, compiten y tienden a descalificarlas en diversos momentos de la vida académica y profesional, sobre todo cuando ven amenazado su poder patriarcal".

[59] Según Moreno Jiménez, "Diferencias de género en el acoso psicológico en el trabajo: un estudio en población española", *Psicologia em Estudo*, Maringá, Vol. 10, nº 1, 2005, pág. 6, "los resultados obtenidos parecen indicar, de acuerdo con la hipótesis supuesta inicialmente, que las mujeres están expuestas a mayores conductas de acoso psicológico, puntuando más alto que los hombres en acoso, así como en todas las dimensiones que componen el síndrome". En un estudio llevado a cabo por Björkqvist, Österman y Lagerspetz (1994b) entre trabaja-

de violencia económica cuando se ejerce sobre mujeres dependientes y vulnerables económicamente, facilitando la sumisión y dominación por esta causa. En el acoso laboral, la vulnerabilidad de la mujer por su dependencia económica y en base a sus circunstancias familiares (hijos, monoparentalidad...), obligan a considerar una violencia económica intrínseca y en concurso con el maltrato laboral.

Entre las víctimas vulnerables figuran las mujeres embarazadas, expuestas al mobbing maternal por el trato desfavorable en el ámbito laboral (cambio de funciones, reducción de salario o incluso el despido). Esta modalidad discriminatoria por razón de sexo y causas biológicas es objeto de protección jurídica reforzada en la Ley Orgánica 3/2007, de 22 de marzo, para la igualdad efectiva de mujeres y hombres (artículo 8). Así la discriminación por razón de sexo presenta garantías superiores respecto a la prueba, indemnidad frente a represalias o por despido, en comparación con el trato discriminatorio de género, por estado civil y circunstancias personales o familiares. Por lo que la LOIEMH también incluye una diferencia de trato entre mujeres discriminadas según la causa, dispensando una tutela mayor por embarazo y maternidad.

Respecto a los acosadores y maltratadores en las relaciones laborales no se limitan a los empresarios, superiores jerárquicos, responsables de recursos humanos (vertical) sino que pueden incluirse los compañeros de trabajo, individualmente o en grupo (horizontal), clientes, etc. Conforme a una reciente macroencuesta, el mobbing suele realizarse principalmente "por superiores jerárquicos (47,4%), por personas de la misma categoría laboral (32,4%) y otras personas entre las que se señalan familiares y amistades del jefe (1,8%) y clientes (1,5%)".

A la relación de poder sobre las mujeres puede superponerse la de subordinación y jerarquización empresarial, agravando la indefensión de las trabajadoras por el riesgo de confusión entre ambas, lo que impide a las víctimas distinguir entre la dominación por razón

dores finlandeses, encontraron "diferencias significativas en la prevalencia del acoso entre mujeres y hombres, siendo las primeras más acosadas significativamente. Parece que las mujeres con un menor nivel de estudios, y con menor experiencia laboral tienen mayor riesgo de sufrir acoso laboral".

de género o su condición laboral[60]. El poder directivo y de organización se emplea con frecuencia para la dominación de las mujeres mediante la subordinación derivada de las relaciones laborales[61]. El prevalimiento de la posición de superioridad del empresario sobre las trabajadoras tiende a su indefensión y vulnerabilidad[62]. Ley Orgánica 10/2022, de 6 de septiembre, de garantía integral de la libertad sexual modifica el artículo 184 CP que agrava la pena si el culpable de acoso sexual hubiera cometido el hecho prevaliéndose de una situación de superioridad laboral[63]. De modo que pese a la sumisión "dual" por el hecho de ser mujer y simultáneamente trabajadora, no ha conseguido la integración del maltrato laboral en el concepto de violencia de género[64].

---

60 Vid. Vidal Casero, "El mobbing en el trabajo. su problemática", *Revista General Informática de Derecho*, nº 1, 2006, pág. 15, "la mujer se coloca en una posición de inferioridad y se la somete a maniobras hostiles y degradantes que van desde miradas de desprecio, alusiones veladas y malintencionadas, interrumpirle constantemente en sus exposiciones, asignación de tareas insignificantes o humillantes para su grado de preparación, no darle información o dársela contradictoria con tal de inducirla a plantearse dudas y cometer errores, etc. Se dice de ella que tiene un trato difícil, que tiene mal carácter lo cual es causa del conflicto, que no se integra en el grupo, e incluso que está loca o desequilibrada psicológicamente. Las formas habituales de maltrato en el mobbing, unas son activas y otras pasivas".

61 Respecto de la no percepción del acoso, según Fuentes-Valdivieso, R., Acoso laboral..., cit., "muchas de ellas no pueden distinguir cuándo están siendo violentadas en sus trabajos, ya que desde niñas aprendieron a reconocer figuras de autoridad acompañadas de violencia verbal y, así, cuando llegan a ser adultas y consiguen empleo, no siempre saben cómo defenderse o cómo comportarse ante una situación de acoso. Algunas mujeres consideran que la violencia y el maltrato es parte del trabajo y del comportamiento de los hombres y de la rivalidad entre mujeres, es decir, se acepta como algo cotidiano o como el deber ser".

62 "El poder inferior que ostentan normalmente las mujeres las hace más vulnerables a acciones de mobbing y les da menos poder para defenderse, aumentando así su sentimiento de victimización" (Lamerz y Aquino, 2004). "Sentirse incapaz de defenderse de manera efectiva es típicamente visto como una característica principal del mobbing "(Einarsen, *et al.*, 2011).

63 La Ley Orgánica 10/2022, de 6 de septiembre, de garantía integral de la libertad sexual regula el prevalimiento de la relación de superioridad para realizar actos hostiles y humillantes en la relación laboral y funcionarial.

64 Según Fabregat Monfort, "El acoso laboral desde la perspectiva de la prevención de riesgos laborales", *Revista de Relaciones Laborales*, nº 23, 2010, "el ejercicio arbitrario del poder de dirección supone un incumplimiento empresarial de-

En esta línea la STSJ de Galicia, de 29 de abril de 2005 reconoce expresamente que "la Ley Orgánica de Violencia de Género no tiene eficacia aplicativa para castigar y sancionar los actos ilícitos de violencia que se produzcan o estén relacionados con el entorno laboral, salvo que concurran en el sujeto agresor la condición de compañero de trabajo y de pareja o ex-pareja sentimental de la víctima "[65]. De igual modo en la STSJ de Canarias de 6 de marzo de 2018 considera que, "aun aceptando que lo único que quedó probado en el pleito fue que el trabajador cogiera por la cadera en una ocasión a su subordinada, tal hecho por sí sólo es constitutivo de una infracción al Estatuto de los Trabajadores, a la Ley para la Igualdad Efectiva de Hombres y Mujeres de 2007 y a las recomendaciones de la Unión Europea que justifican el despido".

En realidad, puede sostenerse que las leyes de violencia de género paradójicamente adolecen de perspectiva de género al excluir las manifestaciones de violencia laboral contra las mujeres. Esta posición se refleja en la jurisprudencia laboral con efectos distorsionadores que evidencian desfases en la aplicación de la perspectiva de género, según se trate de mujeres maltratadas por sus parejas o de trabajadoras acosadas. En la STSJ de Castilla y León de 31 de mayo de 2018 no se recurre a la perspectiva de género para determinar el padecimiento de alteraciones psíquicas como consecuencia de la presión, agresividad y violencias verbales a una profesora por un alumno durante su tiempo de trabajo, sino al tipo del "hombre medio".

---

nunciable por el trabajador, pero en ningún caso, por sí mismo, es equiparable al mobbing o acoso moral en el trabajo. Para que sea así, para que esa conducta arbitraria del empresario sea constitutiva de acoso debe generar una violencia psíquica traducible en una dolencia para con el trabajador. En el resto de los casos, el ejercicio arbitrario del poder de dirección supondrá una irregularidad, que no tiene por qué ser tan gravosa como el acoso. Pues, no en vano, el acoso exige hostigamiento o asedio ejercido de forma reiterada, sistematizada y realizada de forma recurrente con el fin de aislar, ridiculizar o generar una situación de vacío respecto una persona".

65 Para Sobrino, *La protección...*, cit., pág. 15, "esta Ley Orgánica no está diseñada estructuralmente para sancionar la violencia de género ejercida por los empleados o por el propio empresario hacia alguna de sus trabajadoras, así como por cualquier otro tipo de agresor en cualquier otro tipo de espacio público o privado que no guarde relación sentimental con la víctima".

En este contexto, Sobrino, G., considera que "la articulación de una norma concreta sobre la violencia contra la mujer en el entorno laboral, supondría un hito significativo mediante el que proteger a la mujer en los espacios donde mayor preponderancia se detecta de los desequilibrios de poder entre el sexo femenino y el masculino"[66].

Para la identificación de una violencia laboral de género deben señalarse los principales obstáculos a que se enfrenta en la actualidad, entre los que cabe destacar su exclusión del concepto legal de violencia de género, la ausencia de perspectiva de género, el concepto restringido de acoso laboral y las múltiples modalidades que puede adoptar aún sin desarrollo jurídico.

3.1.1.3. Modalidades

Las múltiples modalidades de violencia y discriminación laboral por razón de género derivan de las condiciones y circunstancias de víctima y agresor, así como de los numerosos tipos de maltrato y conductas violentas, desde delictivas a hostigamientos, abusos de poder y otras de baja intensidad.

Especial detenimiento requiere el acoso o violencia grupal, que puede realizarse "a través del empresario instrumentando al grupo inmediato y/o a las estructuras administrativas, enfocándolas al menosprecio, ninguneo, trabas al desempeño del trabajo o el rol, merma de recursos; y en general, distorsión perversa de la comunicación social y los significados, que definen la identidad personal, profesional y social de la víctima" (Fuentes Martínez)[67].

Esta modalidad de violencia grupal en las relaciones laborales debería agravar el régimen disciplinario y sancionador respecto de

---

66 Considera Sobrino, G., *La protección laboral...*, cit., que "esto no significaría el cierre de la regularización de la violencia de género, puesto que, desgraciadamente, los espacios públicos en los que la mujer continúa sufriendo agresiones van más allá del meramente laboral. La elaboración de una única e integral y transversal ley de violencia de género se hace pues, del todo necesaria para conseguir alcanzar el perseguido principio de igualdad y no discriminación por razón de género".

67 Vid., Fuertes Martínez, F., *Elementos y dinámica psicosocial del Acoso Institucional: Cómo prevenirlo y neutralizarlo,* en J. M. Avilés (Coord.). Riesgos psicosociales en la enseñanza (Cap. VIII). Valladolid, Cuadernos STEs-I ntersindical, 2003.

los agresores por la comisión conjunta de varios trabajadores y por la prevalencia de la relación de superioridad[68]. Estos presupuestos implican una pena superior en el orden punitivo, pues el artículo 180 CP tras la modificación por la Ley Orgánica 10/2022, de 6 de septiembre, de garantía integral de la libertad sexual agrava la pena "cuando los hechos se cometan por la actuación conjunta de dos o más personas, contra una persona que se halle en una situación de especial vulnerabilidad por razón de su edad, enfermedad, discapacidad o por cualquier otra circunstancia". Aunque no menciona el género, pese a que las víctimas del acoso laboral suelen ser mayoritariamente mujeres, prevaleciendo el criterio de vulnerabilidad sobre la perspectiva de género.

De otra parte, la violencia laboral grupal por razón de género no se configura como una modalidad agravada, a diferencia de la comisión en grupo de agresiones sexuales. Su consideración como presupuesto definitorio del acoso laboral influye en su absorción por el tipo sin aplicarse como agravante, pese al plus de maltrato, daño psicológico que provoca, e implicar una vulneración superior del derecho fundamental a la integridad moral[69].

Desde esta perspectiva, el carácter intenso de la violencia psicológica como elemento del acoso laboral en general debería asociarse a los supuestos de comisión grupal, sin exigir la demostración de que la violencia sea grave. Es decir, si el acoso es grupal debería presuponerse una actuación "intrínsecamente grave" y evitar el riesgo de anonimización de los agresores por tratarse exclusivamente de un

---

68 Para Fuentes-Valdivieso, "Acoso laboral o *mobbing*… ", cit., "la característica principal del *mobbing* es que se trata de un ataque grupal. Los ataques grupales tienen casi siempre a un autor intelectual, derivan de ideas preconcebidas sobre cuándo y dónde y a quién atacar, pero sobre todo por qué atacar a alguien específicamente. El acoso laboral para que se desarrolle requiere ser pensado, se necesita tiempo y conocimiento sobre el sujeto que será acosado/a".

69 El Protocolo de Actuación frente al acoso laboral de la Administración General del Estado, define el acoso laboral, moral o psicológico como "la exposición a conductas de Violencia Psicológica intensa, dirigidas de forma reiterada y prolongada en el tiempo hacia una o más personas, por parte de otra/s que actúan frente a aquélla/s…".

elemento integrador del tipo[70]. Sin embargo, la necesidad de prolongación en el tiempo de una violencia grupal de género para que pueda considerarse acoso laboral, se traduce en una diferencia de trato injustificable con las víctimas de violencia de género y sexuales.

De igual modo, la exigencia de que las agresiones sean sistemáticas y prolongadas en el tiempo para la calificación como acoso laboral, contribuye a diluir la agravante de reincidencia de los agresores en perjuicio de la víctima y en favor de los acosadores, sin atender a su consideración como maltratadores y responsables solidarios.

Por consiguiente, el acoso laboral habría de generar un plus de sanciones y responsabilidad (solidaria) atendiendo entre otros factores a la continuidad, reincidencia, premeditación, gravedad, daños morales, utilización de medios tecnológicos y víctima vulnerable por circunstancias familiares o personales. En términos similares, la SAP 187/2016 de Burgos señala que "deberán valorarse el conjunto de circunstancias de cada caso concreto, entre las que se incluyen la duración de los malos tratos, sus efectos sobre la integridad física y mental de quien los sufre, así como otros relativos al sexo, edad, preparación, nivel cultural o el estado de salud de la víctima".

La traslación de los artículos 178.1 y 180.1 del Código Penal al ámbito laboral permite atender a los actos de acoso realizados con abuso de situación de superioridad o de vulnerabilidad de la víctima; y también aplicar como agravantes la comisión del delito conjuntamente por dos o más personas, o contra una persona en situación de especial vulnerabilidad (por razón de su edad, enfermedad, discapacidad o por cualquier otra circunstancia).

No obstante, la violencia o acoso laboral presenta una singularidad respecto de la violencia de género y resulta de su comisión por otra u otras mujeres. Sobre esta posibilidad, Fuentes Valdivieso entiende que "el sistema patriarcal, en tanto que forma parte de la cultura dominante, ha hecho posible que algunas mujeres despre-

---

70 Algunos autores consideran que si no existe un grupo que perpetre de manera concertada las agresiones, no se les puede considerar *mobbing*...Es muy común en estos casos los pactos secretos. Quienes están detrás de las agresiones pueden ser directivos o compañeros desempeñando roles en diferentes departamentos, pero a quienes les une lazos de amistad personal o de otra índole (F. Peña Saint Martín).

cien a otras mujeres y no reconozcan sus trayectorias laborales o académicas"[71]. Las mujeres asumen con frecuencia el rol de acosadoras o maltratadoras de género, bien desde una relación de superioridad (v.gr. técnicas de recursos humanos) o de igualdad, cuando como trabajadoras desarrollan pautas sexistas, actos hostiles y humillantes. Sin embargo, pese a que el móvil de este maltrato laboral coincide con el de la violencia de género, y provoca daños equiparables a esta última, la diferencia de trato según el sexo del agresor resulta injustificada desde el punto de vista de la víctima en el plano constitucional. Incluso la violencia laboral intragénero equiparada actualmente con la violencia de género respecto de los derechos de las víctimas por la Ley Trans, debería igualarse también en los efectos jurídicos respecto a los agresores por razones de coherencia jurídica y antidiscriminatorias.

Desde un prisma objetivo, las modalidades de violencia laboral por razón de género incluyen el acoso, abuso de poder, hostigamientos, vejaciones, ofensas, aislamiento, por acción u omisión, con el silencio y complicidad de otros trabajadores[72]. Según las encuestas el maltrato puede consistir en "dirigirse a la mujer de forma ofensiva (61,1%), la asignación de tareas, competencias o responsabilidades por debajo de su categoría profesional (32,4%), ser relegada en la promoción profesional (25,7%), problemas para acceder o conti-

---

71 Según Peligero Molina, "La violencia filioparental en el contexto de la violencia familiar", *IPSE-ds* 2016 vol. 9, 2013, "la macro-encuesta de la violencia contra la mujer realizada en España (2015) recoge datos de la victimización de la mujer dentro de la pareja sin especificar el sexo del agresor, lo que nos lleva a presuponer que siempre es varón. Sin embargo, al preguntar a las mujeres sobre la violencia sufrida a lo largo de la vida fuera del ámbito de una relación de pareja se desvela que en el 41% de los incidentes de violencia las agresoras son mujeres, lo que no puede ser considerado como violencia de género".

72 Vid. Vidal Casero, "El mobbing en el trabajo. su problemática…", cit., "la mujer se coloca en una posición de inferioridad y se la somete a maniobras hostiles y degradantes que van desde miradas de desprecio, alusiones veladas y malintencionadas, interrumpirle constantemente en sus exposiciones, asignación de tareas insignificantes o humillantes para su grado de preparación, no darle información o dársela contradictoria con tal de inducirla a plantearse dudas y cometer errores, etc."

nuar en el trabajo (22,2%), o postergada en la formación (15,4%)", entre otras actuaciones[73].

La exigencia de reiteración de tales actos obliga a las víctimas a soportar en el tiempo el maltrato continuado y la vulneración persistente de sus derechos fundamentales. Un único acto hostil no puede considerarse como delito de acoso laboral previsto en el segundo párrafo del artículo 173.1 CP. Aunque algunos autores como García del Blanco entienden que "el acoso puede materializarse en un solo acto de efectos permanentes", y se muestran partidarios de que "el elemento de la reiteración sea sustituido por la "permanencia de sus efectos, ya que el acoso puede proceder de un único acto o decisión"[74]. De este modo la violencia laboral de género se independizaría del volumen o cuantificación de actuaciones realizadas por el agresor, centrándose en la gravedad de los daños psicológicos o morales en la víctima[75]. La asimilación de un solo acto a la reiteración se ampara en el art. 510.3 CP que impone agravación de las penas "cuando los hechos se hubieran llevado a cabo a través de un medio de comunicación social, por medio de internet o mediante el uso de tecnologías de la información, de modo que, aquel se hiciera accesible a un elevado número de personas". Según la Circular 7/2019,

---

73 "Entre los efectos sobre la salud más comunes se encuentran alteraciones psicológicas como la ansiedad, depresión, estados de nerviosismo, o trastornos del sueño, dolores de cabeza y problemas gastrointestinales. Todas estas consecuencias pueden acabar repercutiendo en el deterioro de la calidad de vida de la persona acosada, tanto en el ámbito laboral como en su vida privada y, sin embargo, de las mujeres encuestadas el 87,8% no solicitó ningún tipo de baja a pesar de que la permanencia en el trabajo podía tener efectos negativos sobre su salud" (Informe del Ministerio de Igualdad).

74 Vid., García del Blanco, V., *Acoso laboral,* en Molina Fernández, F., (Coord.)., Ed. Francis Lefebvre, Madrid, 2011, pág. 765. "Las mujeres víctimas de maltrato sufren una continuidad de sucesos traumáticos, que tienen continuidad, con una sintomatología más compleja en la que se incluirían: sentimientos de depresión, rabia, culpa, baja autoestima, y otros problemas como quejas somáticas, disfunciones sexuales, conductas adictivas y dificultades para establecer relaciones".

75 El Instituto Nacional de Seguridad e Higiene en el Trabajo lo define como "aquella situación en la que una persona o un grupo de personas, ejercen una violencia psicológica extrema, de forma sistemática al menos, una vez por semana durante un tiempo prolongado, más de seis meses, sobre otra persona en el lugar de trabajo".

de 14 de mayo, de la Fiscalía General del Estado, sobre pautas para interpretación de los delitos de odio, "los nuevos mecanismos de ejecución de conductas delictivas tienen una enorme potencialidad expansiva susceptible de generar un aumento del perjuicio a las víctimas de los delitos" y la STS 4/2017, de 18 de enero, supone que el autor "incorpora" su mensaje "a las redes telemáticas con vocación de perpetuidad".

Desde esta óptica, el abuso de poder empresarial o del superior jerárquico se identificaría con un acto arbitrario aislado u ocasional que no reúne los presupuestos de reiteración o prolongación en el tiempo y puede obedecer a razones de género[76]. El prevalimiento de la relación de superioridad por el empresario y la situación vulnerable de la trabajadora derivada de sus circunstancias familiares o personales, suelen ser determinantes de los abusos de poder ejercidos por el hecho de ser mujer.

A nivel objetivo, también se exige una relación de causalidad enre la reiteración de los actos hostiles o humillantes y la lesión a la integridad moral de la víctima. Aunque la perspectiva de género aplicada al acoso laboral justificaría la flexibilización de la demostración causa-efecto por la víctima, incluso la inversión de la carga de la prueba como supuesto discriminatorio.

3.1.1.4. Deficiencias de género en la regulación penal y laboral

La Ley Orgánica 10/2022, de 6 de septiembre, de garantía integral de la libertad sexual modifica los apartados 1 y 4 del artículo 173, regulando actos hostiles o humillantes que, "sin llegar a constituir trato degradante, supongan grave acoso contra la víctima en el ámbito de cualquier relación laboral o funcionarial y prevaliéndose de

---

76 Entre las conductas no incluidas en el acoso laboral se incluyen "las modificaciones sustanciales de condiciones de trabajo sin causa y sin seguir el procedimiento, actos puntuales discriminatorios, ofensas puntuales y sucesivas dirigidas por varios sujetos sin coordinación entre ellos, presiones para aumentar la jornada o realizar determinados trabajos, conductas despóticas dirigidas indiscriminadamente a varios trabajadores".

su relación de superioridad, realicen contra otro de forma reiterada" (STS 694/2018, de 21 de diciembre)[77].

En base al Código Penal se reclama la gravedad "con el claro y plausible propósito de no extender el ámbito de lo punible a todo acoso laboral o funcionarial realizado por un superior, sino solo a sus manifestaciones más intolerables"[78]. La regulación penal exige únicamente presupuestos objetivos (gravedad, reiteración y prevalimiento como medio) sin incluir elementos subjetivos como la intencionalidad del agresor *de perjudicar y destruir a la víctima (*Protocolo para la prevención y tratamiento del acoso sexual*)*[79]. La referencia legal a los actos hostiles y humillantes se extiende a un "abanico de conductas como chantaje sexual, agresión física, actos de hostigamientos sutiles o manifiestos..."(Hirigoyen)[80]. Aunque deben ser graves como dispone la SAP de Jaén de 14 de marzo de 2017, al admitir que "no se ha constatado ni se describe en la denuncia una conducta que presente con intensidad las características que justificarían su subsunción en el tipo penal que prevé las situaciones de acoso laboral (arts. 173.1 y 2 Código Penal) por no apreciarse ni un ataque grave intencionado hacia su integridad personal que menoscabe gravemente su integridad moral (art. 173.1 Código Penal) ni tampoco que, prevaliéndose de una relación de superioridad, se hayan realizado contra ella actos

77 Así la SAP de Jaén de 18 de diciembre de 2012 resuelve que los hechos no son constitutivos del delito de acoso laboral tipificado en el art. 173.1 del CP, dado que no concurre el requisito de "la gravedad", aludiendo expresamente a la "violencia psicológica extrema".

78 Destaca Sempere Navarro, "Restrictivo concepto de "acoso laboral" a efectos penales", *Revista de Jurisprudencia Laboral,* nº 2, 2021.

79 La STS 99/2019, de 26 de febrero, considera que "no es necesario el elemento subjetivo consistente en un ánimo".

80 Al respecto, vid., Pérez del Río, "Violencia de género en el trabajo...", cit., "la característica esencial de este tipo de conductas es o bien que no se pueden catalogar ni de ilegales ni de irregulares desde la óptica jurídica, de tal manera que la víctima no podría defenderse de ellas por vía legal alguna, colocándosela en una situación de impotencia si no se entiende que por su sistematicidad y su objetivo destructivo constituyen acoso antijurídico...una minusvaloración sistemática de las capacidades y competencias de las mujeres en el desempeño de sus funciones laborales".

hostiles o humillantes que supongan grave acoso contra la misma" (art. 173.2 CP)[81].

La exigencia penal de requisitos como el prevalimiento en la relación de superioridad, la gravedad del acoso o la reiteración de actos que deben ser hostiles y humillantes pero no degradantes, dejan fuera de su ámbito objetivo de aplicación otras modalidades de acoso menos graves, lesivas de la integridad moral o realizadas por otros trabajadores[82]. Como también el acoso por omisión, complicidad, silencio y a través de las nuevas tecnologías, cuya extensa difusión puede resultar equivalente a la reiteración y además proporcionar la gravedad que exige el tipo penal. Al margen del acoso laboral cometido como "violencia en pequeñas dosis, que no se advierte, y que sin embargo es muy destructiva, con el efecto acumulativo de microtraumatismos frecuentes y repetidos que constituyen la agresión"[83].

Sin embargo, la necesidad de concurrencia de los requisitos de habitualidad, reiteración, maltrato físico o psíquico, superioridad y dominación para la identificación del acoso laboral, tiende a encubrir el móvil frecuente derivado de las relaciones de poder sobre la mujer en el trabajo. Los hostigamientos y actuaciones vejatorias cometidos contra la empleada o trabajadora por el hecho de ser mujer, deben reconducirse al campo de la violencia de género por la coincidencia de bienes y derechos constitucionalmente protegidos[84].

---

81 "Como sería tildar públicamente de inútil a un subordinado ante sus compañeros de trabajo, en un acto de acoso laboral" (SAP Lleida 3 de mayo de 2007).

82 Según la STS 16 abril de 2003, los elementos que conforman el concepto de ataque contra la integridad moral son un "acto de claro e inequívoco contenido vejatorio para el sujeto pasivo; la concurrencia de un padecimiento físico o psíquico; que el comportamiento sea degradante o humillante con especial incidencia en el concepto de dignidad de la persona-víctima". En la SAP Jaén de 31 de octubre de 2017: "se observan conductas vejatorias de género al recibir la víctima "insultos…así como menosprecios…lo que ha derivado en una depresión…".

83 Vid., Caamaño Rojo/Ugarte Cataldo, "El acoso laboral: tutela y prueba de la lesión de los derechos fundamentales", *Ius et Praxis*, Vol. 20, nº 1, 2014.

84 En base a la STS 15 de septiembre de 2021, "en el maltrato habitual el bien jurídico que directa y específicamente protege el artículo 173.2 del Código Penal es la pacífica convivencia entre personas vinculadas por los lazos familiares o por las estrechas relaciones de afecto o convivencia a las que el propio tipo se refiere".

También la posibilidad de una violencia psicológica extrema, habitual y reiterada por razones de género en el ámbito laboral justificaría una equiparación jurídica entre trabajadoras y mujeres maltratadas por sus parejas. Así la doble dominación que soporta la trabajadora por razón de género y de subordinación jerárquica, agravando su indefensión, fundamenta en última instancia la unificación de la violencia laboral y de género[85].

Desde esta óptica, la violencia ejercida sobre las mujeres no puede ser compartimentada ante el riesgo de diversificación de regímenes jurídicos y sanciones penales diferentes sin justificación objetiva y razonable. La agravante de género revela la incoherencia de una violencia de género reducida a las relaciones de pareja y excluyente, operando como aglutinante de todas las modalidades de violencia en que se actúe contra una mujer por el mero hecho de serlo (STS 440/2020, de 14 de septiembre de 2020). Por esta razón, hasta la reforma de la Ley de garantía integral de la libertad sexual, se argumentaba la conveniencia de "correcciones legislativas" en lo relativo al acoso sexual, como su integración dentro de la Ley Orgánica de Violencia de Género", además de "concretar más las obligaciones de las empresas" para "que no haya dudas interpretativas" (Lousada) en la dominación y subordinación de la mujer" (trabajadora)[86].

En efecto, la aplicación de la agravante de género puede aplicarse al acoso laboral si concurren los requisitos previstos en el artículo 22.4 del Código Penal y se comete el delito por motivos de sexo (condiciones biológicas) o razones de género (basados en actividades consideradas socialmente como propias de mujeres o estereotipos

85 "En Noruega, Suecia y Finlandia, pueden tener unas diferencias de género menores comparados con países como Francia o España que han sido identificados por los mayores desequilibrios de poder en las organizaciones (Hofstede, 1980). Los países escandinavos poseen culturas más igualitarias y más orientadas hacia los valores femeninos. Estas culturas prescriben a sus miembros a no ser agresivos, dominantes y asertivos en sus relaciones interpersonales. A la hora de interpretar las diferencias de género no se debe olvidar que, en muchos casos, el entorno de trabajo facilita la aparición de este tipo de discriminación debido a las desigualdades existentes en el mismo" (La Vanguardia).

86 El Tribunal Superior de Justicia de Cataluña ha estimado la agravante de desprecio de género, fruto de una conversación telefónica con frases despectivas (STSJ de Cataluña 20 de mayo 2019).

culturales). Pero mientras la agravante de género está incluida en el tipo penal de violencia de género y se ha tenido en cuenta para su configuración (artículos 148.4, 153.1, 171.4, 172.2), en el acoso y maltrato laboral el recurso a la misma queda a expensas del órgano judicial. Esta diferencia de trato entre víctimas de violencia de género y acoso laboral puede replantearse desde una perspectiva constitucional, para determinar si se encuentra avalada por una justificación objetiva y razonable.

En términos similares a la regulación penal del acoso, la normativa laboral adolece igualmente de perspectiva de género, al margen del acoso sexual o por razón de sexo, coincidentes ambas en la exigencia de requisitos múltiples que dificultan la protección jurídica de las víctimas. En concreto, "los perfiles objetivos de sistematicidad, reiteración, frecuencia, y permanencia en el tiempo tradicionalmente aceptada en nuestra doctrina judicial" (STSJ País Vasco 20 de abril de 2002, STSJ Galicia 8 de abril de 2003), y subjetivos de intencionalidad con daño a la salud mental. Así se deriva de la STSJ 413/2007 de 11 de junio, afirmando que "**no toda actitud de tensión en el desarrollo de la actividad laboral es considerada como acoso laboral moral, como el maltrato ocasional o esporádico, sometimiento a inadecuadas condiciones laborales o de otro tipo de violencias en el desarrollo de la relación de trabajo (acoso laboral moral)**".

La perspectiva de género no se desarrolla suficientemente en la legislación laboral por su omisión entre las causas de acoso laboral previstas en el Estatuto de los Trabajadores (art. 4.2.e). Esta disposición regula únicamente el derecho "a la protección frente a ofensas verbales o físicas de naturaleza sexual y frente al acoso por razón de origen racial o étnico, religión o convicciones, discapacidad, edad u orientación sexual"[87]. De otra parte, a las víctimas de acoso laboral por causa de género se les exige legalmente que soporten el maltrato de modo reiterado y continuado para que pueda calificarse como tal, a diferencia de la violencia de género en las relaciones de pareja, pese al el riesgo de desprotección "prolongada" de la mujer

---

87 En particular, la STC 106/2011, de 20 de junio reconoce que "esta conducta podría haber vulnerado los derechos fundamentales a la integridad moral y física, a la igualdad y no discriminación y a la intimidad previstos en la Constitución".

trabajadora[88]. No obstante, conviene actualizar la interpretación de la gravedad del acoso laboral con carácter general, admitiendo que un solo acto puede provocar efectos equiparables a la reiteración si se efectúa a través de las nuevas tecnologías o de hechos leves que progresivamente socavan la integridad moral de la trabajadora[89]. Recientemente, en términos generales, la Ley 15/2022, de 12 de julio, integral para la igualdad de trato y la no discriminación, regula el acoso discriminatorio como "*cualquier conducta* con el objetivo o la consecuencia de atentar contra la dignidad de una persona o grupo en que se integra y de crear un entorno intimidatorio, hostil, degradante, humillante u ofensivo (artículo 4).

Por último, la responsabilidad del empresario y de los trabajadores por el acoso o maltrato laboral debería regularse expresamente en los supuestos de resultado de muerte o suicidio, incluso aunque las conductas se produzcan fuera del ámbito de la empresa. Sin embargo, el artículo 27 LIT exige que la discriminación o acoso se produzca en su ámbito de organización y dirección, para la responsabilidad por daños de las personas empleadoras o prestadoras de bienes y servicios. De modo que si el acoso se comete mediante el empleo de las nuevas tecnologías puede resultar impune, por realizarse desde fuera del ámbito organizacional, aún teniendo conocimiento el empleador y no haberlo prevenido (al margen de la infracción de la legislación de prevención de riesgos laborales y de la Ley de Infracciones en el orden social). Por esta razón, la Propuesta para una Directiva del Parlamento europeo y del Consejo sobre la lucha contra la violencia contra la mujer y la violencia doméstica prevé como agravante que el delito haya provocado la muerte o el suicidio de la víctima o le haya causado graves daños físicos o psicológicos (artículo 13), incorporando por esta vía la perspectiva de género a tales circunstancias.

---

88 Acosar según la RAE es "apremiar de forma insistente a alguien con molestias o requerimientos", por lo que la conducta se compone de un conjunto de actos pues así resulta de la conjunción del término "insistente" con los plurales "molestias o requerimientos", prolongados en el tiempo.

89 "Suele crearse una situación de dominio o poder a través de la realización de una serie de actos de vejación, amenaza, menosprecio, humillación y control plurales y prolongados en el tiempo destinados a anular la libertad de la víctima y a impedir el libre desarrollo de su persona".

3.1.1.5. Dimensión constitucional

El acoso y otras violencias laborales presentan una dimensión constitucional por vulneración de derechos fundamentales como la dignidad, la integridad física y moral, intimidad, honor, entre otros. En particular, la Ley Orgánica 10/2022, de garantía integral de la libertad sexual establece que "las violencias sexuales como las del ámbito laboral vulneran el derecho fundamental a la libertad, a la integridad física y moral, a la igualdad y a la dignidad de la persona y, en el caso del feminicidio sexual, también el derecho a la vida".

El artículo 4.2. e) del Estatuto de los Trabajadores regula como derecho básico del trabajador, "*el respeto de su intimidad y a la consideración debida a su dignidad, comprendida la protección frente al acoso por razón de origen racial o étnico, religión o convicciones, discapacidad, edad u orientación sexual, y frente al acoso sexual y al acoso por razón de sexo*". El artículo 54, apartado 2, letra g) considera incumplimiento contractual que da lugar al despido, el acoso por razón de origen racial o étnico, religión o convicciones, discapacidad, edad u orientación sexual y el acoso sexual o por razón de sexo al empresario o a las personas que trabajan en la empresa".

El acoso constituye con carácter general "una actuación pluriofensiva, que viola al tiempo varios derechos fundamentales, clara y explícitamente el derecho a la dignidad ya que califica la conducta acosadora como ofensiva, al de libertad indirectamente en cuanto hace referencia a lo indeseado del acoso y también de forma indirecta el derecho a la salud a la integridad física y psíquica en el trabajo"[90]. Respecto de la afectación del derecho fundamental a la salud, se confirma en base a los criterios del DSM IV (Clasificación Internacional de las Enfermedades Mentales), pues "el 69% de las víctimas de acoso presentan un cuadro depresivo severo que justifi-

---

90 Destaca Solana Montes de Oca, "El mobbing desde la perspectiva de la mujer", *Revista de Ciencia y Técnica de la Universidad Empresarial Siglo 21*, nº 2, mayo, 2009, "a través de acciones que priorice en su organización, el fomento del respeto de valores como la dignidad de los trabajadores y el derecho a la igualdad de oportunidades de todos sus miembros. Solo así, podremos intentar lograr un ambiente de trabajo sin conflictividad por razones de género, sin conflictividad por razones de poder, en definitiva, un ambiente de trabajo decente donde el riesgo de mobbing se minimice, o mejor aún, desaparezca".

ca una atención médica y que implica un alto riesgo de suicidio"[91]. También puede "vulnerar el derecho fundamental a la intimidad al constituir un atentado a la libre decisión de no verse involucrado en una relación sexual indeseada, que está afectando a la esfera íntima de la persona, pero también produce un daño en el trabajo o en el estudio, no es solo individual, sino colectivo porque afecta al status de todos los trabajadores o estudiantes, principalmente a las mujeres, aunque no solo a ellas, y perjudica a la sociedad en su conjunto" (STS de 22 de octubre de 2015).

Respecto de la vulneración del derecho de igualdad como causa de acoso laboral, puede derivar de la superposición de factores discriminatorios (género, edad, discapacidad, raza...)[92]. Según el artículo 5 de la referida Propuesta para una Directiva del Parlamento europeo y del Consejo sobre la lucha contra la violencia contra la mujer y la violencia doméstica, los "Estados miembros garantizarán la prestación de apoyo específico a las víctimas expuestas a un mayor riesgo de violencia contra las mujeres o violencia doméstica, como las mujeres con discapacidad, las mujeres que viven en zonas rurales, las mujeres con un estatuto o permiso de residencia dependiente...las mujeres de edad avanzada". Con frecuencia la multidiscriminación presente en el acoso laboral puede contribuir a fundamentar la gravedad exigida para la apreciación de esta figura.

---

91 Para Pérez del Río, T., "El acoso sexual...", cit., "la violencia de género en sus dos manifestaciones, el acoso sexual y el acoso moral por razón de género, ponen en riesgo evidente el derecho a la salud en el trabajo y a la integridad física y psíquica de sus víctimas e incluso pueden acabar produciendo su muerte, en definitiva la violencia de género en el trabajo constituye una violación del derecho a la integridad física y psíquica y, como consecuencia específica, del derecho a la salud laboral".

92 La Propuesta de Directiva del Parlamento europeo y del Consejo sobre la lucha contra la violencia contra la mujer y la violencia doméstica, destaca que "la interseccionalidad del género con otros motivos de discriminación se abordará en todas las políticas de la UE. Las mujeres constituyen un grupo heterogéneo y pueden ser objeto de una discriminación interseccional basada en varias características personales. Por ejemplo, una mujer migrante con discapacidad puede sufrir discriminación por tres o más motivos. Las disposiciones legislativas de la UE, sus políticas y la aplicación de ambas deben responder, por tanto, a las necesidades y circunstancias específicas de las mujeres y las niñas de distintos grupos".

En todo caso pueden reconducirse a la esfera constitucional aquéllas conductas que adolecen de los presupuestos necesarios para ser consideradas acoso penal o laboral, como los abusos de poder y maltratos ocasionales[93]. Así presentan relevancia constitucional las molestias, hostigamientos y micromachismos en las relaciones de trabajo que, pese a su aparente baja intensidad jurídica, afectan a los derechos de las trabajadoras (honor, imagen, libre desarrollo de la personalidad, integridad psicológica...) mediante la reiteración, habitualidad o difusión a través de las nuevas tecnologías[94]. El nivel de lesividad de los derechos fundamentales depende del modo en que se ejerce la violencia laboral, mediante abuso del poder de dirección empresarial, de forma grupal o con medios tecnológicos, que agravan la desprotección de la víctima.

La aplicación de la perspectiva de género al acoso laboral posibilita la extrapolación de los beneficios previstos para la discriminación en la Ley 15/2022, de 12 de julio, integral para la igualdad de trato y la no discriminación, como la garantía de indemnidad o por represalia (artículo 6), nulidad de los actos y cláusulas discriminatorios con responsabilidad e indemnización y la inversión de la carga de la prueba en contra del demandado (artículo 30)[95]. En particular,

---

93 Según Pérez del Río, T., "El acoso sexual...", cit., "La doctrina es unánime en la afirmación de que el término acoso es inapropiado para definir como tal una actuación esporádica por muy agresiva que sea y aunque haya tenido efectos devastadores sobre la salud de la víctima. Los actos agresivos que constituyen acoso moral deben ser realizados de forma continua y sistemática...La periodicidad mínima que se requiere para algunos analistas es de una vez por semana durante al menos seis meses, parece excesivamente concreto ya que en función de la vulnerabilidad de cada sujeto y del grado de violencia de la agresión, del nivel de ayuda que reciba la víctima por parte de su entorno (compañeros, amigos, familia), del número y características de los acosadores, de la existencia de los testigos mudos y/o de cómplices, la destrucción psíquica de la víctima se puede producir en bastante menos tiempo".

94 Considera Pérez del Río, T., "El acoso sexual...", cit., "La duración de la experiencia de acoso, sea sexual sea sexista, es importante pues cuanto más se prolonga la situación, peores son los efectos sobre la salud y la integridad física y moral de la víctima y menores las posibilidades de lograr una solución aceptable y satisfactoria para la misma".

95 "Una de cada cinco mujeres son acosadas sexualmente o lo han sido en el ámbito laboral, el 72% de las víctimas no ha puesto el caso en conocimiento de su empresa y, de ellas, el 61,9% no lo ha hecho por temor a represalias".

"correspondería al maltratador en la relación laboral la aportación de una justificación objetiva y razonable, suficientemente probada, de las medidas adoptadas y de su proporcionalidad" (STSJ Canarias de 17 de diciembre de 2019); y la declaración de la víctima puede ser considerada prueba de cargo suficiente para enervar la presunción de inocencia (STS de 10 de julio de 2019), sin que deba cuestionarse como establece la Guía de Buenas Prácticas para víctimas de violencia de género[96]. La STC 38/1981, de 23 de noviembre señala que "cuando se prueba indiciariamente que una decisión empresarial puede enmascarar una lesión de derechos fundamentales, incumbe al empresario acreditar que su decisión obedece a motivos razonables y ajenos a todo propósito atentatorio del derecho de que se trate" (SSTC 29/2002, de 11 de febrero; 30/2002, de 11 de febrero; 17/2003, de 30 de enero; y 342/2006, de 11 de diciembre).

De igual modo la perspectiva de género debe extenderse al procedimiento, régimen sancionador, disciplinario y al despido, para la protección de las víctimas de maltrato laboral con fines de prevención y la aplicación de garantías *ex post facto* en los supuestos de readmisión o continuación en la empresa, sin que sean completamente extrapolables las previstas para la violencia de género por la necesidad de convivencia en el trabajo[97].

En esta línea, Aguilar González admite que "resulta obvia la necesidad de mejorar la normativa, aclarar los conceptos y los procedimientos de tutela, así como el sistema sancionatorio, estableciendo procedimientos adecuados y sanciones proporcionales y disuasorias,

---

96 "En la jurisprudencia del Tribunal Supremo…los "delitos de naturaleza sexual es unánime considerar que la declaración de la víctima del delito, a pesar de ser la única prueba, resulta suficiente para destruir la presunción de inocencia del acusado". Esta declaración de la víctima tiene que superar un "test de credibilidad" y un segundo filtro que llaman "test de veracidad". Los jueces de la tercera hablan de "destruir" la presunción de inocencia, mientras en Lleida hablan de "desvirtuar" o en Tarragona de "desvirtuar" o "enervar" (Albert Llimós y Pau Esparch, Tribunales 22 de mayo 2021).

97 "En el momento en que se presenten casos de acoso o violencia y pueden incluir una etapa informal, en la cual una persona de confianza del empresario y de los trabajadores tenga asignada como función específica dar consejo y ayuda a las víctimas, de tal manera que un procedimiento adecuado y conveniente, deberá responder a los siguientes principios de confidencialidad, sigilo, rapidez, transparencia y equidad".

como de otro lado exige la normativa comunitaria, establecer una obligación de prevención de la violencia de género en el trabajo desde la óptica de que la violencia de género constituye una violación del derecho a la integridad física y psíquica de las trabajadoras" (artículo 7 Convenio de Estambul con carácter general)[98].

La reciente Ley Orgánica 10/2022, de 6 de septiembre, de garantía integral de la libertad sexual refuerza la tutela de las trabajadoras víctimas de violencias sexuales (artículo 38), si bien abre una diferencia de trato entre mujeres acosadas discutible desde el punto de vista constitucional[99]. En base a la modificación del texto refundido de la Ley del Estatuto de los Trabajadores, aprobado por Real Decreto Legislativo 2/2015, de 23 de octubre, se verifica la equiparación en derechos de las trabajadoras víctimas de violencia y acoso sexual con las víctimas de violencia de género, pero se excluye a las mujeres acosadas por razón de estereotipos de género[100]. Aunque la concepción amplia de violencia de género prevista en la citada Ley "como manifestaciones de la violencia contra las mujeres, situaciones de violencia contra las mujeres…", posibilitaría el reconocimiento de idénticos derechos a las víctimas de acoso sexual y de género por tratarse ambos supuestos de maltrato laboral.

---

98 Destaca Aguilar Gonzálvez, M.ª C. *La negociación colectiva en el sistema normativo comunitario,* Lex Nova, Valladolid, 2006, págs. 183 y ss.

99 "Se unifican las víctimas de delitos sexuales con las de violencia de género en el derecho a la asistencia social integral, a la reducción de la jornada de trabajo con disminución proporcional del salario o a la reordenación del tiempo de trabajo, a través de la adaptación del horario, de la aplicación del horario flexible o de otras formas de ordenación del tiempo de trabajo que se utilicen en la empresa".

100 Así se infiere del artículo 38 y 40 que reconoce a las trabajadoras y funcionarias públicas víctimas de violencias sexuales el "derecho a la reducción o a la reordenación de su tiempo de trabajo, a la movilidad geográfica, al cambio de centro de trabajo, a la adaptación de su puesto de trabajo y a los apoyos que precisen por razón de su discapacidad para su reincorporación, a la suspensión de la relación laboral con reserva de puesto de trabajo y a la extinción del contrato de trabajo".

3.1.2. Maltrato filioparental de género

3.1.2.1. Aproximación a la violencia doméstica o intrafamiliar

El ámbito familiar conforma un espacio privado donde se reproducen las relaciones de poder basadas en roles estereotipados de género[101]. La violencia doméstica presenta una tendencia creciente que afecta principalmente a *los miembros más vulnerables de la familia, como las mujeres, niños y mayores*[102].

Según Peligero Molina, no existe una definición empírica clara de la violencia filio-parental aunque siguiendo a Cottrell (2001) puede concebirse como "(...) cualquier acto de los hijos que provoque miedo en los padres para obtener poder o control y que tenga como objetivo causar daño físico, psicológico o financiero a éstos". En esta noción adquieren relevancia los elementos subjetivos del agresor (intencionalidad de obtener poder y control) y de la víctima (miedo a ser dañada), sin exigir la materialización del daño, siendo suficiente la generación de miedo en la víctima para calificar de violenta la conducta (OMS, 2002).

La violencia filioparental se integra "en un concepto más amplio de violencia doméstica que se produce en el entorno de la familia entre sus miembros" (Agustina, 2010)[103]. Desde una perspectiva de género puede desarrollarse la asimilación entre violencia intrafamiliar o filioparental y de género por las múltiples coincidencias[104]. En

101 La Fiscalía manifiesta su preocupación por este "fenómeno nuevo, cuyo crecimiento se produce en régimen de progresión geométrica. Y lo más preocupante aún es saber que la mayoría de los agresores tiene entre 14 y 16 años. Sin considerar que los datos que facilitan las Memorias de la Fiscalía General del Estado representan una pequeña parte de las agresiones que en realidad se producen".

102 Vid., González Ramírez/Fuentealba Martínez, "El aporte de Mediación Penal a los conflictos de violencia intrafamiliar y género en el ámbito familiar", disponible en *https://files.stample.co › stample.*

103 A propósito, Peligero Molina, A., "La violencia filioparental...", cit.pág. 23.

104 Señala Peligero Molina, A., "La violencia filioparental...", cit., que "el criterio definitorio de la reiteración de las conductas violentas4 resulta práctico en tanto guarda correspondencia jurídica con la violencia habitual en el ámbito doméstico contemplada en el artículo 173.2 del Código Penal español. Desde la perspectiva victimológica esta diferenciación es relevante, pues las consecuencias de un maltrato continuado en el tiempo no tienen la misma significación ni alcance para la víctima que las derivadas de un hecho de violencia puntual".

particular, ambas modalidades de violencia por razón de género convergen en la proyección sobre otros miembros de la unidad familiar como víctimas colaterales[105]. "El número de personas directamente afectadas por dicho clima violento duradero, como la frecuencia con que se reiteren los actos de violencia, la naturaleza concreta de los comportamientos, o el daño que los actos de dominación puedan irradiar a los demás integrantes de la unidad familiar, servirán como parámetro para evaluar los indicadores de antijuridicidad de la acción y el alcance de la culpabilidad del responsable"[106]. Si bien desde un punto de vista subjetivo la violencia doméstica presenta una amplitud superior que la violencia de género, tanto respecto de los sujetos pasivos (padres, hijos, hermanos, ascendientes, convivientes...) como de los maltratadores, que no se limitan a la pareja o cónyuge masculino. En la violencia intrafamiliar por razón de género pueden intervenir como agresores no sólo varones sino también mujeres o niñas, como señala la Fiscalía al admitir "un repunte del maltrato de las hijas contra las madres motivado igualmente por estereotipos de género, mediante el aumento de apertura de expedientes por los servicios sociales y procedimientos judiciales incoados en virtud de denuncia de los perjudicados, generalmente los padres"[107].

---

105 Para el Tribunal Supremo (STS 15 de septiembre 2021) "los episodios vividos en el hogar ante los hechos que se han declarado probados y que han provocado un ambiente delictivo de maltrato irrespirable, orquestado por la ideación del autor de que en ese territorio que es el hogar el ejercicio del maltrato hacia los miembros de la familia es la conducta habitual que van a tener, y que culmina en la máxima expresión del maltrato cual es el ataque sexual gravísimo a una de las hijas de la pareja, lo que agrava más el sometimiento físico y psíquico que ejerció el recurrente sobre sus víctimas, creando un daño psicológico en las víctimas que se agrava en la madre..."

106 "Lo más frecuente es que haya una única víctima, pero también se confirma la multi-direccionalidad de la violencia en una tercera parte de los casos. Romero y col. (2005) encuentran que la madre es la única víctima en el 42,2% de los casos de su muestra mientras que en un 87% es víctima conjuntamente con otros familiares".

107 Desde el Colegio de Trabajadores Sociales y la Oficina del Defensor del Menor de Andalucía, se advierte que "los agresores cada vez son más jóvenes, pasando de entre 16 y 17 años, a los 14 y 16 años de media, considerándose como un fenómeno «en auge», con tasas de crecimiento de «más del 60%. La violencia en el ámbito familiar generada por menores de edad es un hecho social que avanza aunque aún se silencia en muchos casos...El informe del Defensor del

Las relaciones de poder y superioridad también se ejercen sobre las madres con fines de dominación, sumisión y "la jerarquía revertida adquiere una confusa autoridad en el joven a fin de alcanzar sus objetivos (mayor control del tiempo de ocio, dinero, utilización de las nuevas tecnologías etc…) mediante la instrumentalización de la violencia"[108]. Según el Consejo General del Poder Judicial, "se sigue ejerciendo violencia contra la madre a través de los hijos, considerándola una segunda violencia, amparada en la Justicia". En la violencia filioparental contra las madres concurren los presupuestos exigidos por el Convenio de Estambul: obedece al hecho de ser mujer y les afecta desproporcionadamente en base a los siguientes argumentos.

En principio, la vulnerabilidad de la mujer en las relaciones familiares por la depreciación de la figura materna y su cosificación dentro de la estructura familiar constituye un denominador común a la violencia de género. La violencia filioparental se sustenta en el rol tradicional de la madre y en la relación de dominación que puede ejercerse basada en la idea de "su inferioridad". También los bienes jurídicos protegibles resultan coincidentes en ambas modalidades de violencia y en particular, la integridad física y psíquica, la dignidad, la protección de la familia, la salud…

Sin embargo, la violencia filioparental no ha adquirido la relevancia jurídica de la violencia de género, pues el maltrato de los hijos apenas suele percibirse por los padres, médicos o trabajadores sociales como un problema de violencia y menos aún de género (Gelles, 1998)[109]. Pese al auge de la violencia doméstica sobre las madres situándose en torno al 80% según datos de la Fiscalía General del Estado y haberse convertido en un fenómeno ascendente debido a

---

Menor llama la atención sobre el avance de esa cruda realidad, impensable hace décadas, cuando la autoridad de los padres era incuestionable".

108 Según Ortega Ortigoza, D., "La violencia filio-parental. ¿Un subtipo de violencia de género? Una revisión bibliográfica de la figura de la víctima", *Revista Educación Social,* nº 21, 2015, "el concepto de poder en los hijos de estas familias con estilos educativos incoherentes no hace sino fortalecer la percepción por parte de los hijos de que sus conductas temerarias causen miedo en sus progenitores".

109 "En muchos casos no hay denuncias: la vergüenza; la confusión del cariño con la sobreprotección; el mal rato de contarle a un agente de la Policía que se ha «fracasado» como padre y que tu hijo te da miedo" (Diario ABC).

la proliferación de las denuncias sobre malos tratos protagonizados por menores.

Con carácter general los estudios nacionales e internacionales revelan que las madres suelen ser las víctimas más violentadas por parte de sus hijos (Bobic, 2002; Brezina, 1999; Cottrel y Monk, 2004; Gallagher, 2004; Pagani, 2003, Aroca, 2010; Asociación Altea, 2008; Calvete, Orue, y Sampedro, 2011; Ibabe, Jaureguízar y Díaz, 2007; Rechea, Fernández y Cuervo, 2008; Romero, Melero, Cánovas yAntolín, 2005; Sempere, Losa Del Pozo, Pérez, Esteve y Cerdà, 2007). Por tanto, la victimización predominante de la madre presenta una base científica (Romero, 2005; Ibabe, 2007; Rechea y Cuervo 2008), asociándose a su vulnerabilidad y a un contexto social más amplio donde la violencia hacia la mujer es de naturaleza estructural[110].

3.1.2.2. Causas de la victimización

Entre las causas de la violencia filioparental destaca "la propia composición de la estructura familiar al prevalecer la figura materna en las unidades monoparentales" (Gallagher, 2008; Ibabe, 2007; Pagani, 2003; Romero, 2005). En estos contextos familiares "la madre, se ve doblemente afectada, ya que la dificultad de conciliar tareas laborales con el tiempo y cuidado de los hijos puede proporcionar una supervisión parental ineficaz en el desarrollo evolutivo de los mismos" (Ortega, 2015, p. 58)[111]. La desigualdad derivada de las dificultades para conciliar la vida laboral y familiar afecta particularmente a

---

110 "Entre el 72 y el 85% de las ofensas son contra las madres (Holt, 2013). La agresión a los progenitores varones varía, según el estudio, entre un 3,1% (Agnew y Huguley, 1989) y un 29,5% (Walsh y Krienert, 2007). La agresión a ambos progenitores, varía entre un 7-11% (Peek., 1985) y aquellos estudios que sugieren que la probabilidad de ser el progenitor agredido es similar entre el padre y la madre" (Calvete, 2011 e Ibabel, 2011).

111 "Hay que considerar la triple jornada laboral a la que muchas mujeres están sujetas en su cotidianidad, especialmente si son la cabeza de hogares monoparentales. Se entiende por triple jornada de trabajo a las labores cotidianas que actualmente desempeñan las mujeres, las cuales incluyen el trabajo asalariado o remunerado, el cuidado y atención de la casa y los hijos, también llamado trabajo doméstico, y finalmente el trabajo institucional, que se refiere a actividades como matricular a los hijos en el sistema educativo, asistir a las reuniones de padres de familia1, ayudar con las tareas asignadas a los hijos desde casa, entre otras actividades" (Arpini, 2012).

la madre que ejerce como principal o única cuidadora y responsable de la educación de los hijos, y puede ser el detonante a su vez de la discriminación filioparental.

De igual modo la violencia filioparental damnifica a las familias convencionales donde están presentes ambos progenitores, por "factores de riesgo como el empleo de estrategias de autoridad coercitivas o indiferentes, y estilos parentales autoritarios y negligentes; y los antecedentes asociados a la exposición constante a violencia intrafamiliar, especialmente aquella ejercida por parte del padre hacia la madre" (Gámez y Calvete, 2012). En concreto, "la ausencia de una jerarquía paterno-filial que conduzca a una claridad en cuanto al establecimiento de límites y normas dentro de la estructura familiar" (Pérez y Pereira, 2006)[112]. De otra parte, la violencia de género también causaliza la violencia filioparental debido a que, "en el ciclo de violencia, las conductas de agresión son aprendidas en el contexto socializador de la familia a través de la transmisión intergeneracional" (Gámez y Calvete, 2012). Algunos autores sostienen que "existe mayor número de agresiones contra las madres en familias donde la madre ha agredido al padre sin que el padre haya hecho lo mismo" (Ulman y Straus, 2003)[113]. Paralelamente, según algunas investigaciones, la victimización de los hijos en los centros educativos mediante acoso escolar y ciberacoso puede derivar en violencia contra sus padres[114].

Como presupuesto causal de la violencia filioparental, también el divorcio o separación suelen iniciar un proceso conflictivo familiar en el que los hijos pueden verse obligados a tomar decisiones que

---

112 Para Ortega Ortigoza, D., "La violencia filioparental…", cit., "la figura de la madre recordemos, se ve doblemente afectada, ya que la dificultad de conciliar tareas laborales con el tiempo y cuidado de los hijos puede proporcionar una supervisión parental ineficaz en el desarrollo evolutivo de los mismos".

113 Paradójicamente se ha recogido que el hecho de que los menores hayan sido víctimas y testigos de violencia doméstica, incrementa las posibilidades de que se produzca violencia filioparental. "Contrariamente a la creencia general, las madres, son el modelo para aprender a ser violentos. Ser testigos de que la madre ataque físicamente al padre puede ser un modelo más poderoso de violencia intrafamiliar que su contrario".

114 La concatenación entre las diversas modalidades de maltrato y la posible superposición del rol de víctima y agresor, refleja una realidad compleja y problemática.

no están en condiciones de adoptar, como la elección de uno de los padres para convivir, con el riesgo de un estado de agresividad que afecta a las relaciones familiares.

Atendiendo a las causas puede identificarse una violencia filioparental de género en base el móvil de los hijos/as "al percibir a la figura femenina como débil y con un poder reducido en comparación a la figura del padre". El rol tradicional de la mujer como madre contribuye a la percepción de su "debilidad" por otros miembros familiares y se convierte en un factor de riesgo en la violencia filioparental. A diferencia de los padres varones que "son percibidos físicamente más fuertes, lo que reduce la probabilidad de recibir abusos" (Kennair y Mellor, 2007), la reacción de las madres, por su parte, es intentar acercarse al agresor" (Cottrell, 2004)[115]. "La violencia filioparental contra el padre, puede ser más baja a causa de que los padres viven la experiencia de ser agredidos por los hijos con menor severidad que las madres ya que, estos, cuando se sienten agredidos, responden tan agresivamente como ellos" (Cottrell, 2004; Ulman y Straus, 2003).

En definitiva, la transmisión social a los hijos de valores estereotipados en los ámbitos familiar o educativo y la herencia de las desigualdades estructurales arraigadas en las relaciones de poder sobre la mujer, contribuyen a la violencia filioparental de género[116].

3.1.2.3. Problemática jurídica y soluciones aplicables

La normalización de este tipo de violencia intrafamiliar y el silencio de las víctimas se asemeja a la aptitud de las mujeres maltratadas por sus parejas, pues según Leonore E. Walker éstas "presentan un

---

115 En relación a la violencia filioparental, Holt (2013), señala que "existen dos conceptos particularmente relevantes en la literatura investigadora, esto son la calidad del apego y el estilo parental. El apego inseguro aumenta el riesgo de problemas del comportamiento en la infancia tardía y la adolescencia, particularmente en el caso de los hijos varones" (Agnew y Huguley, 1989; Calvete et al., 2014; Paulson, 1990).

116 Afirma Gelles (1998) que "el poder y el control son características comunes a casi todas las formas de violencia familiar" y Torres (2004), Perrone y Nannini (1997) "sitúan el origen de la violencia en una relación previa de desigualdad, siendo su finalidad afianzar dichas posiciones jerárquicas, por lo que los aspectos relacionales adquieren máxima importancia".

síndrome similar al ya descrito por Seligman como "síndrome de indefensión aprendida", consistente en que la situación de maltrato mantenido hacen que las mujeres se vuelvan pasivas y disminuyan su motivación para responder y para tener confianza en que es posible cambiar la situación" (Polo, 2000).

Sin embargo, a diferencia de la violencia de género, el maltrato filioparental sobre las madres apenas se denuncia agravando la indefensión de las víctimas[117]. La clandestinidad de esta violencia deriva de la tolerancia social y la condescendencia jurídica que obstaculizan la asunción de víctimas por las madres y fomentan su revictimización por los poderes públicos. Aunque también influye la impotencia de las víctimas por la obligación "legal" de convivir con el hijo maltratador y de su mantenimiento económico en base al deber de ejercer la patria potestad pese a "la violencia de género". Paralelamente, el rol de género como madre asumido por la víctima le impide acudir a los órganos judiciales para salvaguardar la reputación del hijo maltratador y evitarle perjuicios, en base al sentimiento de culpabilidad en su educación.

Por esta razón, un informe de la Fiscalía (2017) reconoce que pese a ser cada vez más asidua la violencia intrafamiliar precisa "de canales de información al Ministerio Fiscal para el inicio de las diligencias de investigación de bolsas ocultas de violencia de género o de violencia familiar (... a veces mucho más oculta que la propia violencia de género)"[118]. En la mayoría de los supuestos se trata de una situación de violencia familiar prolongada en el tiempo y no denunciada por

---

117 Vid., AA.VV., "Violencia intrafamiliar desde la perspectiva de género: discurso de víctimas y agresores", *Documentos de trabajo social: Revista de trabajo y acción social*, nº. 59, 2017, pág. 45, "los niños y niñas socializadas en estos ambientes violentos dentro de sus familias tienden a normalizar esas situaciones. Esto supone que posteriormente, durante su vida adulta, cuando son víctimas de violencia lo normalizan y les cuesta más identificar qué es una situación de peligro que vulnera sus derechos".

118 La Fiscalía también admite que "se pretende potenciar no solo la concepción de "maltrato infantil de género", sino además la consideración procesal y victimológica independiente a la madre. Con consecuencias penales y procesales en los procesos de violencia de género de forma única y no mediatizadas por el uso que pueda articularse del art. 416 de la LECr por parte de su progenitora".

los padres hasta que la convivencia doméstica resulta "del todo imposible por el carácter violento y agresivo de estos adolescentes"[119].

Las coincidencias entre la violencia intrafamiliar (filioparental) y la violencia de género plantean la necesidad de homogeneizar el régimen jurídico entre víctimas. Pero la ausencia de perspectiva de género respecto del maltrato doméstico en general influye en la desprotección de las madres, con el riesgo de victimización secundaria por los poderes públicos y operadores jurídicos.

En principio, el problema que plantea la violencia filioparental deriva del conflicto entre el interés del menor y el de la víctima, con el posible sacrificio de los derechos de la madre maltratada. La preferencia del menor maltratador se manifiesta en la inaplicación de órdenes de alejamiento o por la laxitud en los internamientos con salidas y regreso al domicilio de la víctima. Aunque la obligación de convivencia con los hijos y el deber de ejercicio de la patria potestad interfieren en la eficacia de estas medidas y tienden al recurso de programas familiares y a la mediación, como mecanismos de *soft law* inconcebibles en el ámbito de la violencia de género.

No obstante, pese a la necesaria tendencia a la unificación de las "violencias de género", la denominada violencia filioparental presenta singularidades que deben tenerse en cuenta para la aplicación de soluciones jurídicas. En particular, la minoría de edad del maltratador dificulta la aplicación de órdenes de alejamiento o la interrupción de la convivencia como medidas cautelares y la conciliación con los deberes de patria potestad. De otra parte, los hijos/as que agreden a sus progenitores no pueden ser susceptibles de un tratamiento jurídico uniforme sino diferenciado según sean menores de 14 años, a los se aplica el sistema público de protección de la infancia y la adolescencia; y entre 14 y 18 años conforme a la Ley Orgánica 5/2000, de 12 de enero, reguladora de la responsabilidad penal de los menores. En esta normativa se prevé la intervención del MF y de la entidad pública de protección de menores que deben valorar la situación del menor y promover las medidas de protección adecuadas (artículo 3), como el internamiento en régimen cerrado, semiabierto, abierto,

[119] La violencia de hijos a padres es un problema clandestino sin denuncias ni identificación jurídica ni social.

libertad vigilada, internamiento terapéutico, ambulatorio, de fin de semana con obligación de una serie de conductas como prohibiciones de acudir o residir en ciertos lugares, o comparecer ante juzgado de menores, entre otras (artículos 3 y siguientes)[120].

En estos casos, la Fiscalía de menores se muestra partidaria de medidas cautelares con la colaboración entre las familias, los Juzgados y equipos técnicos, siguiendo los procedimientos por el trámite de juicios rápidos. El recurso a "la implantación de programas familiares integrales con sometimiento a sesiones de mediación contribuye a restablecer las relaciones paterno filiales, asumiendo compromisos por ambas partes"[121]. En la práctica suelen aplicarse "programas de violencia intrafamiliar orientados a mejorar la capacidad de estos menores para responder de manera adecuada ante cualquier situación de conflicto y reducir las conductas desajustadas"[122]. Concretamente destacan la convivencia en grupos educativos para evitar la reiteración de conductas, *la libertad vigilada con sometimiento a programas de*

---

120 El artículo 56 del referido texto legal regula sus derechos "a que la entidad pública de la que depende el centro vele por su vida, su integridad física y su salud, sin que puedan, en ningún caso, ser sometidos a tratos degradantes o a malos tratos de palabra o de obra, ni ser objeto de un rigor arbitrario o innecesario en la aplicación de las normas; a recibir una educación y formación integral en todos los ámbitos y a la protección específica que por su condición le dispensan las leyes; a que se preserve su dignidad y su intimidad, a ser designados por su propio nombre y a que su condición de internados sea estrictamente reservada frente a terceros; al ejercicio de los derechos civiles, políticos, sociales, religiosos, económicos y culturales que les correspondan, salvo cuando sean incompatibles con el objeto de la detención o el cumplimiento de la condena, etc.".

121 Destaca Liñán Aguilera, "El maltrato intrafamiliar en la jurisdicción de menores", *IPSE-ds* 2, Vol. 4, 2011, pág. 9 y siguientes afirmando que "la mediación, al promover relaciones igualitarias entre las partes, permite que este mecanismo ofrezca una oportunidad de equilibrar los poderes en el ámbito de las decisiones propias del hogar, la crianza y lo doméstico, ya que los participantes asumen en el análisis y resolución del conflicto un rol protagónico, que favorece la oportunidad de discutir los problemas bajo condiciones de igualdad, respeto y reconocimiento recíproco".

122 "Los Grupos de Convivencia Educativos están especializados en las intervenciones de violencia filioparental y servicios de mediación familiar y servicios integrales de medio abierto con el menor/joven y con sus progenitores a través de una concepción integral y multidisciplinar, estando involucrados, por tanto, profesionales de diferentes áreas de trabajo: Psicológica, Sociofamiliar y Educativa".

intervención familiar y en casos de reincidencia o de gravedad acudir a las penas de internamiento, generalmente en régimen semiabierto y en su caso internamiento terapéutico.

Respecto del impulso de métodos adecuados para la mediación se prevé en la Recomendación nº R (98) 1 del Comité de Ministros UE a los Estados miembros, de conformidad con determinados principios (punto 3.9). Sin embargo, la traslación de la mediación familiar a la violencia filioparental de menores puede plantear incertidumbre sobre su constitucionalidad, por la diferencia de trato entre víctimas y la indisponibilidad de los derechos fundamentales[123].

A propósito, el artículo 40 Ley 15/2022, de 12 de julio, integral para la igualdad de trato regula la mediación o la conciliación de la autoridad independiente para la igualdad de trato y la no discriminación, con carácter vinculante para las partes salvo las que sean infracciones penales y sustituyendo al recurso de alzada y reposición (artículo 40)[124]. En esta línea, la LO 10/2022, de 6 de septiembre modifica la Ley 4/2015, de 27 de abril, del Estatuto de la víctima del delito y señala que "en todo caso estará vedada la mediación y la conciliación en supuestos de violencia sexual y de violencia de género" (artículo 3) y limita la justicia restaurativa a los casos no prohibidos por ley para el delito cometido.

Sin embargo, la admisión de la mediación en la violencia filioparental contrasta con su prohibición en la violencia de género (artículo 87 ter ap 5 LOPJ). Como reconoce la Fiscalía de Menores "la L.O 5/2000, de 12 de enero, reguladora de la responsabilidad penal de los menores parece no tener correspondencia con la actual L.O.1/04

---

123 Al respecto, vid., González Ramírez/Fuentealba Martínez, "El aporte de mediación Penal...", cit., que "restringen la procedencia de la mediación familiar y penal, en materia de violencia intra-familiar, sin perjuicio de que en la práctica ésta actúa en la sombra, fuera del marco de la ley y sin una normativa que resguarde de manera eficiente los importantes bienes jurídicos en riesgo, por la urgente necesidad de resolver de una forma no punitiva estos conflictos".

124 La Estrategia Europea para la Igualdad de Género 2020-2025 presenta como objetivos poner fin a la violencia de género, combatir los estereotipos de género, colmar las brechas de género en el mercado de trabajo, abordar la brecha salarial y de pensiones entre hombres y mujeres, reducir la brecha de género en las responsabilidades asistenciales, la digitalización y alcanzar el equilibrio entre mujeres y hombres en la toma de decisiones y la actividad política.

Ley Integral de Violencia de Género que prohíbe la mediación en situaciones de violencia a la mujer. No obstante, es un mecanismo que se utiliza en los procesos a menores, incluidos los de violencia a la mujer, que corresponden a tal L.O. en aplicación del art. 51, 3 de la referida L.O 5/2000. Por lo que sería conveniente armonizar la legislación de violencia de género en materia de menores de edad infractores en supuestos de violencia de género de tal forma que el espíritu de ambas leyes no resulte contradictorio". Sin que pueda exceptuarse la aplicación de la perspectiva de género en los expedientes de menores infractores de conductas delictivas de violencia a mujeres, haciendo prevalecer el interés del menor sobre el de las víctimas mujeres por el hecho de la relación filioparental[125].

En la actualidad las madres maltratadas pueden ser sometidas a técnicas de mediación para solucionar el conflicto con los hijos mientras las mujeres que han sufrido violencia de género están excluidas, pese a la dimensión penal de las agresiones en ambos supuestos. Esta diferencia de trato entre víctimas de violencia contra la mujer obliga a indagar si puede justificarse suficientemente en base al interés del menor. La constitucionalidad del trato desigual entre víctimas de violencia filioparental y de género puede replantearse por el riesgo de discriminación de las madres maltratadas. Ante el dilema del recurso a la mediación no sólo habría de ponderarse el interés del menor con el de la víctima, sino también con el principio de indisponibilidad de los derechos fundamentales[126].

---

125 Sin embargo, Pascual Rodríguez señala que "a pesar de que el art. 44.5 de la L.O 1/2004 de 29 de diciembre, prohíbe de manera indubitada la mediación en esa materia, personalmente yo me uno a las autorizadas y numerosas voces que han abogado por la supresión de esa limitación que no tiene justificación suficiente, si la mediación aparece correctamente enfocada y manejada por expertos conscientes de la eventual asimetría de la relación o situación de desigualdad. La prohibición absoluta me parece muy cuestionable".

126 Vid., Alonso Salgado, "Violencia de género, justicia restaurativa y mediación", https://minerva.usc.es › xmlui › bitstream › handle
señalando entre los argumentos a favor de la mediación los siguientes: " frente a la supuesta inadecuación de la mediación para aquellos hechos delictivos que causan una alta victimización, cabe rebatir el apriorismo de acuerdo al que, en ciertos delitos, el desequilibrio resulta, siempre y en todo caso, intrínseco a las propias partes. Además, ni la mediación penal, en tanto que intrajudicial, pretende en modo alguno reemplazar de manera generalizada la sanción penal, ni la perspectiva general negativa es la única finalidad que debe ser considerada".

Al respecto, la LO 10/2022 que modifica el artículo 19.2 de la Ley Orgánica 5/2000, de 12 de enero, reguladora de la responsabilidad penal de los menores admite que "se entenderá producida la conciliación cuando el menor reconozca el daño causado y se disculpe ante la víctima, y ésta acepte sus disculpas, y se entenderá por reparación el compromiso asumido por el menor con la víctima o perjudicado de realizar determinadas acciones en beneficio de aquellos o de la comunidad, seguido de su realización efectiva. Todo ello sin perjuicio del acuerdo al que hayan llegado las partes en relación con la responsabilidad civil". Esta disposición no sólo permite la tutela extrajudicial cuando interviene un menor causante del daño, sino que presume la conciliación mediante el reconocimiento del perjuicio, las disculpas y aceptación de las mismas.

Ahora bien, la vulnerabilidad de la madre agredida intrínseca a la condición de víctima y su posición como parte débil en la relación con el agresor/a, plantean la adecuación del contexto para desarrollar una mediación. La relación de poder y sumisión entre maltratador y víctima, el desequilibrio de las partes, exigiría una previa evaluación psicológica de los sujetos para garantizar la validez de los acuerdos de mediación. Según Martínez García "sería necesaria la intervención de una Unidad de valoración Integral forense de las víctimas y del maltratador, con la aquiescencia judicial, mediante la integración en el proceso penal dentro de la fase de ejecución de la sentencia con carácter general". Paralelamente la mediación en la violencia filioparental plantearía una problemática jurídica dentro del ámbito civil derivada del conflicto de intereses en la representación legal, por actuar los padres o madre víctima en su propio interés y también en el del menor agresor. En esta tesitura también el MF se enfrentaría a la defensa simultánea y no siempre compatible de los derechos del menor y de las víctimas de violencia intrafamiliar.

Por otra parte, la principal objeción a la aplicación de este mecanismo en el campo de la violencia filioparental radica en la prohibición de la mediación en el ámbito penal. Así se confirma por el artículo 48 Convenio de Estambul que dispone la "prohibición de modos alternativos obligatorios de resolución de conflictos o imposición de condenas". También la reciente LIT excluye el ámbito penal de la mediación por la autoridad independiente, sin que el interés del menor sea causa legal de excepción. Al margen de que "medidas como una orden de alejamiento y una prohibición de comunicación del condenado con la víctima, impedirían la mediación mientras estén vigentes estas penas. Una vez resuelto el proceso penal, si no hubiera condena se levantarían las medidas de protección y —siempre de manera voluntaria y en igualdad de partes— ya sería posible llevar a cabo una mediación. Y si hubiera condena, habría que esperar a la pérdida de vigor de las medidas, momento en que habría que evaluar la posibilidad de resolver los conflictos que queden pendientes mediante la mediación familiar" (Vidal Pérez de la Ossa).

Sin embargo, la ponderación del interés del menor como principio informador que prevalece incluso sobre la ley, contribuye a forjar un espacio para la mediación aplicable a las distintas manifestaciones de violencia contra la mujer dentro de ciertos parámetros que garanticen la protección de la víctima sin renuncia a sus derechos fundamentales, y en beneficio de ambas partes. Así Perez Jaraba sostiene que "los beneficios de la mediación como técnica extrajudicial, podrían redundar en una reducción del nivel de tensión entre las partes y su capacitación para resolver por sí mismos sus posibles diferencias futuras" y aplicarse a "la mediación en aquellos casos de violencia de género menos graves, como instrumento facilitador de acuerdos... siempre desde el respeto a los derechos fundamentales y la idea del pacto y del libre acuerdo entre las partes, se observen con determinadas garantías".

Por último, la prohibición "analógica" de mediación en el ámbito penal extensiva a la violencia filioparental posibilitaría *a sensu contrario* los encuentros restaurativos o la negociación asistida en determinadas circunstancias: sin reunión entre víctima y agresor, con el reconocimiento, arrepentimiento o voluntad de repararar el daño por este último, sin habitualidad o reincidencia y mediante la retirada de denuncia por maltrato.

3.1.3. Ciberacoso y su impacto de género

Conforme al Convenio de Estambul, el ciberacoso puede considerarse violencia contra la mujer cuando se realiza por el hecho de serlo en base a relaciones de poder y le afecta desproporcionadamente. La Propuesta para una Directiva del Parlamento europeo y del Consejo sobre la lucha contra la violencia contra la mujer y la violencia doméstica, establece que "la violencia cibernética afecta de manera desproporcionada a mujeres y niñas en entornos educativos, como escuelas y universidades, con consecuencias perjudiciales para su educación superior y salud mental, lo que puede, en casos extremos, conducir al suicidio con el efecto de crear o potenciar un daño profundo y duradero para la víctima"[127]. Además extiende el ámbito subjetivo del ciberacoso al admitir que no sólo se ejerce por exparejas sino también por conocidos contra miembros de la familia o personas que viven en el mismo hogar, más en sintonía con la violencia doméstica que de género en nuestro país[128]. La Ley Orgánica 10/2022, de 6 de septiembre, de garantía integral de la libertad sexual pretende dar respuesta especialmente a las violencias sexuales cometidas en el ámbito digital, lo que comprende la difusión de actos de violencia sexual a través de medios tecnológicos, la pornografía no consentida y la extorsión sexual.

Desde una perspectiva subjetiva, las encuestas y estadísticas confirman el impacto de género del ciberacoso y su posible configuración como otra violencia contra las mujeres por afectarles desproporcionadamente. La Agencia de Derechos Fundamentales de la UE concluye que "el 23% de las mujeres encuestadas había manifestado haber sufrido acoso o abuso en línea al menos una vez en su vida y una de cada diez había sido víctima de violencia en línea". Considerando como crímenes de violencia de género ciertos delitos que muchos Estados miembros no reconocen como tales y que afectan de manera "muy desproporcionada" a las mujeres[129].

---

127 "Especialmente debido a su tendencia a la fácil, rápida y amplia distribución y perpetración, así como a su naturaleza íntima, la puesta a disposición no consentida de imágenes o videos íntimos y material que representa actividades sexuales, a una multitud de usuarios finales, por medio de las tecnologías de la información y la comunicación, puede ser muy perjudicial para las víctimas".

128 "El Parlamento recomendará a la Comisión Europea que tipifique como delitos de violencia contra la mujer el hostigamiento, ciberacoso, violaciones de privacidad como el acceso y publicación de imágenes íntimas sin consentimiento, el control y la vigilancia ilegal a través de dispositivos telemáticos, la suplantación de identidad, las amenazas, el discurso de odio sexista, el acceso ilícito al correo electrónico o a las redes sociales ajenas o la inducción al suicidio o a la anorexia. Las consecuencias también son sociales y económicas".

129 Un reciente Informe de la Comisión Europea destaca "la necesidad de legislar la violencia digital ejercida apoyándose en las nuevas tecnologías, mediante acoso

Los actuales estudios científicos admiten igualmente que el sexo femenino se enfrenta en una proporción muy superior al masculino, a formas graves de ciberacoso en concreto, de ciberhostigamiento y de acoso sexual en línea (Pew Research Center de los Estados Unidos, 2014)[130]. Un informe de la Fundación ANAR sostiene que "las jóvenes sufren mucho más este tipo de abuso en proporción de un 70%; el acoso a través de las redes sociales lo padece una tercera parte; el hostigamiento es diario para un 71,8% de las víctimas y suele prolongarse en el tiempo (un 38% lleva más de un año sufriéndolo y un 40% entre un mes y un año); los acosadores suelen estudiar en la misma escuela que sus víctimas, actúan en grupo y normalmente son de su mismo sexo"[131].

Las víctimas del ciberacoso son predominantemente niñas y mujeres mediante episodios mixtos de violencia virtuales y presenciales (un 30,6% del ciberacoso va unido a agresiones físicas), y también intromisiones permanentes y simultáneas en los entornos de la víctima (familiar, escolar, privado...)[132].

---

a través de redes sociales, la difusión de imágenes íntimas sin consentimiento o el discurso de odio por razón de género por su tendencia ascendiente especialmente respecto de las mujeres (una de cada dos mujeres jóvenes experimentó ciberviolencia de género)".

130 Para Hamodi Galán/Jiménez Robles, "Modelos de prevención del bullying: ¿qué se puede hacer en educación infantil?", *Revista de Investigación educativa,* 2018, "desde los primeros estudios realizados hasta entonces en los países pioneros en la investigación sobre el bullying, Noruega, Suecia y Finlandia, se evidenció que había un mayor número de implicados varones que mujeres como en el Estudio Nacional Noruego de 1983 realizado por Olweus (1999). Otro aspecto a tener presente en el estudio del ciberacoso son las diferencias de género ya que los resultados al respecto no son concluyentes. Así, mientras que algunos trabajos no encuentran un nexo estadístico entre ciberacoso y género (Finn, 2004), otros si lo encuentran (Li, 2006)".

131 "Las pruebas documentales que se van acumulando indican que existe un fenómeno creciente que afecta de manera desproporcionada a las mujeres y las niñas, con graves repercusiones en la vida «real» de las víctimas. Ha de ser prioritario mejorar los datos desglosados por géneros a escala de la UE relativos a la prevalencia y los daños los estudios disponibles indican que las mujeres constituyen el objetivo de ciertas formas de ciberviolencia en una proporción muy superior a la de los hombres" según el citado informe.

132 Para Donoso-Vázquez, T/ Rubio Hurtado, M.J./ Vilà Baños, R., "Las ciberagresiones en función del género", *Revista de Investigación Educativa,* Vol. 35 Núm. 1 (2017), pág. 200, "las redes sociales y los nuevos espacios virtuales proporcionan

Con carácter general, los datos desagregados corroboran una modalidad de violencia virtual por razón de género o sexo que podría ser objeto de absorción jurídica por la violencia de género, si se produce en el ámbito de las relaciones de pareja o análoga afectividad[133]. Salvo, paradójicamente, si el ciberacoso se realiza entre menores en base a una interpretación judicial restrictiva y contraria al interés del menor que excluye el noviazgo como "relación de pareja". Así la SAP de Cantabria de 19 de noviembre de 2009 argumenta que "la finalidad de constituir una pareja estable puede presumirse en las relaciones de este tipo entre personas mayores de edad que estudien o trabajen, **pero no entre menores que están todavía en fase escolar,** en colegios o institutos, y que carecen de otros medios económicos"[134].

En atención al ámbito objetivo del ciberacoso, las nuevas tecnologías constituyen un vehículo para la comisión de delitos de maltrato, acoso, amenazas y de odio al "propiciar o alentar, aunque sea de manera indirecta, una situación de riesgo para las personas o derechos de terceros o para el propio sistema de libertades" (STC 112/2016 del Tribunal). La Propuesta para una Directiva del Parlamento euro-

---

a agresores y acosadores un nuevo campo de acción con nuevas posibilidades y facilidades".

133 AA.VV., *Ciberacoso en función del género. Propuestas de análisis,* Instituto de la Mujer, 2016, "el estudio desarrollado en el País Vasco (Estébanez y Vázquez, 2013) es un ejemplo de aplicar el enfoque de género en el análisis que hace del ciberacoso, lo que permite ir más allá de la segregación por sexo en los resultados, abordar la problemática atendiendo a la posición de hombres y mujeres en la estructura social y establecer las consecuencias en relación al establecimiento o subversión del orden cultural. El estudio con jóvenes de entre 13 y 29 años pone de manifiesto que las chicas son contactadas y acosadas por el único motivo de ser chicas. El hecho de ser chica se constituye en un elemento de riesgo en las redes sociales, ser chica es el motivo por el que hombres desconocidos o conocidos, mayores o de su edad, se permiten el derecho de enviar mensajes, intentar conseguir sus fotografías o vigilar sus perfiles en busca de informaciones".

134 Donoso Vázquez/Vilà Baños/Rubio Hurtado/Prado Soto, "Perfil de cibervictimización…", cit., en el estudio realizado en España por Torres (2013) con jóvenes que habían sido acosadas por sus exparejas, queda patente las conductas de control ejercidas por los chicos hacia ellas. "De los grupos de discusión puede establecerse que el ciberacoso como violencia de género es una práctica asentada de manera relevante entre los jóvenes españoles con una relación de pareja, así como el ciberacoso como fenómeno general entre los jóvenes con independencia del género y la existencia de una relación afectiva previa".

peo y del Consejo sobre la lucha contra la violencia dispone que "los Estados miembros se asegurarán de que la conducta intencionada de incitación a la violencia o al odio dirigida contra un grupo de personas o un miembro de dicho grupo definido por referencia al sexo o al género, mediante la publicación a través de las tecnologías de la información y de las comunicaciones de material que contenga esa incitación, se castigue como infracción penal" (artículo 10).

El ciberacoso presenta una vertiente penal que incluye múltiples manifestaciones delictuales como *el ciberbullying, sextorsión, grooming, usurpación de la identidad, usurpación de claves, sexting, pornovenganza*... Para la comisión de los tipos de violencia virtual puede recurrirse a una pluralidad de medios tecnológicos (whatsapp, redes, correos electrónicos...), exclusivamente o en combinación con maltratos físicos que agravan la indefensión de las víctimas[135].

Los Informes de la Fiscalía reconocen "la gran incidencia de las nuevas tecnologías, van en aumento en todas las modalidades delictivas, contra la integridad moral, descubrimiento y revelación de secretos, amenazas y otras"[136]. Así pues, el ciberacoso por razón de género no sólo presenta una vertiente penal sino constitucional por la afectación de derechos fundamentales al honor, imagen, intimidad, integridad psicológica y de la vida si induce al suicidio de la víctima con resultado de muerte. La Propuesta para una Directiva del Parlamento europeo y del Consejo sobre la lucha contra la violencia contra la mujer y la violencia doméstica prevé como circunstancias agravantes que el delito haya provocado la muerte o el suicidio de la víctima o le haya causado graves daños físicos o psicológicos (artículo 13).

---

135 "Según una encuesta llevada a cabo por el National Center for Injury Prevention and Control en el 2010, un 77,9% de las mujeres que fueron acosadas, lo fueron también a través de los espacios virtuales (mediante e-mails, mensajes de texto, control de posición, etc.)".

136 "Algunos de los ciberdelitos con las mujeres como víctimas cada vez más frecuentes y preocupa en ellos dos factores fundamentales: la vulnerabilidad de muchas mujeres debido a la brecha digital y al desconocimiento avanzado del funcionamiento y prácticas como las aplicaciones de seguimiento o control de dispositivo, y la edad cada vez más joven de las víctimas debido al uso masivo de estas tecnologías entre menores y adolescentes".

Su carácter pluriofensivo de múltiples derechos fundamentales, la ocultación del autor en el espacio virtual y la agravación del daño por la difusión virtual, intensifican la vulnerabilidad de las víctimas. Desde esta perspectiva, la desprotección de las mujeres y niñas acosadas y maltratadas virtualmente por razones de género y edad, además afectadas por la brecha digital, debería fundamentar la equiparación con las víctimas de violencia de género. La gravedad del ciberacoso dependiendo de la existencia o no de relaciones de pareja implica un tratamiento desigual de las mujeres víctimas, pese a la identidad de bienes constitucionalmente protegidos, la similitud de daños y la vulneración de derechos fundamentales.

3.1.4. Violencia difusa y de baja intensidad

En este apartado se pretende justificar la relevancia jurídica de actuaciones discriminatorias aparentemente de baja intensidad y el alcance de su gravedad por la reiteración o el carácter subliminal, imposible de detectar por la víctima[137].

En principio, los denominados micromachismos abarcan un amplio abanico de actos que reflejan la asimilación de estereotipos de género en el marco cotidiano (doméstico, familiar, escolar, laboral...)[138]. También pueden incluirse en su ámbito *prácticas de connotación*

---

137 Vid., Herreros Hernández, I., *Patriarcado, machismo y misoginia. Reproche penal*, ponencia 2017, pág. 16, "existen otros actos machistas sin entidad suficiente para ser perseguidos penalmente".

138 "El micromachismo se expresa a través de "el hombre que explica", asumiendo saber más que la mujer en forma condescendiente, intentando iluminar el discurso femenino con su sabiduría; "el hombre que interrumpe" en forma innecesaria e irrespetuosa, cambiando el sentido de la conversación; "apropiarse del colega", robándose la idea o el producto del esfuerzo mental de la mujer y recibiendo el crédito; y la "iluminación de gas" como se le conoce al abuso emocional que busca ridiculizar el comentario o la pregunta de la mujer, haciéndole creer que está loca, que exagera las cosas o que las imagina"(Tribunal Electoral del Poder Judicial de la Federación, confirmando sentencia contra una autoridad municipal por ejercer violencia política de género con elementos de micromachismo).

sexual que generan malestar o humillación en la víctima por parte de un desconocido[139].

Sus efectos abarcan desde simples molestias para la mujer hasta la vulneración de derechos fundamentales como el libre desarrollo de la personalidad, dignidad o la integridad física o psicológica. Los micromachismos pueden ser molestos para la víctima cuando "se ve obligada a cambiar los recorridos habituales por temor a reencontrarse con el o los agresores, modificar los horarios en que transita por el espacio público, preferir caminar en compañía de otra persona o modificar su modo de vestir buscando desincentivar el acoso. Pero también provocan daños psicológicos derivados de la pérdida de autoestima y dignidad por su prolongación en el tiempo, habitualidad, sin perceptibilidad de las víctimas y la indefensión derivada de la tolerancia social"[140]. Los derechos fundamentales a integridad moral y al libre desarrollo de la personalidad pueden resultar vulnerados mediante microsexismos en el ámbito privado y público (v.gr. acoso callejero).

Especialmente en las relaciones de pareja se agravan las consecuencias para la mujer, "mediante el agotamiento de las reservas emocionales y de la energía para sí, con una actitud defensiva o de queja ineficaz por el sentimiento de derrota e impotencia que producen; deterioro muchas veces enorme de su autoestima, con aumento de la desmoralización; aumento de la inseguridad; disminución de su poder personal y parálisis del desarrollo personal; malestar, irritabilidad y hartazgo de la relación" (Bonino).

La vulneración de derechos fundamentales a través de micromachismos derivan tanto de una discriminación difusa, prolongada, a

---

139 Entre las prácticas habituales de acoso sexual callejero destacan: "miradas lascivas, piropos, silbidos, besos, bocinazos, gestos obscenos, comentarios sexuales, directos o indirectos al cuerpo, fotografías y grabaciones del cuerpo, no consentidas y con connotación sexual, tocamientos, persecución y arrinconamiento" (Observatorio contra el acoso, Chile).

140 El Instituto Andaluz de la Mujer (IAM) ha respaldado "la iniciativa 'el machismo que no te pega', una guía didáctica impulsada a través de la Plataforma Andaluza de Apoyo al Lobby Europeo de Mujeres con el fin de promover en la juventud la detección de los micromachismos o comportamiento sexistas invisibles que pasan desapercibidos en la sociedad y que contribuyen a reproducir la desigualdad de género y la violencia machista".

través de las nuevas tecnologías, que menoscaban bienes constitucionalmente protegidos, como también de actos de misoginia y aversión hacia las mujeres lesivos de derechos fundamentales. Respecto de estos últimos, la Propuesta para una Directiva del Parlamento europeo y del Consejo sobre la lucha contra la violencia contra la mujer y la violencia doméstica admite que "las mujeres suelen ser el blanco del odio sexista y misógino en línea, que puede convertirse en un crimen de odio fuera de línea"[141].

A nivel nacional, la Ley 15/2022, de 12 de julio, integral para la igualdad de trato prevé la Estrategia Estatal para la Igualdad de Trato y la No Discriminación modifica artículo 18.3 del Estatuto Orgánico del Ministerio Fiscal, disponiendo un registro de los procedimientos penales por delitos de odio. La Ley Orgánica 6/2022, de 12 de julio, complementaria de la Ley 15/2022, de 12 de julio, integral para la igualdad de trato y la no discriminación, de modificación de la Ley Orgánica 10/1995, de 23 de noviembre, del Código Penal, regula el delito de odio por razones de género. También la reciente Ley de Garantía Integral de la Libertad Sexual regula el acoso callejero en los espacios públicos mediante injurias o vejaciones leves.

En la doctrina se aborda "el móvil de misoginia expresada en la relación ambivalente de deseo y desprecio que suscitan sobre todo las mujeres que transgreden su rol tradicional y son víctimas de discriminación y menosprecio, una clara manifestación de desigualdad, jerarquización y objetificación, es decir, víctimas de una relación de poder" (Monteiro Santana). Respecto de los maltratadores, "las actitudes y creencias misóginas podrían ser un elemento común y característicamente diferenciador de hombres tradicionalistas, que creen en los roles sexuales estereotipados, es decir, en la supremacía del hombre y en la inferioridad de la mujer…No presentan una psicopatología específica sino más bien una serie de rasgos y actitudes propias y características del estereotipo masculino"[142].

---

141 En países como Reino Unido se ha planteado declarar la misoginia como delito de odio renunciándose al haber leyes que abordan la violencia contra las mujeres.

142 Vid., Ferrer Pérez/Bosch Fiol, "Violencia de género y misoginia: reflexiones psicosociales sobre un posible factor explicativo", *Papeles del Psicólogo,* núm. 75, 2000, pág. 14, analizando trabajos (Coleman, 1980; Roy, 1982; Sonkin, Martin

A nivel jurisprudencial, destaca la STS de 9 de febrero de 2018 que imputa a un tuitero un delito de odio por razón de género en base a un mensaje explícitamente misógino ("53 asesinadas por violencia de género machista en lo que va de año, pocas me parece...y 2015 finalizará con 56 asesinadas, no es una buena marca pero se hizo lo que se pudo, a ver si en 2016 doblamos esa cifra, gracias")[143]. También la Fiscalía en noviembre de 2020 presentó un escrito de acusación argumentando que la única finalidad de los ataques, era menoscabar la integridad física de mujeres debido al "desprecio que el acusado siente hacia ellas por el hecho de serlo y a su deseo de dejar patente su sentimiento de superioridad y demostrar que las considera inferiores".

3.2. A TRAVÉS DEL DESARROLLO DE LA VULNERABILIDAD

En el marco internacional la vulnerabilidad presenta una base jurídica a través del Convenio de Estambul para que las medidas de violencia contra las mujeres y violencia doméstica respondan a las necesidades específicas de las personas vulnerables (artículo 18). La Propuesta de Directiva (artículo 13) eleva a circunstancia agravante "que el delito se haya cometido contra una persona considerada vulnerable por circunstancias particulares, como una situación de dependencia o un estado de discapacidad física, mental, intelectual o sensorial...". También admite "el mayor riesgo de violencia al que están expuestas las víctimas que experimentan discriminación por razón de sexo junto con discriminación por otros motivos, a fin de atender sus necesidades mayores de protección y de apoyo". De modo que la discriminación múltiple por acumulación de diversas causas de vulnerabilidad genera a su vez sujetos plurivulnerables, que exigen una superior protección jurídica. La STEDH de 25 de julio

---

y Walker, 1985; Medina, 1994; Fernández Montalvo y Echeburúa, 1997; Echeburúa y Fernández Montalvo, 1998; Defensor del Pueblo, 1998).

143 Entre los problemas recientes enfocados a la misoginia con agravante de delito de odio, destacan los pinchazos a mujeres, con un centenar de denuncias en España, por lesionar derechos fundamentales a seguridad, libertad, con secuelas físicas y psíquicas.

de 2017 (caso *Carvalho Pinto de Sousa*), reconoce una discriminación por razón de sexo y también por razón de edad (discriminación múltiple), derivada de estereotipos de género y edad, mediante la conjunción de distintas causas de discriminación. Y en consecuencia, el trato uniforme de las víctimas multidiscriminadas, aparentemente neutral y ajeno a los factores de vulnerabilidad, puede a su vez provocar la superposición de discriminación indirecta.

3.2.1. *Demarcación previa*

En la actualidad el desarrollo del Estado social se integra a través del recurso a la vulnerabilidad como parámetro de igualdad, con un respaldo normativo y judicial. Su consolidación como principio aplicable a los conflictos jurídicos se fundamenta "en razón de los deberes especiales cuyo cumplimiento por parte del Estado es necesario para satisfacer las obligaciones generales de respeto y garantía de los derechos humanos" (Corte Interamericana Derechos Humanos). La Propuesta para una Directiva del Parlamento europeo y del Consejo sobre la lucha contra la violencia contra la mujer y la violencia doméstica, impone a "los Estados miembros un deber de prestar la debida atención a la vulnerabilidad particular de dichas víctimas por sus posibles dificultades para buscar ayuda y frente a la incitación al odio o a la violencia" (artículo 13)[144]. En la Constitución española, el deber de los poderes públicos de promover la igualdad real y efectiva de los individuos y grupos (artículo 9.2) ha influido en la juridificación de la vulnerabilidad.

La delimitación de este concepto impreciso exige una labor previa de acotamiento de los sujetos y grupos vulnerables atendiendo a las causas subyacentes, sobrevenidas y a las circunstancias personales, familiares y sociales de las víctimas[145]. Desde el punto de vista subje-

---

144 La Propuesta para una Directiva del Parlamento europeo y del Consejo sobre la lucha contra la violencia contra la mujer y la violencia doméstica prevé como circunstancia agravante que "el delito se haya cometido contra una persona considerada vulnerable por circunstancias particulares, como una situación de dependencia o un estado de discapacidad física, mental, intelectual o sensorial, o el hecho de que viva en instituciones".

145 La Sentencia del Tribunal Constitucional 113/2021, de 31 de mayo, admite como causa de oposición a la ejecución de desahucio, la alegación de una causa

tivo, cabría plantear si las mujeres pueden considerarse vulnerables por razón de género y sexo en base a la desigualdad estructural e histórica reconocida por la jurisprudencia constitucional. Al respecto, como sector poblacional y tras los avances derivados de las leyes de igualdad habría que reducir su consideración de sujetos vulnerables a situaciones circunstanciales o derivadas de su condición de víctimas[146].

Con carácter general, la vulnerabilidad afecta a las personas *susceptibles de ser violentadas en su integridad física, moral, intelectual y económica, a causa de situaciones de riesgo como la edad, el género, la discapacidad, enfermedad,* y demás características físicas, culturales o económicas que repercuten en una situación de desventaja respecto al resto de la sociedad. La relación de la vulnerabilidad con la discriminación interseccional regulada en la LO 10/2022, deriva de la especial atención institucional a víctimas de violencias sexuales afectadas por factores superpuestos de discriminación, tales como el origen racial o étnico, la nacionalidad, la discapacidad, la orientación sexual, la identidad sexual, la edad, la salud, la clase social, la migración, la situación administrativa u otras circunstancias que implican posiciones más desventajosas de determinados sectores para el ejercicio efectivo de sus derechos[147].

También el Anteproyecto de Ley Integral de Trata aborda el abuso de una situación de vulnerabilidad en base al Convenio de Varsovia (2009), aunque sin perspectiva de género a pesar de que "el 96% de las víctimas de trata con fines de explotación sexual en el mundo son mujeres y niñas". La aprobación final de esta normativa puede

---

sobrevenida de vulnerabilidad.

146 Para la protección de mujeres en situación de riesgo y vulnerabilidad durante el COVID por la convivencia forzosa con el maltratador, se publicó el Real Decreto-ley 8/2021, de 4 de mayo, por el que se adoptan medidas urgentes en el orden sanitario, social y jurisdiccional, a aplicar tras la finalización de la vigencia del estado de alarma declarado por el Real Decreto 926/2020, de 25 de octubre.

147 En el artículo 59. 2 se atiende de forma especial "la situación de las mujeres, niñas y niños que, por sus circunstancias personales y sociales, puedan tener mayor riesgo de sufrir violencias sexuales o mayores dificultades para acceder a los servicios previstos en esta ley orgánica, prestando particular atención a las sometidas a discriminación interseccional, debido a la situación migratoria, la situación de exclusión social, la edad, o la discapacidad".

cuestionar la aplicación del Convenio de Estambul, considerando la trata como una violencia que afecta mayoritariamente a las mujeres por el hecho de serlo y que les afecta de modo desproporcionado. Salvo que se justifique el trato indiferenciado de los sujetos afectados por explotación sexual en la prevalencia del criterio de vulnerabilidad sobre el de género y la absorción de este último con el fin de unificar a las víctimas de la trata de seres humanos.

No obstante, en el siguiente epígrafe se desarrolla la relación entre ámbos parámetros antidiscriminatorios, sin perjuicio de anticipar que el género condiciona y determina la vulnerabilidad, como se manifiesta en relación a las víctimas de violencia contra la mujer.

3.2.2. Relación con la perspectiva de género

Excepcionalmente la aplicación de la perspectiva de género no cumple su función correctora de asimetrías entre hombres y mujeres, generando desigualdades difícilmente justificables. Así entre sujetos vulnerables como menores y personas mayores, la diversificación por razón de sexo o género implica una diferencia de trato sin aparente justificación objetiva y razonable ni relevancia jurídica. En esta línea se inscribe la Ley de garantía integral de la libertad sexual al regular conjuntamente la violencia sexual sobre niños y niñas, prescindiendo de las elevadas cifras de víctimas por razón de género. En términos similares, el Pacto de Estado contra la violencia de género se aplica indistintamente a las y los menores como víctimas de las modalidades de maltrato hacia la mujer.

En principio, la relación entre la vulnerabilidad y la perspectiva de género evidencia diferencias y similitudes, siendo criterios complementarios, no excluyentes, compatibles, que refuerzan la protección jurídica de la mujer. No obstante, la vulnerabilidad difumina la perspectiva de género y tiende a su absorción, aunque subsiste espacio para esta última en aplicación del Convenio de Estambul cuando la violencia o discriminación se produce por el hecho de ser mujeres (vulnerables) o niñas y les afecta desproporcionadamente. La desigualdad estructural del género femenino se encuentra en la raíz de numerosas causas de vulnerabilidad, si bien estas últimas solapan la procedencia de los sujetos vulnerables. Para ilustrar este planteamiento, el Tribunal Supremo admite que "el requisito de integración para obtener la nacionalidad española debe adecuarse en el caso de mujeres migrantes vulnerables y con escasa formación cultural que determina una situación de especial vulnerabilidad "[148].

La superposición de la vulnerabilidad a la perspectiva de género resulta viable cuando confluyen otras causas y circunstancias personales o estructurales que agravan la condición de género. La vulnerabilidad presenta un perfil multidimensional que incluye no sólo el género como factor de riesgo, sino la edad, discapacidad, raza, etnia, religión, enfermedad, orientación sexual, situación familiar, entre otros, componiendo un catálogo discriminatorio de superior amplitud incluso al previsto en el artículo 14 CE. Así resulta de la LO 10/2022, de 6 de septiembre que amplía las causas de discriminación constitucionales al señalar que las instituciones públicas garantizarán que las medidas previstas en esta ley orgánica se apliquen sin discriminación alguna por motivos de "sexo, género, origen racial o étnico, nacionalidad, religión o creencias, salud, edad, clase social, orientación sexual, identidad sexual, discapacidad, estado civil, migración o situación administrativa, o cualquier otra condición o circunstancia personal o social" (artículo 2)[149]. En sintonía también con el artículo 2 Ley 15/2022, de 12 de julio, integral para la igualdad de trato y la no discriminación, aunque con algunas diferencias al enumerar "la discriminación por razón de nacimiento, origen racial o étnico, sexo, religión, convicción u opinión, edad, discapacidad, orientación o identidad sexual, expresión de género, enfermedad o condición de salud, estado serológico y/o predisposición genética a sufrir patolo-

---

148 Conforme a la STS 17 de diciembre de 2021, "ninguna de las mencionadas circunstancias de la solicitante y su integración familiar han sido valoradas por la Administración a la hora de decidir sobre la petición, limitándose a razonar la resolución la propuesta realizada en el expediente en base a un cuestionario de preguntas, de conformidad con lo establecido en el artículo 221 del Reglamento del Registro Civil (...), que ya en su propio contenido hace abstracción de la escasa formación de la solicitante y sin consideración al estilo de vida españoles que cabría concluir de su integración en una familia de miembros españoles".

149 El artículo 14.6 LOIEMH considera como colectivos de especial vulnerabilidad los que "pertenecen a minorías, las mujeres migrantes, las niñas, las mujeres con discapacidad, las mujeres mayores, las mujeres viudas y las mujeres víctimas de violencia de género, para las cuales los poderes públicos podrán adoptar, igualmente, medidas de acción positiva".

gías y trastornos, lengua, situación socioeconómica, o cualquier otra condición o circunstancia personal o social".

En base a estas normativas se infiere la necesidad de recurrir a la vulnerabilidad cuando la perspectiva de género puede generar desigualdades sin justificación, al limitarse a la protección exclusiva y excluyente de las mujeres. La imposibilidad de compartimentar la violencia sexual a mujeres y niñas, conduce igualmente a la inclusión como víctimas principales de niños y adolescentes, ante el riesgo de que la perspectiva de género cause distorsiones inconstitucionales entre las y los menores.

A propósito del deslinde entre ambas figuras, puede admitirse que el género constituye un presupuesto determinante de la condición de sujeto vulnerable, y el concurso de otras circunstancias únicamente modula dicha vulnerabilidad. De modo que una mujer individualmente o en grupo puede ser vulnerable por el género y las demás causas de vulnerabilidad derivan del hecho de serlo, agravando su fragilidad. No obstante, la convergencia con otros factores de riesgo estructurales y arraigados socialmente como la edad, puede complicar la determinación de la causa principal de vulnerabilidad. Así una mujer mayor representa un sujeto vulnerable a título individual y colectivo, resultando difícil dirimir si lo es por el género o bien por la edad, siendo ambas desigualdades estructurales. En la multidiscriminación de individuos o grupos confluyen diversas causas de vulnerabilidad (vertical), principales, derivadas, secundarias o coadyuvantes, y la suma de las mismas sea la razón jurídica para calificar a un sujeto o colectivo como vulnerable (horizontal). Aunque el desarrollo jurídico actual de la perspectiva de género respecto de otras causas de vulnerabilidad, favorecen su aplicación preferente.

Respecto a las similitudes entre la perspectiva de género y la vulnerabilidad, cabe mencionar una naturaleza común, la condición de conceptos jurídicos indeterminados, el proceso paralelo de juridificación y ramificación en los distintos órdenes jurídicos y su configuración como categorías de análisis, interpretación del Derecho y resolución de conflictos. Ambos representan manifestaciones del principio informador de igualdad con aplicación prevalente sobre la legalidad y no sólo en defecto de ley. Al margen de considerarse también concreciones de la prohibición de discriminación por circunstancias familiares y personales, compartiendo la vertiente de derecho fundamental (artículo 2 Ley 15/2022, de 12 de julio, integral para la igualdad de trato y la no discriminación).

3.2.3. *Proceso actual de juridificación*

La progresiva juridificación de la vulnerabilidad se verifica a través de las normas y jurisprudencia en términos similares a la perspectiva de género como método de análisis, deber judicial de aplicación, criterio hermenéutico y de ponderación en la resolución de conflictos.

Respecto a la base normativa de este criterio antidiscriminatorio destacan el Real Decreto-ley 37/2020, de 22 de diciembre, de medidas urgentes para hacer frente a las situaciones de vulnerabilidad social y económica en el ámbito de la vivienda y en materia de transportes; el Real Decreto-ley 16/2021, de 3 de agosto, por el que se adoptan medidas de protección social para hacer frente a situaciones de vulnerabilidad social y económica (moratoria o condonación parcial del pago de la renta al arrendatario vulnerable); la Ley 1/2021, de 24 de marzo, de medidas urgentes en materia de protección y asistencia a las víctimas de violencia de género; el Real Decreto 42/2022, de 18 de enero, por el que se regula el bono alquiler joven y el Plan Estatal para el acceso a la vivienda 2022-2025, que incluye un programa de ayuda a las personas arrendatarias en situación de vulnerabilidad sobrevenida, y se diseña con una clara vocación preventiva para posibilitar el mantenimiento en la vivienda arrendada a aquellas personas a las que les sobrevenga una vulnerabilidad no prevista. Estas últimas disposiciones conducen al blindaje del Estado social en una situación de crisis sanitaria derivada de la pandemia, como consecuencia de la vulnerabilidad sobrevenida en ciertos sectores de la población[150].

A nivel jurisprudencial "las obligaciones positivas de los Estados están siendo establecidas por el Tribunal Europeo especialmente en relación con las personas vulnerables que no pueden hacer valer sus derechos por sí mismas, aunque en muchos casos no logran llegar a los tribunales, o se ven truncados por la inadecuación de los recur-

---

150 Destaca 121/000115 Proyecto de Ley por la que se adoptan y se prorrogan determinadas medidas para responder a las consecuencias económicas y sociales de la guerra en Ucrania, para hacer frente a situaciones de vulnerabilidad social y económica.

sos del Estado. Sin embargo, existen buenos ejemplos de cómo los artículos 3 y 8 han sido utilizados para reforzar y hacer exigibles las obligaciones positivas de los Estados a favor de las personas sin hogar" (Kenna)[151].

El mandato imperativo a los órganos judiciales para el enjuiciamiento atendiendo a la vulnerabilidad se traduce en una aplicación flexible de las normas, finalista o analógica. Desde este punto de vista prevalecen las circunstancias particulares del caso sobre la ley, en base a la técnica jurídica de la equidad como mecanismo corrector de la justicia estricta y la igualdad formal[152]. Como criterio interpretativo derivado de la igualdad, debe interpretarse la vulnerabilidad en el sentido más favorable al sujeto (pro persona) o grupo para la protección de las víctimas. Pero también debe aplicarse como principio pro actione, "entendido no como la forzosa selección de la interpretación más favorable de entre todas las posibles, sino como la interdicción de aquellas decisiones impeditivas de un pronunciamiento sobre el fondo que por su rigorismo, por su formalismo excesivo o por cualquier otra razón revelen una clara desproporción entre los fines que aquellas causas preservan y los intereses que sacrifican, vulnerando las exigencias del principio de proporcionalidad" *(*STC 63/2021, de 15 de marzo, FJ 3*)*.

En términos análogos a la perspectiva de género también la vulnerabilidad justifica la interpretación contra la literalidad normativa por razones de equidad, incluso en supuestos tasados como las causas de oposición en la ejecución hipotecaria del artículo 556 LEC, para amortiguar los efectos discriminatorios de los desahucios. Así resulta de la STC 113/2021, de 31 de mayo, admitiendo que "un listado cerrado o tasado de oposición previsto en una norma procesal, que responde a unos fines legítimos muy concretos, no exime del deber de motivación reforzada que incumbe al órgano judicial cuando puede estar afectada la protección de los menores, de las personas

---

151 Kenna, "El derecho a la vivienda: obligaciones positivas y derechos exigibles", *Revista Europea de Derechos Fundamentales* nº 12, 2008, pág. 173.

152 En sintonía con esta posición, la STS de 23 de noviembre de 2020 ante la falta de previsión por parte de la Administración de medidas de protección de personas en situación de especial vulnerabilidad, denegó la solicitud de entrada en el domicilio en contra de la propiedad.

con discapacidad y de las familias dispensada por la Constitución y los instrumentos normativos del derecho regional e internacional de derechos humanos suscritos por España".

Al igual que la perspectiva de género, la vulnerabilidad también se ha expandido por las distintas ramas jurídicas como el derecho civil, el derecho procesal y penal.

En el marco civil la vulnerabilidad ha adquirido un especial desarrollo jurisprudencial respecto de los arrendamientos y desahucios, con primacía sobre la férrea legalidad de los títulos de propiedad y posesorios. Prevalece la doctrina jurisprudencial favorable a la tesis de que la ostentación de estos últimos no constituyen una cobertura legal suficiente en sí mismos para condenar al desalojo. Se argumenta que "la protección del derecho a la vivienda, a la inviolabilidad del domicilio, y el derecho a la intimidad personal y familiar, no dependen del título posesorio que se ostente sobre la vivienda habitada, motivo por el cual dicha protección debe permanecer, aun cuando decaiga el título ocupacional o ante la falta de título alguno" (entre otras, STC 161/2021, de 4 de octubre).

La vulnerabilidad no sólo fundamenta un deber de tolerancia en relación al patrimonio público sino también privado como sostiene la jurisprudencia mediante la imposición de obligaciones a un gran tenedor de vivienda, consistentes en ofrecer un alquiler social a los inquilinos (Sentencia Juzgado de Badalona 26 de mayo 2022). Excepcionalmente, sin embargo, la vulnerabilidad del propietario ha sido ponderada con la del arrendatario para no paralizar el desahucio de este último durante el estado de alarma y proceder al desalojo, sin que el derecho de propiedad sea título suficiente para impedirlo (Auto del juzgado del Juzgado de Primera Instancia nº 1 de Mislata en Valencia de 22 de enero de 2021).

También se ha tipificado la vulnerabilidad en el consumo mediante el Real Decreto 897/2017, de 6 de octubre, por el que se regula la figura del consumidor vulnerable, el bono social y otras medidas de protección para los consumidores domésticos de energía eléctrica.

En la esfera procesal, el análisis de la vulnerabilidad y su prueba de oficio se imponen a los jueces para impedir en caso contrario la revocación de sus sentencias. Así la STS 161/2021, de 4 de octubre de 2021 reconoce que "las sentencias judiciales no analizaron el fondo de la alegación de discapacidad cognitiva opuesta por el ejecutado y que los órganos judiciales no desarrollaron ninguna actividad probatoria o acreditativa ni respecto de si esa circunstancia de discapacidad concurría ni sobre si había sido relevante o causal en la incomparecencia del demandante en el juicio verbal, determinante de la pérdida indefectible de su oportunidad procesal de defensa o en el pago extemporáneo de las rentas debidas como enervante de la acción de desahucio".

Respecto a la necesidad de cautelas procesales en los juicios contra sujetos vulnerables, el Comité DESC de la ONU en Dictamen de 20 de junio de 2017 (Comunicación nº 5/2015), determina el deber de dar audiencia a las partes y realizar juicio de proporcionalidad por parte del órgano judicial en los procedimientos por desalojo. "Para poder limitar un derecho fundamental en juicios de desahucios arrendaticios y en incidentes ocupacionales de ejecuciones hipotecarias...se requiere un espacio procesal que permita dar audiencia al afectado sobre el impacto que tiene el desalojo en sus derechos". Paralelamente "el proceso en el que se sustancie el desalojo de viviendas debe dotarse de las herramientas jurídicas necesarias para permitir un examen completo y contradictorio, que permita al demandado afectado alegar las cuestiones que considere pertinentes en su defensa "(SSTEDH de 16 de julio de 2009, Caso Zehentner contra Austria; Sentencia de 29 de mayo de 2012, Caso Bjedov contra Croacia; Sentencia de 22 de octubre de 2009, Caso Paulić contra Croacia). Conforme a esta jurisprudencia la omisión de garantías procedimentales por razón de vulnerabilidad puede lesionar el derecho fundamental a tutela judicial efectiva.

También la vulnerabilidad influye en la ejecución procesal obligando a los órganos judiciales "a cautelas y alternativas para evitar menoscabar la dignidad pues, en caso contrario, afectaría a la aplicación de la legalidad[153]. En particular, la STEDH Caso Buckland con-

---

[153] El Comité de la ONU en Dictamen de 20 de junio de 2017 (Comunicación nº5/2015), establece que "los desalojos que afecten a personas sin recursos para procurarse una vivienda alternativa, sólo se ejecuten después de que haya habido una consulta genuina y efectiva con estas personas y de que el Estado parte haya realizado todos los pasos indispensables, hasta el máximo de sus recursos disponibles, para que las personas desalojadas tengan una vivienda alternativa,

tra Reino Unido, de 18 septiembre de 2012; y la STC 113/2021, de 31 de mayo, proclive a que "el desalojo del hogar familiar, incluso cuándo conforme a la legislación interna se haya agotado el derecho a permanecer con título posesorio, debe realizarse únicamente cuándo se hayan previsto las cautelas previstas para desalojos forzosos, así como la previsión de alojamiento alternativo que no coloque a los ciudadanos en situaciones degradantes como la exclusión social sin techo". De igual modo la jurisprudencia también se muestra proclive a la prórroga del plazo de ejecución a un inquilino en situación económica vulnerable.

No obstante, en el orden penal encuentra especial acomodo la vulnerabilidad por su aplicación desde una triple vertiente: *como característica general del delito, medio delictivo o agravante de la pena*[154]. Su relevancia penal aparece en las SSTS 727/2018, 1658/2018 y de 30 de enero de 2019 admitiendo que "cuando la víctima sea especialmente vulnerable por razón de edad, enfermedad, discapacidad o situación, el legislador toma en consideración estos datos para dotar de más reprochabilidad al hecho, en función de la mayor desprotección del sujeto vulnerable".

En la práctica los tribunales aplican la agravación del art. 180.1.3 CP en relación con el art. 181.5 CP por el mayor reproche penal que existe ante el abuso y aprovechamiento de la conducta en casos de especial vulnerabilidad. Pero también han resuelto la concurrencia de múltiples causas de vulnerabilidad como agravantes y su posible incompatibilidad. Al respecto, la STS 384/2018 de 25 julio 2018 señala que "en aquellos supuestos en los que sólo sea la edad el hecho tomado para aplicar el tipo básico y la agravación, no cabe esta última por infracción del *non bis in ídem*" (SSTS 1357/2005, 14 de noviembre, 131/2007, 16 de febrero, entre otras). De modo que una misma circunstancia de vulnerabilidad no puede valorarse dos veces para integrar el tipo básico y para cualificarlo como subtipo agravado en base al citado principio (SSTS. 971/2006 de 10 de octubre de 2006 y de 16 de febrero de 2007).

---

en especial en aquellos casos que involucran a familias, personas mayores, niños/as y/o otras personas en situación de vulnerabilidad".

154 Así, la STS 20 de mayo de 2020, argumenta que el acusado conocía la discapacidad de la víctima y también la SAP de Cádiz de 26 de enero 2011.

En el orden constitucional, la vulnerabilidad constituye una manifestación del principio de igualdad y no discriminación, representa bienes constitucionalmente protegibles y derechos fundamentales como la dignidad y tutela judicial efectiva; así como principios rectores (protección de la familia, menores, personas mayores…). A efectos constitucionales el desarrollo jurisprudencial de la vulnerabilidad ha contribuido a reforzar aspectos transcendentales como la motivación, razonabilidad y la ponderación[155].

En primer lugar, hay una tendencia a fundamentar las decisiones judiciales atendiendo a las circunstancias del caso concreto y al mayor beneficio de los sujetos vulnerables (STC 221/2002, FJ 4, y ATC 28/2001, de 1 de febrero); a una motivación reforzada en el caso de menores y personas con discapacidad (STS 113/2021, de 31 de mayo de 2021); limitando la discrecionalidad judicial ("ni la justificación en el carácter discrecional de la potestad que se ejerce, pues las potestades discrecionales deben también ejercerse motivadamente", STC 31 de mayo de 2021)[156].

La proyección de la vulnerabilidad en los juicios de razonabilidad y proporcionalidad resulta de la atención a las circunstancias del caso concreto (Sentencia de 10 de septiembre de 2014, Asunto C-34/13) y en la resolución conforme a equidad[157]. A nivel internacional cabe mencionar la condena al Estado español por el Comité de Derechos Económicos, Sociales y Culturales de las Naciones Unidas, por la violación del derecho a la vivienda de ocupantes que fueron lanzados de sus viviendas sin haberse examinado la razonabilidad y propor-

---

155 Al respecto, la STC 113/2021, de 31 de mayo, declaró que "se había vulnerado el derecho de la demandante de amparo a la tutela judicial efectiva al no respetar el requisito de motivación reforzada. El Tribunal Constitucional anula el desahucio por haberse vulnerado el derecho del demandante a la tutela judicial efectiva, ordenando que se dicte una nueva resolución respetuosa con la situación del afectado".

156 La jurisprudencia constitucional consolida la motivación reforzada cuando se invoca la protección a las personas con discapacidad prevista en el art.49 CE (SSTC 10/2014, de 27 de enero; 18/2017, de 2 de febrero; 3/2018, de 22 de enero, y 51/2021, de 15 de marzo).

157 Para la STC 178/2020, de 14 de diciembre, "los derechos del menor que integran este estatuto constituyen un concepto dinámico que debe evaluarse adecuadamente en cada contexto".

cionalidad de la medida del desalojo por parte del juez que resolvió el lanzamiento (Dictamen nº 85/2018; Dictamen nº 27/2018; y Comunicación nº 5/2015). "El juez debe realizar en el caso concreto un juicio de proporcionalidad valorando el interés a proteger, la necesidad social imperiosa que motiva la intervención judicial y el grado de intensidad de la injerencia en los derechos del afectado" (STEDH (Sentencia de 24 de abril de 2012, Caso Yordanova y otros contra Bulgaria y de 17 de octubre de 2013, Caso Winterstein y otros contra Francia).

En la motivación, "la atención a las circunstancias particulares del caso según el Tribunal Constitucional no puede limitarse a una respuesta formalista sobre la concurrencia de una causa obstativa, fundándose en la naturaleza ejecutiva del procedimiento". También la vulnerabilidad deriva en una motivación reforzada considerándose por el Alto Tribunal que "el canon de razonabilidad constitucional deviene más exigente por cuanto que se encuentran implicados valores y principios de indudable relevancia constitucional, al invocarse por el demandante de amparo el principio del interés superior del menor que tiene su proyección constitucional en el art. 39 CE y que se define como rector e inspirador de todas las actuaciones de los poderes públicos, tanto administrativas como judiciales" (STC 113/2021, de 31 de mayo)[158]. Cuando afectan o están vinculados derechos fundamentales sustantivos o a intereses de relevancia constitucional, "implica la obligación de que se exteriorice el nexo de coherencia entre la decisión adoptada, la norma que le sirve de fundamento y los fines que justifican la institución".

Paralelamente en la ponderación debe prevalecer la protección del interés superior del menor o de sujetos con discapacidad en situaciones de desalojo (STC 31 mayo 2021). El TS considera que "el juez no puede, so pretexto de cumplir con la exigencia de ponderación de los intereses concurrentes, paralizar indefinidamente un desalojo forzoso y aparentemente legal, pero está obligado a valorar las circunstancias concurrentes en cada caso concreto, y, especialmente, la presencia en la vivienda que deba ser desalojada de personas en

---

158 Así las SSTC 141/2000, de 21 de mayo; 217/2009, de 14 de diciembre; 127/2013, de 3 de junio; y 138/2014, de 8 de septiembre, entre otras.

situación de especial vulnerabilidad, entre las que cabe incluir a los menores, y también a otras personas que se encuentren necesitadas de protección por razones diversas" (SSTC 10/2014, de 27 de enero; 18/2017, de 2 de febrero; 3/2018, de 22 de enero, y 51/2021, de 15 de marzo)"[159].

Por último, la vulnerabilidad opera como límite de la arbitrariedad y discrecionalidad de los poderes públicos y de los órganos judiciales en la ponderación. Conforme a la STC 50/1995, de 23 de febrero "exige una relación ponderada de los medios empleados con el fin perseguido, para evitar el sacrificio innecesario o excesivo de los derechos fundamentales (STC 66/85), cuyo contenido esencial es intangible". Este principio inherente al valor justicia y muy cercano al de igualdad se opone frontalmente a la arbitrariedad en el ejercicio de los poderes públicos, cuya interdicción proclama el art. 9 CE[160].

La regulación constitucional de los principios rectores ha dado un salto cualitativo a través de la reciente jurisprudencia ordinaria y constitucional pues no sólo presentan una vertiente pública, informando la práctica judicial y la actuación de los poderes públicos, sino que vinculan a los particulares. Como resulta de la doctrina del TEDH sobre protección de viviendas que no sólo es aplicable a la ocupación de aquéllas de titularidad pública, sino también a las de propiedad privada en conflictos entre particulares (STC 113/2021, de 31 de mayo; y STC 161/2021, de 4 de octubre).

La simbiosis de los principios rectores con los derechos de igualdad y prohibición de discriminación por circunstancias personales y familiares, dignidad o tutela judicial efectiva, posibilita la vía del recurso de amparo en base a su especial transcendencia constitucional

---

159 Destaca la STC 113/2021, de 31 de mayo de 2021, que declara "no haberse observado en las resoluciones judiciales el deber de motivación reforzada al no ponderar la afectación a los menores y personas con discapacidad".

160 La exigencia de realizar dichos juicios de proporcionalidad y razonabilidad encuentra su fundamento en la justicia como valor superior (art. 1.1 CE) y en el principio de interdicción de la arbitrariedad (art. 9.3 CE).

"por afectar a los derechos fundamentales en facetas sobre las que no hay doctrina establecida" (STC 113/2021, de 31 de mayo)[161].

Sin embargo, a diferencia del derecho penal que prevé una circunstancia agravante de vulnerabilidad especial de la víctima (art. 180.1 3ª C. Penal), en la esfera constitucional habría de atribuirse una superior reprochabilidad por infracciones de derechos fundamentales en sujetos vulnerables. En consecuencia, esta condición debe influir en el reconocimiento, restablecimiento del derecho e indemnización mediante la valoración del "daño físico y psicológico, incluido el daño moral y el daño a la dignidad, la pérdida de oportunidades (de educación, empleo y prestaciones sociales), los daños materiales y la pérdida de ingresos, incluido el lucro cesante, el daño social, entendido como el daño al proyecto de vida, el tratamiento terapéutico, social y de salud sexual y reproductiva" (artículo 53 de la Ley Orgánica 10/2022, de 6 de septiembre, de garantía integral de la libertad sexual para la valoración de la indemnización por responsabilidad civil de las víctimas de violencias sexuales).

En definitiva, la alteración de los criterios de razonabilidad y proporcionalidad en la ponderación de conflictos priorizando el alcance de los principios rectores de política social (vivienda, protección a la familia, discapacidad, menores, mayores...), se ha consolidado en la Jurisprudencia. La motivación, razonabilidad y proporcionalidad resultan especialmente exigentes en la ponderación donde entran en juego "principios rectores informadores", con el sacrificio de derechos constitucionales en conflicto. Esta conclusión adquiere especial relevancia constitucional por implicar el predominio del Estado social sobre el Estado de Derecho y el desplazamiento del principio legalista por el criterio equitativo de vulnerabilidad[162]. Por

---

161 Señala la STSJ Extremadura 287/2022, de 12 de mayo, que "existe en este caso una apariencia evidente de vulnerabilidad sin que la resolución administrativa ni el auto que la ratifica tengan en consideración o realicen ponderaciones sobre las circunstancias personales que concurren".

162 "Estos últimos pronunciamientos del Tribunal Constitucional (SSTC 113/2021, de 31 de mayo y 161/2021, de 4 de octubre) evidencian la voluntad del Tribunal Constitucional de acoger de forma definitiva la consolidada doctrina del TEDH, tras muchos años de reticencias, en las que nos encontrábamos con un Tribunal fragmentado, entre aquellos Magistrados que defendían una tesis más legalista y aquellos que sostenían que el derecho interno debe integrarse con el acervo

tanto, se ha superado la previsión del artículo 53.3 CE que exige una legislación de desarrollo para la alegación de los principios rectores ante los órganos judiciales, sustituyéndose por una "jurisprudencia de desarrollo". Sin perjuicio de que los Tratados internacionales además de la jurisprudencia TEDH y del TC posibilitan la reclamación "directa" y sin configuración legal de principios como la vivienda, protección de la familia, menores y discapacitados[163].

3.2.4. Víctimas vulnerables ante violencias por razón de género

A continuación se analiza la especial vulnerabilidad por razón de edad y desde una perspectiva de género en varias modalidades de violencia creciente, bullying a menores y maltrato a personas mayores, considerando que se ejercen contra niñas y mujeres mayores respectivamente por el hecho de serlo y les afectan desproporcionadamente.

3.2.4.1. En el acoso escolar

3.2.4.1.1. Feminización del bullying

El contexto de vulnerabilidad en las aulas deriva de desigualdades de hecho por razones de sexo u orientación sexual, género, enfermedad, exclusión social, raciales, entre otras. El informe del Defensor del Pueblo andaluz "Acoso Escolar y Ciberacoso: Prevención, Detección y Recuperación de las Víctimas" (2017), reconoce que "cualquier caso de acoso escolar o de violencia merece toda la atención,

---

comunitario que se vaya creando, aun cuando ello pueda comportar el sacrificio del principio de legalidad procesal (art. 1 de la LEC)".

163 Según la STC 188/2013, de 4 de noviembre, "aun teniendo en cuenta que nos situamos en el ámbito de aplicación de políticas sociales y económicas, al estar implicado en estos supuestos el derecho a la vivienda junto con el derecho a la no injerencia en el domicilio, el amplio margen de apreciación nacional aparece modulado por el art. 8 CEDH, ya que éste es decisivo para el disfrute efectivo de derechos íntimos; derechos de una importancia crucial para la identidad de la persona, su autodeterminación, su integridad psíquica y moral, el mantenimiento de sus relaciones sociales y su estabilidad y seguridad en la sociedad".

aunque especialmente los supuestos en los que uno de sus protagonistas se encuentra en una situación de especial vulnerabilidad"[164].

La intersección de factores de riesgo como la minoría de edad y el género agravan la condición como sujetos vulnerables de las niñas acosadas en los centros educativos. La aplicación de la perspectiva de género resulta justificada por la superior vulnerabilidad de las víctimas y en base a la ascendente feminización del bullying según los datos estadísticos[165]. Un estudio del Instituto de la Mujer concluye que las niñas "**reciben agresiones por parte de sus compañeros y compañeras, provocadas por los estereotipos de género** y fundamentadas en la supremacía de los varones sobre las mujeres, sirviendo esto para consolidar los futuros comportamientos violentos hacia las mujeres"[166]. Mientras un estudio de la Fundación Anar confirma a que "siete de cada diez de las víctimas de ciberbullying son niñas…y los alumnos implicados tienden a tener creencias sexistas[167].

"La socialización de los menores en estereotipos tradicionales de género conduce a la reproducción *los modelos de jerarquía-sumisión y a los roles de víctima y agresor* en las relaciones escolares dentro o fuera de las aulas"[168]. El informe del Defensor del Pueblo (2007) conclu-

---

164 Para algunos expertos en psicología "no existe un perfil único de víctima, se evidencia que tienen mayores probabilidades de ser atacados por sus compañeros los alumnos y alumnas que de alguna manera son "diferentes" o que se comportan de manera diferente" (Informe del Defensor del Pueblo Andaluz, 2017).

165 A propósito, Velasco/Amado/Novo, *Diferencias de género en las conductas de acoso escolar,* Congreso Internacional Interuniversitario contra la Pobreza Infantil en el Mundo, 2015, "el conflicto de rol de género, más que un desencadenante directo de la agresión física, actúa como factor de riesgo".

166 Aunque según el Informe Cisneros (Oñate & Piñuel, 2007), "la incidencia de violencia y acoso escolar del 23,3%, es superior esta incidencia en niños (24,4%) más que en niñas (21,6%)".

167 Coinciden con Save The Children (2016), admitiendo que "las chicas presentan un mayor porcentaje de victimización así como una mayor prevalencia en 1° y 2° de la ESO (11,2%)".

168 "La investigación 'Bullying, cyberbullying y dating violence. Estudio de la gestión de la vida social en estudiantes de Primaria y Secundaria en Andalucía, "realizó una encuesta a casi 3.000 estudiantes de 5° y 6° de Primaria y de los cuatro cursos de Secundaria de 35 centros educativos públicos y privados de Andalucía durante el curso 2015-2016 en dos oleadas (octubre y mayo). En función del sexo, considera que los chicos están más implicados en fenómenos de bullying y cyberbullying como agresores y agresores victimizados, mientras que las chicas destacan en el rol de víctimas en ambos fenómenos".

ye "**de modo general que los alumnos están más implicados que las alumnas en los malos tratos, especialmente cuando se toma la perspectiva de los agresores"**[169]. Al margen de que en la violencia escolar también intervienen niñas del mismo sexo que la víctima por razones de género y estereotipos sociales, pero a diferencia de los acosadores masculinos suelen emplear medios diferentes como "la exclusión en redes sociales y agresiones verbales o vejaciones"[170].

3.2.4.1.2. *Respuestas jurídicas desde un prisma constitucional*

La complejidad del acoso escolar influye en la dificultad para aplicar soluciones jurídicas por consistir habitualmente en una pluralidad de conductas ilícitas, lesivas de derechos fundamentales, con múltiples modalidades (individual o en grupo) y por su posible comisión extraacadémica a través de las nuevas tecnologías[171]. El principal problema que afronta el bullying por razón de género radica en la implicación de menores, contexto que obliga a una conciliación forzosa de los intereses en juego[172]. En este sentido, la atención obligada

169 Concluye el *Informe Extraordinario del Ararteko sobre convivencia y conflictos escolares en los centros educativos*, "Concluye el Informe Extraordinario del Ararteko sobre convivencia y conflictos escolares en los centros que "por lo que respecta al género, se confirma que el maltrato sigue siendo un fenómeno que afecta fundamentalmente a los varones, que lo sufren y lo ejercen en mayor proporción que las alumnas.".

170 Según los psicólogos "se ha comprobado que las niñas también ejercen violencia directa como los niños, pero que sí hay diferencias en cuanto al método de cómo ejercerla. Por lo tanto, la variable género hay que tenerla muy en cuenta por la gran influencia que presenta" (Ocete).

171 El III Estudio sobre Acoso Escolar y Ciberbullying de la Fundación ANAR, afirma que "la edad media de los agresores en los casos de violencia escolar es de 11,3 años y en el 88,1% de los casos el acosador va a la misma clase de la víctima. Por tanto, en la gran mayoría de casos se trata de menores de edad, por lo que la norma a aplicar sería el Real Decreto mencionado anteriormente". Señala el I Estudio sobre ciberbullying elaborado en base a la experiencia de los afectados de la Fundación ANAR y la Fundación Mutua Madrileña, que "uno de cada cuatro casos de acoso ya se produce a través de la tecnología, un 24% del total de acoso escolar que se produce en España (el otro 76% pertenece al resto de tipologías de acoso)".

172 "Los casos de menores juzgados se incrementan un 25 % desde 2020. fueron enjuiciados 312 menores de edad por delitos en el ámbito de la violencia contra la mujer, lo que significa un aumento del 25 % con respecto al período anterior,

al interés del menor (agresor) puede derivar en la relegación de la víctima o su revictimización, si no se aplica la perspectiva de género para garantizar la protección jurídica de las niñas.

En principio, la Ley Orgánica 3/2020, de 29 de diciembre, por la que se modifica la Ley Orgánica 2/2006, de 3 de mayo, de Educación califica como "falta muy grave el acoso basado en el género, orientación o identidad sexual, disponiendo la obligatoriedad de elaborar planes de convivencia, y la especial atención que se ha de dar a elementos como la violencia de género (artículo 124)"[173]. Con carácter general el artículo 18 Ley Orgánica 10/2022, de 6 de septiembre, de garantía integral de la libertad sexual dispone que "las administraciones públicas competentes en materia educativa, sanitaria, sociosanitaria y social, desarrollarán, en el marco de sus respectivas competencias, actuaciones encaminadas a la detección e identificación de situaciones de violencia sexual. Para ello, promoverán la elaboración de protocolos específicos de detección, actuación y derivación en el ámbito educativo, social y sanitario, con especial atención a las víctimas menores de edad y con discapacidad"[174].

---

que alcanzó los 249. Estos tribunales decidieron imponer medidas punitivas en 292 casos (con el 84 % de españoles y el 16 % extranjeros)", según los datos del Observatorio contra la Violencia Doméstica y de Género.

173 "La violencia contra las mujeres no se produce sólo en el ámbito familiar sino que la misma está presente también en las aulas. Aunque no pueden cuantificarse los casos por ausencia de datos veraces y rigurosos, cada vez son más las denuncias que se producen en este ámbito, especialmente por parte de chicas que han decidido poner término a una tormentosa relación sentimental. Este tipo de maltrato se suele realizar utilizando las TICs, preferentemente a través de las redes sociales" (Informe Defensor del Pueblo Andaluz).

174 El artículo 19 de la reciente Ley señala que "las administraciones educativas, en el ámbito de sus respectivas competencias y en el marco de la conferencia sectorial correspondiente, promoverán la aplicación, permanente actualización y difusión de protocolos que contengan pautas de actuación para la prevención, detección y erradicación de las violencias sexuales en el ámbito educativo, tanto público como privado, y para cada uno de los niveles educativos, incluido el ámbito universitario, en el marco de lo establecido en la legislación en materia de universidades que resulte de aplicación. Tales protocolos impulsarán actividades continuadas de prevención y sistemas de detección precoz e intervención para casos de violencias sexuales, de acuerdo con los principios rectores de la presente ley orgánica".

Sin embargo, a pesar del compromiso internacional en la prevención de violencia contra las niñas (Convenio de Estambul) no se impone un deber de actuaciones preventivas contra el acoso escolar, predominando la autorregulación no vinculante (*soft law*) derivada de planes de convivencia y protocolos[175]. El contexto actual se caracteriza por la ausencia de medidas preventivas (Instituto Andaluz para la Prevención del Acoso Escolar) y de coordinación entre el entorno docente y familiar, al margen de una deficiente evaluación de la víctima por servicios especializados y falta de transparencia de los centros educativos con tendencia a la ocultación del acoso[176].

Los planes estratégicos de convivencia escolar, programas y protocolos escolares incluyen como objetivos la prevención del acoso escolar, la violencia de género y de las actitudes o comportamientos xenófobos y racistas. "Cuando existan indicios de que pueda tratarse de un caso de agresión de contenido sexista, violencia de género o acoso sexual, se recomienda...la atención a las actuaciones de prevención de la violencia de género, igualdad y no discriminación"[177]. El borrador del Plan Estratégico de Convivencia Escolar (2017) preveía

---

175 "La actuación del centro debe centrarse en la prevención y, en su caso, en la detección temprana y el asesoramiento a las familias o tutores legales sobre las medidas a adoptar y el procedimiento a seguir para la denuncia de los hechos, contemplando, cuando así se precise, la intervención educativa del centro en la atención al menor que ha sufrido el acoso. Además de las estrategias generales de prevención previstas en los planes de convivencia, en los centros en los que no se hayan identificado casos de acoso o ciberacoso, pero sí se detecten conductas o situaciones de riesgo de aparición del mismo, es aconsejable actuar de forma preventiva y proactiva" (Instrucciones de 11 de enero de 2017 de la Dirección General de Participación y Equidad en relación con las actuaciones específicas a adoptar por los centros educativos en la aplicación del protocolo de actuación en supuestos de acoso escolar ante situaciones de ciberacoso).

176 La Propuesta para una Directiva del Parlamento europeo y del Consejo sobre la lucha contra la violencia contra la mujer y la violencia doméstica señala que la evaluación individual se centrará en "el riesgo que suponga el autor o el sospechoso del delito, incluidos factores como el riesgo de violencia reiterada, el riesgo de lesiones corporales, el uso de armas, el hecho de que el autor o el sospechoso conviva con la víctima o de que haga un consumo abusivo de drogas o alcohol, el abuso de menores, problemas de salud mental o comportamientos de acecho, las circunstancias individuales de la víctima".

177 Al respecto, el Plan Estratégico de Convivencia Escolar, que ha sido informado por el Consejo de Ministros el 22 de enero de 2016, y por la Conferencia sectorial de Educación el 30 de marzo de 2017.

que cada colegio tuviera un docente dedicado a prevenir el acoso escolar como un mediador "al que los estudiantes, padres y profesores pudieran acudir si se produce cualquier problema en el entorno de la escuela". De otra parte, el Plan de Responsabilidad Social (Agenda 2030) de la Agencia Española de Protección de Datos, incluye como objetivo "impulsar protocolos contra el ciberacoso, en colaboración con las administraciones educativas y en el marco del convenio de la AEPD con el Ministerio de Educación".

En relación a los programas para la mejora de la convivencia "generan un clima escolar más distendido como consecuencia de la mejora de la comunicación entre los miembros de la comunidad educativa; y supone una mejora de las habilidades sociales y de solución de conflictos, lo que genera una disminución del número de expedientes disciplinarios, apercibimientos y amonestaciones"(Uranga).

Respecto de los planes de convivencia, la Ley Orgánica 3/2020, de 29 de diciembre dispone "su elaboración por los centros para incorporar todas las actividades que se programen con el fin de fomentar un buen clima de convivencia dentro del centro escolar, (...) y la resolución pacífica de conflictos "[178]. El artículo 124.5 se modifica estableciendo que "las Administraciones educativas regularán los protocolos de actuación frente a indicios de acoso escolar, ciberacoso, acoso sexual, violencia de género y cualquier otra manifestación de violencia, así como los requisitos y las funciones que debe desempeñar el coordinador o coordinadora de bienestar y protección, que debe designarse en todos los centros educativos independientemente de su titularidad. Las directoras, directores o titulares de centros educativos se responsabilizarán de que la comunidad educativa esté informada de los protocolos de actuación existentes, así como de la ejecución y el seguimiento de las actuaciones previstas en los mismos. En todo caso deberán garantizarse los derechos de las personas afectadas"[179].

---

178 El Plan Director para la Convivencia y Mejora de la Seguridad en los Centros Educativos y sus Entornos presenta como objetivo "contribuir a formar a los alumnos en el respeto a los derechos y libertades fundamentales, y en los valores de dignidad e igualdad entre hombres y mujeres".

179 También destaca la Guía para la Comunidad Educativa de prevención y apoyo a las víctimas de ciberacoso en el contexto escolar.

No obstante, en estos instrumentos de autorregulación suele predominar una posición contraria a la externalización del conflicto jurídico mediante la potestad "discrecional" conferida a los directores del centro de informar a otras instancias "si lo estima oportuno" y "en función de la valoración inicial", sin imponer un deber de denunciar inmediatamente ante los órganos judiciales (aparte del genérico como cualquier ciudadano). La Inspección educativa interviene no sólo "trasladando la información disponible al padre, la madre o representantes legales del menor o la menor, sino también para recordar la obligación de denunciar el caso ante la Fiscalía o las Fuerzas y Cuerpos de Seguridad del Estado".

La resolución de los conflictos sobre violencia de género en el interior de los centros educativos se gestiona sin la intervención de instituciones encargadas de velar por la defensa de los menores, pudiendo lesionar su interés y derechos fundamentales. En aquéllos se confiere capacidad de decisión al profesorado, director del centro y a la inspección educativa para determinar si el acoso en el centro constituye un delito penal, incluso en supuestos de especial gravedad, sin imponer la denuncia ni la comunicación a la autoridad judicial o a la Fiscalía[180].

En consecuencia, el riesgo de que prevalezca la reputación del centro sobre el interés de las menores acosadas o agredidas puede obstaculizar la derivación de la violencia escolar al ámbito judicial. El informe del Defensor del Pueblo Andaluz (2017) revela las reticencias de numerosos centros docentes a reconocer la existencia de acoso escolar, así como a aplicar el protocolo. En particular señala el supuesto de una menor acosada con discapacidad, admitiendo que los padres "fueron informados desde el colegio que el asunto estaba cerrado, y que las medidas disciplinarias impuestas a los alumnos implicados habían consistido únicamente en obligarles a asistir durante unas horas, con el resto de la clase, al aula de convivencia para reflexionar sobre lo ocurrido... Lo cierto es que tras nuestra inter-

---

180 "La mayoría de las víctimas no pide ayuda a un adulto hasta que ha transcurrido todo un año escolar (habitualmente, a los padres) y aunque el 75 % de los profesores que son informados de un caso de ciberacoso toma alguna medida, las víctimas y sus familias consideran que éstas son insuficientes (en un 59 % de los casos)".

vención, el Servicio de Inspección Educativa advirtió determinadas irregularidades, entre ellas la naturaleza de las medidas disciplinarias impuestas a los agresores que no se acomodaban a las normas"[181].

El retraso en el conocimiento de los hechos por la autoridad judicial o la Fiscalía incrementa la desprotección de las víctimas de la violencia de género escolar y la vulneración de sus derechos fundamentales (como la integridad física mediante daños psicológicos causados hasta la presentación formal de la denuncia). Al margen del intrusismo de los profesionales educativos en la esfera jurídico-penal susceptible de provocar "la indefensión de los menores por impedir, obstaculizar o dificultar la recogida de pruebas sobre los hechos delictivos, retardar u obstruir las investigaciones por dilaciones innecesarias y la adopción de medidas que pueden agravar la desprotección de las víctimas"[182]. En consecuencia, las actuaciones o inacciones del profesorado o responsables educativos pueden lesionar los derechos de las menores acosadas o agredidas e incluso, provocar su revictimización si se opta por el cambio de centro no de los acosadores sino de las propias víctimas.

De otra parte, el recurso a la mediación por los centros docentes como solución al acoso escolar por razón de género pretende evitar los conflictos y se realiza a través de la figura del mediador, encargado de "sensibilizar" a la comunidad educativa y responder de "garan-

---

181 En este contexto, la Inspección requirió al centro docente a que "adecuara sus procedimientos a su plan de centros y al Decreto 327/2003, de 13 de julio, por el que se aprueba el Reglamento orgánico de los institutos de Educación Secundaria. Este requerimiento llevaba aparejada la advertencia de que no se volviera a proceder a sancionar una conducta gravemente contraria de forma irregular, esto es, como si se tratara de una infracción leve y que, además, en caso de duda sobre la posible existencia de un acoso entre compañeros, se proceda a la apertura del protocolo sobre acoso. Lamentablemente, como viene aconteciendo en muchas ocasiones, la solución pasó por el traslado de la alumna a otro centro educativo a mitad del curso académico, viéndose sometida a un doble proceso de victimización" (queja 17/2036).

182 "En este proceso se deben considerar los siguientes aspectos: garantizar la protección de los menores o las menores; preservar su intimidad y la de sus familias o responsables legales; actuar de manera inmediata; generar un clima de confianza básica en los menores o las menores; recoger todo tipo de pruebas e indicadores; no duplicar intervenciones y evitar dilaciones innecesarias" (Protocolo acoso escolar).

tizar el cumplimiento del protocolo de detección e intervención en casos de violencia"[183]. La mediación escolar resulta admisible como estrategia de prevención de la violencia escolar, antes de iniciar procesos disciplinarios formales. No obstante, presenta una dimensión constitucional derivada de la indisponibilidad de los derechos fundamentales y la capacidad de las menores para transigir o renunciar a los mismos.

Al respecto, la traslación de la mediación al ámbito de los menores plantea la validez del consentimiento o acuerdo adoptado y su realización a través de representante parental o legal, así como los desequilibrios de poder o la situación de debilidad de la víctima que impiden el clima de igualdad de condiciones exigido para la aplicación de esta técnica resolutiva.

Paralelamente, la admisión de la transacción o renuncia sobre derechos fundamentales en la mediación escolar implica una incoherencia jurídica por su prohibición en el campo de la violencia de género. Como consecuencia supondría una brecha discriminatoria entre víctimas y una protección judicial inferior de las niñas respecto de las mujeres maltratadas por sus parejas. Salvo que se exceptuase la mediación en el ámbito penal al amparo de la tutela del interés del menor/es, aunque entonces debería protegerse preferentemente el interés de la víctima como sujeto vulnerable sobre el del agresor y aplicarse la perspectiva de género. Además de la sujeción previa a factores como la evaluación del riesgo, la reincidencia y la gravedad del acoso, y las garantías a través una mediación judicial con intervención de la Fiscalía por estar implicados menores. Sin perjuicio de que aquéllos supuestos de bullying de baja intensidad o leves, podrían ser excepcionalmente susceptibles de mediación como mecanismo preventivo de conflictos de mayor envergadura. Considerando que en todo caso su aplicación exige como requisitos generales la voluntariedad, libre disposición, igualdad de partes, imparcialidad y neutralidad de las personas mediadoras frente los intereses particulares de los centros educativos en silenciar los conflictos.

---

183 Según un estudio de Villanueva/Usó Guira/Serrano, se ha demostrado la ausencia de resultados positivos en los dos primeros años de implementación, siendo importante para conseguirlos la consolidación de una cultura de mediación en todo el centro.

Por último, como respuesta jurídica al acoso escolar debe regularse una responsabilidad objetiva de los centros educativos por culpa in vigilando y en casos extremos con resultado de muerte. En la actualidad, el artículo 1903 C.C. invierte la carga de la prueba imponiendo al centro el deber de demostrar que actuó con la diligencia de un buen padre de familia para prevenir el daño, respondiendo incluso de los daños morales causados por omisión al no adoptarse medidas de vigilancia y control (STS 17 de diciembre de 2004). Aunque resulta urgente la reforma del Código civil por reducir la responsabilidad a los daños causados por los alumnos "durante el tiempo de control o vigilancia del profesorado", excluyendo el ciberacoso escolar que suele realizarse fuera de las aulas mediante las nuevas tecnologías, con conocimiento y pasividad de los centros.

3.2.4.2. Maltrato a personas mayores

La Constitución española prevé "un sistema de servicios sociales que atenderá los problemas específicos de salud, vivienda, cultura y ocio de las personas mayores" (artículo 50), aunque sin perspectiva de género ni atención a los colectivos vulnerables. A diferencia de la Resolución de la Asamblea General 48/104, de 20 de diciembre de 1993, afirmando que "las mujeres mayores y las mujeres con discapacidad que sufren violencia de género, y que se encuentran en situación de precariedad económica, deben ser consideradas colectivo preferente a los efectos de tener acceso a las residencias públicas"[184].

En esta línea la Ley 6/1999, de 7 de julio, de Atención y Protección a las Personas Mayores y el Decreto 23/2004, de 3 de febrero, reconocen "la prioridad en la prevención y detección de situaciones que puedan originar una vulneración de los derechos que el ordenamiento jurídico reconoce a personas mayores". De igual modo el

---

184 En esta línea, el Defensor del Pueblo andaluz (Informe 2017) señala que "las deficiencias del Sistema de la Dependencia comprenden gran parte de las dificultades que afrontan las personas mayores carentes de autovalimiento en mayor o menor grado, como también les alcanzan, por la misma razón, los inconvenientes de la discapacidad...La importancia de la intervención pública frente a los peligros de su soledad y aislamiento, el respeto a su voluntad, explícita o implícita, así como los recursos y servicios que precisan (ya asistenciales, ya para participar activamente en la sociedad o compartir el ocio)".

informe del Defensor del Pueblo Andaluz (2017) establece que "los poderes públicos deben adoptar las medidas necesarias para atender a las demandas específicas de las personas mayores"[185]. Aunque concluye que "aún quedan muchos retos pendientes, reforzar la perspectiva de género (lo que supone promocionar políticas especialmente dirigidas a las necesidades de las mujeres mayores)".

En relación a este factor de riesgo, la Guía para la política de desarrollo de la Unión Europea y el informe de HelpAge abordan la desigualdad de género en las personas mayores y colectivos de especial vulnerabilidad. Respecto de los mayores LGTBI, la Ley Trans prevé un derecho a protección de su autonomía personal y que los centros garanticen el derecho a la no discriminación por razón de orientación sexual, identidad sexual, expresión de género y características sexuales (artículo 73).

En definitiva, actualmente no sólo se ignora la perspectiva de género en la tutela jurídica y asistencial de las mujeres mayores, sino también la problemática constitucional derivada de un tratamiento homogéneo de los colectivos más vulnerables en la tercera edad[186].

3.2.4.2.1. Colectivos vulnerables

Entre las mujeres mayores vulnerables se incluyen aquéllas de más de 75 años, discapacitadas, inmigrantes, viudas, con deterioro funcional por enfermedad, dependientes, con problemas de conducta anómala (incontinencia, agresividad...), en exclusión social, aislamiento

---

185 "Se trata de un colectivo heterogéneo, con trayectorias y expectativas vitales muy diversas, y en todo caso muy diferente de los mayores de hace unas décadas, lo que habrá de tenerse en cuenta a la hora de ofrecerles a ellos y a sus familias aquellos servicios que mejor se adecuen a sus demandas, como apunta el Imserso en su informe, y sobre todo de darles la voz protagonista en este proceso" (Informe DPA 2017).

186 Vid., Lathrop, Protección jurídica de los adultos mayores en Chile, *Revista Chilena de Derecho,* Vol. 36 N° 1, págs. 98 y ss., "la Inspección de Servicios Sociales que velará, mediante actuaciones programadas, a instancia de los órganos competentes o a través de denuncias, por el respeto de los derechos de las personas mayores que hayan ingresado en Centros residenciales".

o soledad, homosexuales[187]. Como factores de riesgo del maltrato destacan el género, la discapacidad del adulto mayor, su dependencia a otras personas o "la psicopatología de los cuidadores", orientación sexual, entre otros[188].

La discriminación por razón de género y edad aglutina desigualdades estructurales que, en concurrencia con otros factores de riesgo (exclusión social, enfermedad, discapacidad, dependencia, nacionalidad, orientación sexual o raza, entre otros), determinan la vulnerabilidad de las mujeres mayores y su victimización a través de múltiples formas de violencia[189]. El maltrato físico entre las mujeres representa "una proporción del doble de casos (11%) que entre varones (5%); la violencia psicológica y emocional en una proporción de más del doble que entre los varones (36% y 15% respectivamente), y el abuso material es entre ellas cuatro veces el de los varones (20% y 5%)"[190]. El Estudio de Mujeres mayores de 65 años víctimas de violencia de género (Cruz Roja y Universidad Carlos III) concluye que "el 40% de

---

187 "Como también los mayores que residen en el medio rural (lo que afecta al acceso a ciertos servicios, a sus ingresos económicos, a la participación en la comunidad y a las redes sociales y familiares, por ejemplo), el aislamiento de muchas personas mayores que viven solas, el fomento de la solidaridad y las relaciones intergeneracionales (más allá de las familiares), el uso de las tecnologías" (Informe anual 2017, Defensor del Pueblo Andaluz).

188 "Existen personas mayores que por sus peculiaridades personales, familiares o sociales tienen más riesgo de sufrir malos tratos: los que viven en su domicilio o en el del cuidador, que requieren numerosos cuidados y excederán en breve la capacidad familiar para asumirlos; cuyos cuidadores expresan frustración en relación con la responsabilidad de asumir dicho papel y muestran pérdida de control de la situación o signos de estrés; Ancianos cuyos cuidadores presentan signos de estrés; que viven con familiares que han tenido historia previa de violencia familiar (niños, esposa); quienes viven en un entorno familiar perturbado por otras causas (pérdida de trabajo del cuidador, relaciones conyugales deterioradas)".

189 Según T. Bazo (2001) "ser mujer es un factor socio-cultural de riesgo de sufrir malos tratos a lo largo de toda la vida, en particular malos tratos físicos y psicológicos. La negligencia o falta de atención física y material, por su parte, ocurre más entre quienes tienen dificultades o dependen de otras personas para vestirse, asearse y alimentarse".

190 "La proporción de los varones que sufren desatención física y psicológica es algo mayor que entre las mujeres, mientras que en ellas el riesgo de sufrir malos tratos físicos, psicológicos, así como abuso material, y sexual".

las encuestadas ha sufrido violencia durante más de 40 años"[191]. Estas consecuencias se confirman en investigaciones como las de Whitaker (1996), Arber y Ginn (1996) admitiendo que "las connotaciones negativas del envejecimiento (dependencia y deterioro), edadismo, unidas a la idea de inferioridad de la mujer respecto al hombre (sexismo) junto con las diferencias de clase social, actúan para crear desequilibrios de poder...y facilita que se den las condiciones en las que el maltrato aparece y se mantiene".

Hudson (1991) define el maltrato a los mayores como "una conducta destructiva que está dirigida a una persona mayor, ocurre en el contexto de una relación que denota confianza y reviste suficiente intensidad o frecuencia para producir efectos nocivos de carácter físico, psicológico, social y/o financiero de innecesario sufrimiento, lesión, dolor, pérdida o violación de los derechos humanos y disminución en la calidad de vida de la persona mayor"[192]. También reconoce Muñoz Tortosa que "cada día hay más personas mayores que sufren maltrato o negligencia y resulta necesario dar publicidad a los casos de maltrato para que se conozcan los factores de riesgo que favorecen la violencia" y las víctimas denuncien y soliciten ayuda"[193].

Las cifras del CGPJ confirman que los mayores soportan violencia física, psicológica, económica e incluso sexual, siendo los delitos más frecuentes aquellos que atentan contra su patrimonio (robo/ estafa), vida (homicidio/ asesinato), maltrato habitual (lesiones, amenazas y coacciones, abusos...)[194]. Aunque no hay datos desagregados por sexo, género u otras circunstancias personales o sociales que permitan conocer el impacto de la violencia y los delitos en los colectivos vulnerables de mayores[195].

---

191 Según "Carrión y De Paúl (1992), el 60-65% lo sería por maltrato físico, entre el 20-40% por maltrato psicológico y entre 12-18% sufren violación en sus derechos en general, y en ocasiones se dan dos o tres tipos de maltrato juntos".

192 En la Asamblea Mundial del envejecimiento en 2002, se planteó que "los malos tratos a las personas mayores constituyen uno de los problemas principales que se dan en la atención a este colectivo".

193 Muñoz Tortosa, J., *Personas mayores y malos tratos*, Editores Pirámide, ISBN: 84-368-1917-9, 2004, pág. 34.

194 "En el 70% de los casos la víctima conocía al maltratador, y el lugar más frecuente donde se produjeron los delitos fue el domicilio de la víctima" (CGPJ).

195 El Defensor del Pueblo andaluz reflexiona sobre la conveniencia de "tomar la iniciativa, con la finalidad de evaluar los mecanismos organizativos en la asig-

No obstante, la vulnerabilidad general de los mayores debe descender hasta aquellos colectivos más vulnerables para reforzar su tutela jurídica como el de mujeres mayores maltratadas. En este supuesto, la aplicación de la perspectiva de género se fundamenta en las relaciones de poder, sumisión y control, subordinación económica, resiliencia aprendida o la ausencia de alternativas para escapar de años de violencia, con la finalidad de evitar la desprotección y la revictimización social o pública. La legislación actual de violencia de género no procura una cobertura jurídica integral al maltrato por razón de género de las mujeres mayores, si no se produce en las relaciones conyugales o de pareja. Por lo que la violencia doméstica, económica o mediante sujeciones en el ámbito familiar, asistencial o residencial, permanecen en un estadio inferior de garantías jurídicas como se desarrolla en los siguientes epígrafes

3.2.4.2.2. Modalidades

La Decisión Marco 2001/220/JAI del Consejo, de 15 marzo, sobre la protección de la víctima en el proceso penal, y la Directiva 2012/29UE del Parlamento Europeo y del Consejo de 25 octubre 2012, resultan extrapolables con carácter general al maltrato de las personas mayores en el espacio europeo. Aunque a nivel nacional la Ley 4/2015 de 27 abril, del Estatuto de la Víctima del Delito adolece de una perspectiva de género que justifique una protección reforzada de las mujeres mayores maltratadas.

La contextualización de la violencia sobre las personas mayores influye en su tipología, con relevancia jurídica de las modalidades predominantes como la violencia doméstica (67%). En la victimización de "padres y madres mayores de 65 años que denuncian una infracción penal cometida por sus hijos, la más habitual es la de mujeres, siendo las más victimizadas, concretamente el doble que los hombres en el caso. En el caso de los delitos cometidos por los nietos… existe igualmente una mayor victimización de las abuelas, que multiplica

---

nación de plazas residenciales a personas mayores en situación de dependencia y determinar si su distribución se gestiona conforme a criterios uniformes y de equidad que, sin dejar de respetar la legalidad, permiten tomar en consideración las circunstancias y voluntad de aquellas y, en su caso, de sus familiares".

a la de los abuelos"[196]. Junto a la violencia intrafamiliar, también el maltrato residencial según el Defensor del Pueblo acapara mayoritariamente "las quejas de malos tratos a mayores por desatención".

Aunque la violencia en la tercera edad se enfrenta al problema de la clandestinidad en el entorno familiar y residencial, estimándose que "el 90% de los casos no se denuncian y se acepta que al menos cinco de cada seis no serán nunca reconocidos ni denunciados". Por esta razón la detección de la violencia en personas mayores se realiza mediante indicios, signos, síntomas clínicos o anomalías de conductas con exploraciones, preguntas o entrevistas en consultas[197]. En particular, se recurre a "alteraciones emocionales de la víctima (depresión, ansiedad, nerviosismo, habilidad emocional); confusión; imposición de aislamiento físico y/o social; explicaciones confusas y diferentes del cuidador ante lesiones, considerando a la víctima no capacitada en su juicio; amenazas por parte del cuidador para controlar la situación; malnutrición; deshidratación; ropa inadecuada para el tiempo actual o sucia; caídas de repetición; gafas rotas o ausencia de las mismas cuando son necesarias; hipotermia, hipertermia; signos de intoxicación medicamentosa o de incumplimiento; confusión, desorientación; ansiedad; pérdida de autoestima; mínimas conversaciones entre la víctima y el cuidador; actitud de indiferencia hacia el mayor por parte del responsable de los malos tratos; imposibilidad de relacionarse con otras personas; pérdida de la capacidad de toma de decisiones"[198].

---

196 Vid., Marco Francia, P., "Los malos tratos en la tercera edad en España. La invisibilidad como factor de vulnerabilidad", disponible en *https://doi.org/10.25965/trahs.1449, resulta especialmente llamativo que las victimizaciones al grupo de mujeres de más de 75 años duplican las de los hombres.*

197 Para la detección del maltrato en mayores la Asociación Médica Americana (AMA) recomienda que "los médicos interroguen rutinariamente a los mayores con preguntas directas acerca del maltrato, recomendando la utilización rutinaria de instrumentos de cribado para la detección de maltrato en ancianos y aconsejan estar alerta".

198 Illana Conde, *La protección penal de las personas mayores más vulnerables,* Jornadas Autotutela y demás mecanismos de promoción de la Santiago de Compostela 21 y 22 de junio de 2.012, disponible en https://aequitas.notariado.org › liferay › get_file

La pluralidad de modalidades de violencia sobre las personas mayores incluye "el maltrato físico, psicológico, económico, abuso sexual, abandono (aislamiento, desamparo y exclusión social); violación de derechos humanos, legales y médicos; trato infantilizado y privación de opciones o toma de decisiones (de situación social, de gestión económica y de respeto); obstrucción terapéutica y diagnóstica, sujeciones físicas y farmacológicas (sobremedicación), explotación en el hogar, detenciones ilegales en el domicilio o residencia, lesiones dolosas o imprudentes, amenazas de abandono o internamiento en residencias, privación de relaciones familiares (con los nietos)", entre otras. Estas variantes se extienden desde conductas de violencia delictiva a otras de baja intensidad, debiendo ser objeto de respuestas jurídicas proporcionadas a la vulnerabilidad y gravedad del daño.

a) Abusos económicos

En los abusos económicos sobre las personas mayores confluye la perspectiva de género y la vulnerabilidad, que deben tenerse en cuenta para la prevención y solución de la problemática derivada. La victimización superior de las mujeres mayores se justifica en base a la desigualdad estructural que soportan a lo largo de su vida y la asunción de roles tradicionales determinantes de su dependencia económica y desinformación sobre la gestión de su patrimonio[199]. Por esta razón el Plan Internacional de Acción para el Envejecimiento reclama que "los planes de erradicación de la pobreza atiendan a las necesidades económicas de las personas mayores que viven solas"[200].

---

199 "Una vez al año, los tutores de incapacitados están obligados a rendir cuentas ante la Fiscalía y el juez de cómo está la persona mayor, informar de los movimientos bancarios y facturas de mayor relevancia. La Fiscalía ha detectado compras injustificadas si la persona está en una residencia, cargo de móviles, viajes... Las rendiciones de cuentas de tutores alcanzan han aumentado porque la Fiscalía ha insistido en las mismas y los juzgados han realizado un esfuerzo extraordinario para conseguir controlar todas las tutelas".

200 El Estudio realizado por el Observatorio Social de La Caixa: "Mujeres mayores viviendo solas: los retos para la sociedad", afirma que "casi el 30% de las mujeres mayores de 65 años viven solas. Se estima que hacia 2031 habrá 1.876.000 mujeres mayores de 65 años viviendo solas".

Las mujeres mayores suelen enfrentarse a la sumisión económica como consecuencia de los bajos ingresos económicos percibidos por su falta de experiencia laboral y dedicación a las tareas domésticas y familiares. Su estatus vulnerable les obliga a optar por convivir con hijos, compartir vivienda con familiares o recibir ayudas sociales, con el riesgo de discriminación y maltrato. Pero también aparecen expuestas al riesgo de numerosos abusos económicos consistentes en cargos de gastos familiares y de cuidadores (móviles, viajes...) en sus cuentas bancarias, adquisición de bienes sin su consentimiento mediante ventas *on line* o por teléfono, despatrimonialización por ejecución de embargos y juicios en rebeldía, avales, gravamen y operaciones financieras, entre otros[201]. Estas conductas abusivas difusas en el tiempo y concatenadas por razón de la confianza con la víctima presentan normalmente un *modus operandi* similar: "se ejerce una influencia indebida sobre los ancianos, mantienen a sus víctimas en el desconocimiento, les aíslan emocionalmente de los demás y de la información, les generan miedo, se aprovechan de sus vulnerabilidades, les crean dependencias, propician la falta de confianza en sus capacidades, les inducen vergüenza y realizan actos de bondad intermitentes para hacerles creer que son sus amigos" (Marco Francia, P.).

Como consecuencia de la violencia económica, se producen daños patrimoniales a la víctima derivados de "la falta de pagos a los servicios públicos y tributos; cheques firmados por otras personas sin autorización; descapitalización de las cuenta de ahorro; dejar de contratar servicios; falta de comida, ropa y/o medicamentos; desaparición de joyas u objetos de valor; pérdida de patrimonio; malversación de propiedades; incumplimiento de contratos; impedimentos para acceder a propiedades"[202].

---

201 Para la Fiscalía «muchas veces un juicio civil abierto contra un mayor por impago de un crédito financiero o a una empresa de venta por teléfono acaba con un procedimiento para incapacitar a esa persona. Se paraliza el embargo por carecer la persona de capacidad de obrar".

202 AA.VV. (Coord. Rueda Estrada), *El maltrato a las personas mayores. Bases teóricas para su estudio,* ISBN 978-84-9718-556-1, Valladolid, 2008. "Como indicadores más evidentes para detectar los abusos de tipo económico y financieros cabe citar: - Pérdida inexplicable de dinero, cheques sospechosos (firma extraña o financiados por un paciente incapaz de hacerse cargo de sus finanzas). - Firmas que no se parecen a la de la víctima o de personas que no saben o no pue-

La perspectiva de género en la violencia económica sobre mujeres mayores exige medidas preventivas vinculantes y protocolos o planes de actuación integral que atiendan a sus circunstancias familiares y personales. Su protección jurídica debe ser reforzada mediante la intervención de la Fiscalía, la autoridad judicial y los operadores jurídicos, basada en la adaptación al nivel de vulnerabilidad.

En particular, la intervención del Ministerio Fiscal conforme a su Estatuto Orgánico (arts. 3 a 5) se extiende *a la protección de cualquier persona desvalida*. Concretamente corresponde a los fiscales "un seguimiento particularizado de cada caso, control y detección de posibles irregularidades en la gestión de los intereses patrimoniales de las personas mayores, averiguando la existencia de guardadores de hecho (especialmente sin cercanía familiar), con el fin de pedir informes a estos sobre sus gestiones y exigiendo el cumplimiento de la rendición de cuentas a los tutores judicialmente nombrados"[203].

Entre las medidas cautelares que suelen solicitarse por la Fiscalía para la protección del mayor destacan "la congelación de cuentas corrientes o cualquier tipo de depósito o fondo de inversión, en evi-

---

den escribir. - Cambios o recientes realizaciones de testamentos, transmisión de poderes, etc., cuando la persona mayor no es capaz de tomar decisiones. - Desconocimiento de la persona mayor de su estado económico, preocupación por el mismo. - Inusitado interés del cuidador por hacerse cargo de la persona mayor. - Queja de la persona mayor de que le tocan sus efectos personales sin autorización. - Robos. Desaparición de joyas u otros objetos valiosos. - Vender las propiedades sin autorización. - Controlar la economía del anciano sin su consentimiento. Movimientos súbitos en las cuentas. - Libretas mancomunadas. Telemarking fraudulento destinado a personas mayores. - Abusar económicamente por los servicios que se le presta. - Rechazar la voluntad del anciano cuando desee cambiar de domicilio. - Violar la correspondencia de bancos. - Falta en el domicilio del confort que se consideraría adecuado a su nivel socioeconómico. - No proporcionar al anciano condiciones de seguridad y confort. Austeridad injustificada (ausencia de atención del cuidador). - Tratar al mayor según su estatus socioeconómico (abuso en instituciones)".

203 "Si fuera detectada la situación de abuso, el Fiscal incoará diligencias preprocesales con el fin de averiguar quién es el guardador de hecho, y si éste no es un pariente próximo o existen elementos que puedan hacer sospechar un mal ejercicio de la misma, investigará si es necesario el nombramiento de tutor o si es posible mantener al guardador de hecho ejercerá el debido control, salvo que los hechos pudieran ser objeto de delito, en cuyo caso tramitará la correspondiente denuncia o querella".

tación de su utilización fraudulenta por personas autorizadas; anotación preventiva de la demanda de incapacidad en los Registros Públicos, especialmente en el de la Propiedad, a través de la cual se da publicidad de la existencia del proceso en trámites, medida que intenta impedir ventas desfavorables de los inmuebles titularidad de los mayores en situación de vulnerabilidad o nombramiento de administrador provisional". Resultaría además imprescindible que recabasen información de Hacienda sobre datos patrimoniales de la persona mayor a proteger (cuentas o depósitos bancarios, inmuebles o sociedades, vehículos de motor...).

Por tanto, la futura e inexcusable regulación de la violencia económica por razón de género debe atender expresamente a la defensa de las mujeres mayores, sin contextualizarse a las relaciones de pareja y aplicarse también a otros ámbitos (doméstico, residencial...).

b) Delitos de maltrato y soluciones penales

La violencia sobre las mujeres mayores vulnerables puede adoptar una dimensión penal mediante la comisión de múltiples delitos como "tratos degradantes y vejatorios que menoscaban la integridad moral (173 CP); abandono por no cumplir el deber de sustento a ascendientes; lesiones por imprudencia profesional y omisión del deber de cuidado, que puede derivar de una mala administración de medicamentos, o inmovilizaciones no autorizadas".

La respuesta jurídica a los delitos contra las personas mayores habría de atender a la especial vulnerabilidad e indefensión de la víctima y al empleo de prevalimiento por esta razón. Al respecto, Muñoz Iranzo señala que "antes de concretar cuál es la normativa deben tenerse en cuenta las características de la víctima, entendiendo que ésta es incapaz de escapar del control de los agresores y que suele estar sometida por varios factores, tales como fuerza física, dependencia emocional, aislamiento social, vínculos económicos, sociales y jurídicos, y que suele padecer mayor vulnerabilidad por carencias físicas y/o psíquicas, siendo víctima tanto por comisión como por omisión "[204].

---

204 AA.VV. (Coord. Rueda Estrada), *El maltrato a las personas mayores...cit. pág. 27.*

Sin embargo, el Código Penal únicamente regula la violencia de género aplicable a las mujeres mayores víctimas de maltrato en las relaciones de pareja o similares (artículo 173.2 del Código Penal) y como ascendientes que convivan con el maltratador por tratarse de víctimas colaterales en el núcleo de convivencia de la mujer maltratada. La violencia doméstica sobre mujeres mayores por razón de género aun siendo de gravedad, permanece sin respuesta penal, salvo si padeciesen enfermedad o discapacidad. Esta agravante se traspone a las infracciones por daños o situaciones de riesgo para la integridad física o psíquica (artículo 44 Ley 39/2006, de 14 de diciembre, de Promoción de la Autonomía Personal y Atención a las personas en situación de dependencia).

La tutela penal se enfrenta a la clandestinidad de las conductas delictivas a los mayores por no ser objeto de denuncias y a la demostración de la relación causa-efecto cuando la víctima presenta deterioro en sus facultades cognitivas o un proceso degenerativo. La efectividad de la protección jurídica a los mayores requiere una agravación penal en defensa de los colectivos vulnerables, la urgencia de los procedimientos y la previsión jurídica de responsabilidades.

Al respecto, las medidas preventivas y cautelares deben adoptarse de inmediato ante los primeros síntomas o indicios de comisión de delitos "contra la vida, integridad física o moral, libertad sexual, libertad o seguridad de alguna de las personas del núcleo de convivencia familiar, y "situaciones objetivas de riesgo para la víctima". De este modo la prevención del suicidio de mayores puede evitar como consecuencia la responsabilidad extracontractual basada en la culpa *in vigilando* (STS 168/2006, de 23 de febrero, por negligencia del centro en la atención de un enfermo de alzheimer).

La necesidad de procedimientos urgentes y ágiles de garantía a los mayores resulta una prioridad, impidiendo dilaciones indebidas que generen efectos discriminatorios por razón de edad privándoles de sus derechos. La garantía de los derechos sociales debe reforzarse ante el riesgo de que los incumplimientos y retrasos de los poderes públicos, agraven la desprotección de las personas mayores incluso de modo irreversible. En efecto, el daño puede ser letal por la demora en la asignación de recursos públicos y la omisión en la ejecución de prestaciones sociales destinadas a mayores. Por esta razón, se exige la agilización de las vías administrativas con el fin de resolver y conferir los derechos sociales en un plazo breve, con responsabilidades públicas derivadas de los daños y perjuicios imputables a la Administración por falta de diligencia.

La Convención Interamericana sobre la Protección de los Derechos Humanos de las Personas Mayores establece que los Estados Parte se comprometen a asegurar que "la persona mayor tenga acceso efectivo a la justicia en igualdad de condiciones con las demás, incluso mediante la adopción de ajustes de procedimiento en todos los procesos judiciales y administrativos en cualquiera de sus etapas. Así como también a garantizar la debida diligencia y el tratamiento preferencial a la persona mayor para la tramitación, resolución y ejecución de las decisiones en procesos administrativos y judiciales; a promover mecanismos alternativos de solución de controversias y la capacitación del personal relacionado con la administración de justicia, incluido el personal policial y penitenciario, sobre la protección de los derechos de la persona mayor".

El derecho fundamental a la tutela judicial efectiva puede vulnerarse en los procedimientos y actuaciones judiciales o administrativas en que intervengan personas mayores, a título individual en su condición de partes o interesadas. Al margen de la cuestionable efectividad de una tutela judicial intrínsecamente dilatoria que, con carácter general, plantea la desprotección del sector poblacional de mayores por la necesidad de medidas, resoluciones y sentencias en plazos breves. A su vez la inefectividad de la tutela judicial reduce las garantías de los demás derechos fundamentales de los mayores por su carácter vehicular para el ejercicio de los mismos. El riesgo de discriminación indirecta de las personas mayores deriva de una apariencia de neutralidad de la legislación administrativa y procesal, que genera desventajas al grupo o población de mayores mediante un trato igualitario de sujetos desiguales por razón de edad. Especialmente en colectivos vulnerables de mayores enfermos o en situación de riesgo para la salud o la vida, donde se justifican objetiva y razonablemente actuaciones públicas y judiciales inmediatas.

Particularmente, los servicios prestados en las residencias de mayores han sido cuestionados durante la gestión de la pandemia, en especial la *inspección, coordinación con la atención primaria y las deficien-*

cias de los censos[205]. Los protocolos de no derivación a hospitales han obstaculizado la asistencia sanitaria a mayores, vulnerando no sólo sus derechos sociales sino también fundamentales, siendo en la actualidad objeto de investigación las muertes producidas en las residencias[206].

Por estas razones, Pérez Cázares aboga por "un método distinto para que se les administre justicia y dar un impulso sistémico al procedimiento, dado que el tiempo para el adulto mayor es menor. En estas circunstancias, los procedimientos en que estén los adultos mayores deben de ser cortos, "...el tema del tiempo es medular en el estudio del proceso..." (Morello, 2001). El Estado debe de establecer a estos destinatarios de impartición de justicia nuevos mecanismos jurídico-procesales que permitan un verdadero acceso a la justicia sin trabas o requisitos innecesarios en donde se dé una apertura como un nuevo modelo de servicio de justicia para el adulto mayor". En sintonía con otros autores como Peyrano propone la conciliación o la autocomposición mediante medidas alternativas de justicia como la mediación, admitiendo que "las técnicas formales del derecho procesal en muchas ocasiones entorpecen y hasta paralizan el procedimiento, siendo inaplicables las normas procesales que tienden a generar justicia...La falta de medios procesales legislativos para resolver urgencias intrínsecas constituye un vacío legal en el ámbito del proceso civil". Considera que "la justicia que no es impartida en un tiempo razonable es para mucha gente justicia inaccesible. Por lo que se debe de evitar la demora en el desarrollo del proceso, pues de lo contrario "serían ilusorios los derechos, sin brindar soluciones ni

---

205 "Desde que se decretó el primer estado de alarma, en marzo de 2020, la Fiscalía ha abierto 441 investigaciones penales relacionadas con residencias de mayores. De ellas, todavía tramita 209. Los motivos de las denuncias son variados y van desde homicidios por imprudencia y omisión de socorro (189 denuncias), a deficiencias en la atención médica (21), lesiones (6) o trato degradante y malos tratos (5). También se han recibido denuncias por abandono por parte de los familiares del interno (4) o por delito contra la salud de los trabajadores (11)".

206 La Audiencia Provincial de Madrid ha considerado necesario tomar declaración a los responsables de implementar los protocolos de actuación frente al COVID 19 en cada una de las residencias a los efectos de que expliquen los informes ya remitidos en cuanto a los protocolos seguidos para evitar los contagios en relación a los medios disponibles».

dar respuesta a situaciones que resultan premiosas ante una urgencia funcional"[207].

En el ordenamiento español no se ha previsto una adaptación de los procedimientos judiciales y administrativos, mediante un sistema garantista de los derechos fundamentales y subjetivos de las personas mayores, desde la accesibilidad a la justicia hasta la ejecución rápida de las decisiones o sentencias. Los principios u orientaciones para su construcción deben basarse en instalaciones accesibles a mayores, la claridad del lenguaje jurídico, deber de información y asesoramiento por los operadores jurídicos, medidas de prevención de daños a mayores, procesos orales rápidos y sumarios basados en la celeridad con los mínimos formalismos y plazo, métodos alternativos de solución de conflictos (autocompositivos como la mediación judicial o extrajudicial con intervención del Fiscal de mayores), prioridad de los juicios de mayores anteponiéndose a otros en el mismo juzgado, agravante por dilaciones indebidas, reducción de plazos de alegaciones, contestaciones, prueba, sentencias y su ejecución (especialmente en procedimiento contencioso-administrativo por vulneración de derechos fundamentales), depuración de normas o conductas que puedan obstaculizar el desarrollo del proceso en perjuicio del interés del mayor, así como jueces especializados de mayores.

En relación a las agravantes, la jurisprudencia aplica la alevosía de desvalimiento considerando la especial situación de desamparo de la víctima como los mayores debilitados, enfermos o desvalidos (STS 594/2016, de 6 de julio). "Desde la perspectiva del análisis jurí-

---

207 Vid., Pérez Cázares, M., "El acceso a la justicia delas personas adultas mayores. El Nuevo Derecho Procesal Geriátrico", *TraHs*, N°5, 2019, pág. 69, "los procedimientos en los que están inmersos personas de la tercera edad sean mucho más ágiles y con mayor rapidez que en la vía sumaria, sin tantos requisitos de forma que obstaculicen el acceso a la justicia, en que tenga lugar la suplencia de la queja, motivado lo anterior por razones biológicas. El objetivo del presente es demostrar la urgente necesidad de establecer nuevas normas de derecho procesal para generar un subsistema dentro de la ciencia procesal, así mediante el método analítico, sociológico y exegético proponer normar el Derecho Procesal Geriátrico, que dé especial trato a los procedimientos en los que sean parte los adultos mayores. La llamada urgencia pura o intrínseca posiciona al justiciable en una situación de debilidad, pues la frustración de su derecho le impiden recorrer en sus lapsos mínimos".

dico, cuando estamos ante personas que sufren deterioro cognitivo, debemos darles una mayor protección debido a que en ocasiones se abusa de esa falta de capacidad, aumentando además, algunas veces, el nivel de agresividad tanto física como verbal de las personas cercanas "(Muñoz Iranzo). Al respecto, la STS 716/2009 de 2 de julio concluye que "el garante tiene deber de cuidado, pudiendo ser sancionado si lesionase su deber profesional siempre y cuando el resultado lesivo pudiese haber sido evitado con el cumplimiento de ese deber". De igual modo, el Juzgado de lo Penal número 2 de Oviedo considera que la muerte de un mayor "podría haberse evitado con una correcta diligencia profesional que no fue seguida por ninguno de los acusados"[208].

Como garantía jurídica podría impulsarse la creación de un Registro de maltratadores de mayores (cuidadores, personal o responsables de residencias...) con objeto de su inhabilitación en la asistencia y cuidado a personas mayores.

c) Vulneración de derechos fundamentales

El principio informador de igualdad y la interpretación *pro libertate* de este derecho, deben operar con efectos antidiscriminatorios en la interpretación y aplicación de las normas de cualquier rama jurídica. En particular, la tutela de las personas mayores obliga a una reinterpretación de las disposiciones que puedan derivar en una vulneración de la igualdad por discriminación.

Desde esta perspectiva, la jurisprudencia se ha visto obligada a modificar su posición respecto de las causas de desheredación de los hijos y descendientes (artículo 853 Cc, maltrato de obra o injuria grave de palabra) para subsumir el abandono sentimental y la falta de relación afectiva (SSTS de 3 de junio de 2014 y 30 de enero de 2015). El Tribunal Supremo considera que "las causas de desheredación deben ser objeto de una interpretación flexible conforme a la realidad social, al signo cultural y a los valores del momento en que se producen, por el dinamismo conceptual que encierra el maltrato de obra

---

[208] "La omisión podrá equipararse a la acción cuando existiese una específica obligación de actuar o cuando se haya creado una ocasión de riesgo" (SSTS 10 de marzo 2005, 25 de enero 2006, 15 de marzo 2007 y 11 de marzo 2010).

como menoscabo o lesión de la salud mental y con fundamento en el sistema de valores principalmente la dignidad" (SAP Badajoz de 5 de septiembre de 2014, SAP Barcelona de 30 de abril de 2014 sobre la ausencia de relación que debe ser continua y manifiesta). En consecuencia, la vulneración de derechos fundamentales de mayores por familiares con derechos hereditarios debería ser causa de desheredación. De otra parte, el Dictamen del Consejo de Estado sobre el Anteproyecto estatal de Ley de Familias admite la discriminación de los abuelos como posible causa de inconstitucionalidad de esta normativa.

1. Sujeciones a mayores

A pesar de la tendencia internacional de erradicar el uso de sujeciones a personas mayores y enfermas, "en España existen evidencias de que se usan en más del 60% de los residentes, enfermos de Alzheimer, de centros de cuidados prolongados, con unos valores extremos que van del 35% al 98% de los residentes en algunos centros". Según CEOMA "17 de cada 100 (55.000 personas) son atadas en residencias para reducir su agitación, la mayoría, ancianos con demencia". A pesar de la oposición de especialistas a este método por el "impacto brutal en la salud física y mental" (Burgueño), considerando que "deberían estar prohibidas en todos los casos ya que pueden ser evitadas por alternativas menos agresivas para evitar caídas" (García Navarro)[209].

Entre las modalidades específicas de violencia contra los mayores vulnerables aparecen normalizadas las sujeciones físicas y químicas o farmacológicas, con riesgo de graves daños y lesión de derechos fundamentales. Respecto de las sujeciones físicas, los especialistas estiman que aproximadamente "el 20% de las personas que viven en centros de mayores (75.000 mayores, aproximadamente) se sujetan a diario con barandillas, cinturones, correas, etc,". De otra parte, las sujeciones químicas o farmacológicas se basan en la tendencia habitual de los profesionales y familias a la sobremedicación y sedación

---

209 En EEUU se obliga por ley a las residencias a informar a cuántas personas tienen atadas, las sujeciones que se usan, así como los fallecimientos potenciales derivados de estas prácticas.

de las personas mayores, desproporcionadamente y sin control jurídico.

La relevancia jurídico-penal de las sujeciones deriva de la causación de daños físicos y psicológicos ("úlceras por presión, infecciones, incontinencias, disminución del apetito, pérdida del tono muscular, atrofia y debilidad, miedo o pánico, vergüenza, ira, agresividad, depresión, aislamiento social, apatía, delirium y alteración del pensamiento, deterioro de la función cognitiva, deterioro de la comunicación, depresión, deterioro funcional físico, incluso con resultado de muerte").

Paralelamente presentan una dimensión constitucional por la afectación de derechos fundamentales como la integridad física y moral, salud (artículo 43 CE), libertad, dignidad y la inobservancia de la obligación de los poderes públicos de promover el bienestar de los ciudadanos y ciudadanas de la tercera edad (artículo 50 CE). "El manejo de los residentes, sobre todo si estos tienen accesos agresivos o violentos, exige a veces métodos...que pueden afectar directamente a derechos fundamentales de los mismos. Unas veces, en supuestos de agitación psicomotriz con riesgo de lesión provocan la necesidad de una actuación decidida. Otras, la simple administración de la medicación exige la contención del paciente" (Fábrega Ruiz). En consecuencia, los medios de sujeción como medida excepcional, deben respetar la autonomía y la dignidad de la persona, ser una medida temporal y llevarse a cabo por personal especializado tanto técnica como humanamente[210].

La problemática jurídica de las sujeciones deriva del riesgo de abusos, falta de proporcionalidad y ausencia de controles jurídicos en las personas mayores especialmente vulnerables. En principio, "la

---

210 El artículo 7 del Convenio para la protección de los derechos humanos y la dignidad del ser humano con respecto a las aplicaciones de la biología y la medicina (Convenio de Oviedo), establece que "la persona que sufra un trastorno mental grave sólo podrá ser sometida, sin su consentimiento, a una intervención que tenga por objeto tratar dicho trastorno, cuando la ausencia de ese tratamiento conlleve el riesgo de ser gravemente perjudicial para su salud (caídas o autolesiones en los enfermos de Alzheimer) y a reserva de las condiciones de protección previstas por la ley, que comprendan procedimientos de supervisión y control...".

cuestión clave para decidir si esta técnica está siendo utilizada abusiva o negligentemente es preguntarse si la sujeción física es imprescindible y plantearse cuál es la forma más eficaz y menos restrictiva posible de resolver el problema que plantea el residente"[211]. Aunque algunos especialistas se oponen a las sujeciones físicas y químicas porque no son imprescindibles en ningún caso y puede realizarse con otras medidas, considerándolas como "actos de abuso-violencia debiendo limitarse a situaciones extremas de peligro grave para la vida de la persona o de terceros"[212].

Desde esta perspectiva, el Defensor del Pueblo reclama "una regulación estatal que limite el uso de sujeciones en residencias de mayores para la minimización de las sujeciones físicas, con certidumbre para los supuestos excepcionales y puntuales en que tales medidas puedan resultar imprescindibles cuando no existan o se hayan agotado todas las medidas alternativas". Por esta razón, han de desarrollarse siempre en el contexto de un marco legal que garantice el respeto, entre otros, a los derechos a ser protegido de cualquier forma de abuso, violencia o maltrato, a vivir libre de sujeciones, físicas o químicas, aplicadas por conveniencia o disciplina.

---

211 "Los siete criterios sugeridos por Evans son: — Utilizar como último recurso, cuando otras intervenciones menos restrictivas han fallado, y durante un tiempo limitado. — Aplicarla por personal entrenado en su utilización. — Investigar qué causas la motivaron y buscar tratamiento adecuado para ellas. — Debatir el caso en el seno del equipo, para llegar a una decisión consensuada. — Informar a la familia e implicarla en la decisión. — Evitar que la sujeción física sustituya a la monitorización y vigilancia del paciente. — Prestar la debida atención a la comodidad y la seguridad del paciente durante el tiempo en que se utilice. Por último, si existe un protocolo o guía de actuación sobre el procedimiento, refrendado por la propia institución, se reducirá el riesgo de uso abusivo o negligente. un procedimiento de sujeción física y otro de sujeción farmacológica" (https://1library.co › article › uso-de-sujeciones-maltrato).

212 "Toda medida de protección debe desencadenar un protocolo de actuación del equipo interdisciplinario responsable de los cuidados de la persona que garantice la búsqueda de los límites de esa protección con respecto a los derechos de las personas, su autonomía, individualidad y autodeterminación. Los profesionales deben tener claro hasta dónde es proteger y cuándo la protección se transforma en abuso y vulneración de derechos" (Burgueño).

En suma, resulta necesaria la previsión de un régimen jurídico basado en principios y garantías (deberes y responsabilidades) que operen como límites al uso de sujeciones en supuestos de vulnerabilidad.

Respecto a los principios que orienten la utilización de contenciones en unidades psiquiátricas o de salud mental y en centros residenciales y/o socio-sanitarios, pueden señalarse "el cuidado, excepcionalidad, necesidad apreciada por prescripción facultativa, proporcionalidad, provisionalidad, prohibición de exceso, reconocimiento de la dignidad y la promoción de la autonomía de la persona" (Instrucción de la Fiscalía).

De otra parte, la adopción de garantías se vértebra en torno al consentimiento informado del residente o persona mayor salvo incapacidad o demencia, sin que sea suficiente una autorización genérica y diferida en el tiempo[213]. Las sujeciones implican una injerencia en el cuerpo de la persona que afecta al derecho fundamental a la integridad física y psíquica. Por esta razón se precisa el consentimiento si se está en pleno uso de sus facultades, respetando su voluntad salvo justificación en contrario de los profesionales sanitarios, mediante la autorización de familiares o representantes legales, y con la intervención del fiscal de mayores como garante de los derechos de este grupo vulnerable[214].

---

213 "Sólo en estos casos de urgencia vital donde se pudiera poner en peligro la integridad de la propia persona o la de terceros, podrían ser entendidas como una actuación en interés del paciente, y sólo en tales circunstancias esa actuación, aún a falta de consentimiento o contraria a la voluntad del paciente, se encontraría penalmente amparada frente a una eventual acusación de un delito de coacciones, por la eximente del estado de necesidad. El abuso o uso inadecuado de sujeciones, o la acción de emplear las sujeciones ya sean las adecuadas pero sin el consentimiento del afectado, tienen una consecuencia directa y causal, y es que puede ser considerada un "maltrato" o un eventual delito de coacciones" (Instrucción de la Fiscalía 1/2022).

214 Las sujeciones físicas y químicas deben ser siempre consideradas: "procedimientos que suponen riesgos e inconvenientes notorios y previsibles, susceptibles de repercutir en la salud de la persona" y, por tanto, van a requerir siempre la autorización del interesado, o su representante legal para usarlas, salvo que peligre la vida misma del individuo o ponga en peligro la de terceros. Los únicos protocolos de sujeciones admisibles son aquellos que miran a las sujeciones como un problema, cuyo uso debe ser muy limitado y sujeto a unas normas institucionales, legales y de buena práctica" (Gerontología, 2005).

En esta línea, la Ley 4/2017, de 25 de septiembre, de los Derechos y la Atención a las Personas con Discapacidad en Andalucía, incorpora "la autorización judicial en los casos de mayor sujeción y permanencia en el tiempo o cuando se opongan los familiares, salvo por urgencias que permiten solicitar la aprobación judicial con posterioridad. En los supuestos de menor gravedad no será precisa la autorización judicial si están de acuerdo los familiares, siendo suficiente la comunicación a la Fiscalía y al Jugado".

Por consiguiente, la inmovilización o restricción física y el tratamiento farmacológico además del consentimiento informado del paciente o representante legal y en su defecto, autorización judicial, exige "prescripción facultativa en cada caso por el profesional responsable conforme al protocolo correspondiente, sin perjuicio de la ratificación y/o rectificación posterior del titular".

Así se establece en la reciente Instrucción de la Fiscalía de 19 de enero de 2022 disponiendo que nadie debe ser sometido a ningún tipo de inmovilización o restricción física o tratamiento farmacológico sin previa prescripción facultativa, "salvo que exista peligro inminente para la seguridad de la persona o de terceros". El impulso de los controles sobre la contención física y farmacológica de las personas que viven en residencias, incluye la comprobación de que las sujeciones sean provisionales con el fin de evitar abusos, estableciendo que una "utilización desviada" de estos elementos puede conllevar sanciones administrativas e incluso penales, prohibiéndose como castigo.

También los protocolos de los centros desempeñan una función garantista respecto al procedimiento de instauración de las contenciones y su supervisión. Entre las medidas protocolarias pueden incluirse "la motivación, pautas de vigilancia permanente de las medidas de control o sujeción para determinar su continuidad mediante un registro del estado conductual y anímico de la persona usuaria (agitada, violenta, confusa...), pautas de contención farmacológica, revisión, observaciones. Pueden establecer deberes como la revisión, seguimiento y evaluación de los efectos de dichas medidas (v.gr. "reacciones negativas como pasividad, ira, aumento de la agitación, aislamiento, solicitud de liberación, solicitud de ayuda, intentos constantes de liberarse"), con objeto de que los presuntos beneficios asociados al uso de sujeciones físicas superen a los efectos colaterales negativos".

Como mecanismo de control de las sujeciones se imponen en la actualidad otros deberes a las residencias consistentes en “la remisión periódica a la Fiscalía del listado de contenciones aplicadas, tipo de sujeción utilizada, prescripción médica, duración, controles realizados, consentimientos informados exigidos y copia del protocolo de adopción de sujeciones mecánicas”. La ampliación de las competencias de los fiscales responde a la supervisión de las obligaciones sobre la documentación de la medida aplicada respecto de cada paciente, especificando la indicación, el uso y tipo de contención y su duración.

Las residencias han de aportar información actualizada y en caso contrario, los fiscales “deberán interesar de la dirección del centro o residencia la remisión periódica del listado de contenciones aplicadas”. Entre sus funciones competenciales se incluyen “instar a los servicios de inspección competentes para que sean informados sobre aquellos centros inspeccionados en los que hayan detectado el uso de sujeciones sin adecuarse a los principios informadores de los protocolos aplicables; actuaciones de coordinación necesarias con los diversos servicios de inspección afectados (sanidad y servicios sociales) con el objetivo de priorizar el control eficaz del uso de sujeciones por parte tanto de los centros residenciales de mayores y personas con discapacidad, como las unidades psiquiátricas y sanitarias”; información anual a los fiscales superiores y al fiscal de sala coordinador de los servicios de protección de las personas con discapacidad y mayores sobre el uso de contenciones en los ámbitos sanitario y social en el respectivo territorio; comunicación por la fiscalía de la “utilización desviada” de los medios de contención al órgano sancionador correspondiente, por si los mismos pudieran subsumirse en una infracción administrativa”. Además los fiscales puede promover en materia de sujeciones diligencias de investigación con efectos penales y el ejercicio de las facultades judiciales de control y vigilancia tanto de la guarda de hecho como de la curatela por medio del oportuno expediente de jurisdicción voluntaria y la supervisión judicial del internamiento[215].

---

[215] El Ministerio Fiscal “interpuso 27 denuncias en 2020 vinculadas a la gestión de las residencias de mayores, con la incoación de 785 diligencias preprocesales

Al margen de los controles de la Fiscalía, deberían activarse otros instrumentos garantes de los derechos de los mayores vulnerables como una responsabilidad específica por daños y resultado de muerte derivada de la *culpa invigilando* de los centros, extensible al Estado (CCAA) por su deber de supervisión en la aplicación de las sujeciones[216].

2. Brecha virtual

Otro de los retos constitucionales que reclama una solución antidiscriminatoria es la denominada brecha digital por razón de edad, derivada del acceso de las personas mayores a las nuevas tecnologías. En base a los datos de Eurostat, del Instituto Nacional de Estadística (INE), la Unión Internacional de Telecomunicaciones (ITU) y del IMSERSO, "en el ámbito español hay una situación muy mejorable en el uso de las TIC's por parte de los mayores. Muchas son las causas que pueden generar un menor conocimiento y utilización de las TIC's: diferencias en la disponibilidad de infraestructuras en determinadas partes del mundo rural, menores niveles formativos, motivos económicos o, simplemente, factores culturales..."[217].

La discriminación tecnológica afecta especialmente a los colectivos vulnerables de mayores, por razón de género y edad como principales factores de riesgo. Según las cifras actuales "el 10,4% de los hombres mayores de 65 años utilizan recursos tecnológicos frente al 5,1% de las mujeres de la misma edad" (INE/MTAS, 2007), y aumenta la brecha en la franja de edad de los mayores de 75 años[218].

---

civiles de protección, y 441 diligencias de investigación", según la Memoria de Fiscalía.

216 Una sentencia del Juzgado de lo Penal 2 de Oviedo de 17 de mayo 2019, refleja como "*la o*misión en el cuidado de los mayores puede ser calificada como homicidio imprudente si una correcta atención pudiese haber evitado la muerte".

217 "Las dificultades económicas en unos casos para acceder a las nuevas tecnologías y las resistencias personales o culturales para adquirir el conocimiento necesario para su uso, conducen a situaciones de aislamiento".

218 "España se sitúa, en general, en una posición media-baja en la utilización de la mayoría de servicios de Internet por parte de las personas con edades comprendidas entre los 65 y los 74 años, que se sitúa en la parte más baja cuando se trata de personas que han superado los 75 años" (IMSERSO).

En la actualidad, el acceso a las nuevas tecnologías de las personas mayores se reduce a estrategias y políticas sin garantizar un derecho a no ser discriminado por causa de vulnerabilidad[219]. El uso forzoso de nuevas tecnologías a los mayores en el acceso a plataformas digitales para realizar trámites administrativos, bancarios o de otra índole, sin opción de realizarlos de modo presencial, puede producir efectos discriminatorios con menoscabo de derechos fundamentales de igualdad y tutela judicial efectiva si generan indefensión. Por esta razón, la discriminación digital no puede depender del voluntarismo de las empresas ni de los poderes públicos a modo de responsabilidad social. Al margen de iniciativas socialmente responsables correctoras de desigualdades, la discriminación digital de las personas mayores debe abordarse por los poderes públicos desde una perspectiva constitucional en el marco del Estado Social.

3. Eutanasia en colectivos vulnerables de mayores tras la LO 3/2021, de 24 de marzo

La LO 3/2021, de 24 de marzo, reguladora de Eutanasia introduce un derecho subjetivo a morir que puede colisionar con los derechos fundamentales a la vida, integridad física o psíquica, la autonomía y dignidad de las personas mayores vulnerables. El reciente blindaje legal de la eutanasia como derecho genera una tutela reforzada de la muerte digna, sin garantías para contrarrestar las extralimitaciones de su aplicación en supuestos de vulnerabilidad.

El ámbito de aplicación subjetivo del "derecho a eutanasia" incluye a enfermos terminales, crónicos, con enfermedades invalidantes, entre los que pueden predominar mayores con facultades y voluntad debilitadas. Para su ejercicio se requiere el consentimiento informa-

---

219 Así, la Estrategia 2020 una Sociedad Digital ha establecido una "Agenda Digital", con un Marco de Actuación de las Personas Mayores: "España también se ha incorporado a esta Estrategia y se ha comprometido a desarrollar los nueve planes que plantea la Agenda Digital para España, uno de los cuales está dedicado a promover el uso de las TIC´s, especialmente por el colectivo de mayores. En España, según el estudio de la Fundación Alternativas, que se basa en datos del Centro de Investigaciones Sociológicas (CIS), las personas de mayor edad y los que tienen un nivel de estudios más bajo son los grupos que presentan, de forma sistemática, los niveles de acceso a las TIC´s más bajos".

do y sin coerciones o engaño como presupuesto para la autonomía del paciente[220]. Aunque en el supuesto de personas mayores vulnerables, el riesgo de voluntad debilitada o influenciable intensifica el riesgo de que la eutanasia lesione derechos fundamentales de un modo irreversible.

No obstante, la autonomía también requiere la posibilidad de alternativas a la eutanasia que dignifiquen la muerte y su opción sea un último recurso según el Tribunal Europeo de Derechos Humanos. Así la Organización Mundial de la Salud sostiene que "los Gobiernos deben asegurar cuidados paliativos antes de legislar sobre la eutanasia...En la medida en que se desarrollen e implementen estos cuidados, las peticiones de eutanasia serán innecesarias, pues ellas se explican por la insuficiencia del cuidado y del apoyo que reciben los enfermos al final de su vida".

Sin un derecho a cuidados paliativos (también en el domicilio), especialmente las personas mayores en situación vulnerable por enfermedad no pueden solicitar la prestación para morir con plena autonomía[221]. La eutanasia forzosa para paliar el dolor perjudica principalmente al colectivo de mayores cuestionando su ejercicio como derecho libre y con autonomía. El riesgo de que el Estado controle por inacción la decisión eutanásica desactiva su condición como derecho a morir con dignidad[222].

---

220 En este sentido, el Comité de ética de la SECPAL señala "como casos de vulnerabilidad del paciente en fases avanzadas la enfermedad que afecta a la capacidad de discernir; sintomatología que directamente o indirectamente como efecto secundario de los tratamientos puede afectar al proceso de información y a la competencia del paciente; tiempo limitado para el desarrollo del proceso de información y de conocimiento de los deseos de los pacientes; incertidumbre elevada sobre el pronóstico; aparición de complicaciones que implican tomar decisiones con rapidez; gran penetración del papel de la familia en la toma de decisiones; trabajo en equipo interdisciplinar que se ha de coordinar alrededor de las decisiones; vínculos intensos con el equipo que pueden interferir".

221 En este sentido, Cortez G. (2006), "Aspectos bioéticos del final de la vida: El derecho a morir con dignidad", *Cuadernos Hospital de Clínicas,* Vol. 51, Nº 2, 2006, la atención de los pacientes que atraviesan por una enfermedad terminal requiere del establecimiento en su entorno de cuidados paliativos y calidad de vida.

222 Considera Cortez G. (2006), "Aspectos bioéticos..., cit., pág. 103, que "el principio de autonomía recoge el derecho de las personas a tomar decisiones por

La problemática de la eutanasia en mayores vulnerables se plantea respecto de su aplicación a los supuestos de cansancio vital y el riesgo de abusos con la exigencia de garantías reforzadas. A diferencia de otros países pioneros en el derecho a morir que abogan por la introducción del cansancio vital para practicar la eutanasia, en la legislación española no se ha previsto sino por causa de enfermedades invalidantes o graves. Por lo que los mayores no podrían alegar esta causa directamente sino como pacientes o enfermos, al margen de su previsión en el testamento vital anticipado o documento de últimas voluntades.

Respecto de la necesidad de garantizar los derechos fundamentales de las personas mayores, se complica por la admisibilidad de la eutanasia a domicilio sin intervención de médicos del registro civil o fedatarios públicos. Los habituales conflictos entre personas mayores y sus descendientes o familiares por abandono, maltrato y motivos de desheredación, debería haberse regulado como excepción a la eutanasia ante posibles presiones, engaños o coerciones sobre los mayores vulnerables. La presunción legal de muerte natural atribuida a la eutanasia contribuye además a la desprotección de este colectivo, al imposibilitar las investigaciones judiciales posteriores en base a sospecha de coacciones sobre la decisión de morir.

3.2.4.2.3. Garantías institucionales

a) Fiscalía de mayores

La actual protección jurídica de los mayores vulnerables se ha reforzado con la creación de la figura del Fiscal especializado en la protección de personas con discapacidad y atención a las personas mayores. Entre sus funciones se incluyen las medidas de coordinación,

---

sí mismas, pero las estadísticas actualmente disponibles en Holanda —primer país en despenalizar la eutanasia desde 1984— muestran que después de una primera etapa en la que el respeto por la autonomía del paciente se considera una condición justificante para acabar con la vida de las personas que así lo solicitan, viene una segunda etapa en la que la realización de estas prácticas se extiende a situaciones en las que ya no es el paciente el que las pide, sino que la iniciativa viene de la familia o de los mismos profesionales de la salud, que se consideran que se está ante una "condición de vida no digna".

acciones y la recepción de denuncias sobre situaciones de vulnerabilidad de estos colectivos, controles de tutela, la rendición de cuentas o cuestiones vinculadas con el internamiento, la colaboración con los servicios sociales en las visitas e inspecciones que se llevan a cabo en centros de internamiento y en residencias de la tercera edad.

Como estrategias jurídicas de la Fiscalía en defensa de los derechos de mayores, figuran el Manual de Buenas Prácticas en la protección a las personas con discapacidad, la elaboración anual del Plan de Actuación de la fiscalía con medidas destinadas a la protección de los derechos de los mayores y Planes de Protección individualizados.

En relación al colectivo especialmente vulnerable de mayores discapacitados, los familiares suelen reclamar la intervención del Fiscal cuando no pueden vivir solos ni desean ingresar en residencias, adolecen de liquidez económica o autosuficiencia y presentan incapacidad para realizar operaciones o actuaciones complejas (contratos, operaciones crediticias, administración del patrimonio...).

El Ministerio Público reconoce una "bolsa oculta" de violencia sobre los mayores, que rehúsan denunciar por su "dependencia física y emocional". La impunidad es aún superior a la de la violencia de género y merece un "especial" reproche penal dado la máxima vulnerabilidad de las víctimas, que "nunca" han denunciado. En consecuencia, el trinomio "mayor-maltratado-vulnerable" deriva en un "oscurantismo" a la hora de denunciar, lo que contribuye a que estas conductas permanezcan sin condenar. También existe un componente de género en la violencia sobre los mayores, donde el agresor, por "aplastante mayoría", es un hombre, mientras que la víctima suele ser una mujer.

b) Intervención notarial

En el marco jurídico-privado la protección de las personas mayores exige como garantía la intervención notarial para la atribución de poderes y testamentos. Según el Consejo General del Notariado, "los actos notariales de protección jurídica de las personas vulnerables o con discapacidad se han más que cuadruplicado desde 2007

(Ratificación de la Convención Internacional sobre los Derechos de las Personas con Discapacidad)"[223].

Los Notarios desarrollan una labor de asesoría imparcial y gratuita para que las personas mayores vulnerables elijan el instrumento más adecuado a sus necesidades. Si bien el desarrollo de la función asistencial individualizada no ha encontrado aún acomodo en un protocolo específico orientado a este colectivo, que operaría como un instrumento útil para su protección jurídica.

La Unión Internacional del Notariado (UINL) ha presentado 'la Guía notarial de buenas prácticas para personas con discapacidad, que podría aplicarse también a mayores. En ella se recomienda "la utilización de un lenguaje sencillo, elaborando oraciones cortas, evitando tecnicismos, con un formato de letra que facilite la lectura y comprensión". Aunque sería conveniente un protocolo notarial específico para grupos vulnerables no solo de discapacitados, con la colaboración de otras instituciones como la Fiscalía de Mayores[224].

La intervención notarial constituye un filtro jurídico destinado a la comprobación de la voluntad y el consentimiento de las personas mayores en actos jurídicos transcendentes. La garantía notarial contribuye a la certidumbre de que "la persona que otorga el poder o la escritura de donación sabe en verdad lo que hace, calibra las consecuencias que puede tener para su vida que, por cierto, transcurre en un período de gran debilidad. Esas escrituras o poderes se hacen a solas, sin testigos y atribuyendo al notario el ser portavoz de la justicia y la honestidad".

En la práctica suele realizarse mediante una evaluación cognitiva "a solas con el testador o poderdante para comprobar que conocen las consecuencias de su decisión, que es la que quieren tomar y que

---

223 Como reconoce la Convención de la ONU, "no hay un estándar de discapacidad, por lo que hay que valorar cada caso y corresponde a los Notarios determinar si la persona que acude a ellos tiene la suficiente capacidad para tomar una decisión".

224 En la actualidad la Fundación AEquitas, promovida por el Consejo General del Notariado, y la Fundación para la Protección de las Personas con Minusvalías (Funprodami) desarrollan un convenio de colaboración por el que se prestará un asesoramiento jurídico gratuito a aquellas familias que precisen de ayuda y orientación en materia de asistencia patrimonial a los discapacitados psíquicos.

no están siendo presionados, aunque también puede solicitar la ayuda de un perito, si fuera necesario.

Entre los institutos notariales que pueden proteger la voluntad de las personas mayores frente al riesgo de abusos, destacan la autotutela, el poder preventivo y el testamento vital anticipado. El artículo 9 de la Ley 41/2003 de 18 de noviembre, modificó el artículo 223 del Código CC., regulando la autotutela en documento público con objeto de decidir la designación de tutor o tutores que deberán ser nombrados por declaración de incapacidad, y las disposiciones de carácter patrimonial[225]. Aunque este instrumento sólo es aplicable a los mayores incapaces y no incluye límites o deberes como la rendición de cuentas.

"El poder preventivo para el caso de incapacidad es un documento público autorizado por un Notario, que permite a una persona, física o jurídica, designar a otra para que le represente en determinados actos jurídicos, caso de sufrir un hecho incapacitante".

Paralelamente, el testamento vital ante Notario también prevé decisiones de las personas mayores sobre la asistencia sanitaria para cuando no puedan expresar su voluntad o se encuentren incapacitadas mental o físicamente[226].

c) En base al interés superior del mayor

En la realidad jurídica, los órganos judiciales (y los operadores jurídicos) se enfrentan a la integración del interés de los mayores vulnerables ante situaciones de voluntades debilitadas, sin otra solución que el recurso al desarrollo jurisprudencial del interés del menor.

---

225 "Se pueden solicitar otras cuestiones, siempre que no vulneren la legislación y sea compatible con lo que determine un juez en la sentencia de incapacitación: cómo desea que se gestione su patrimonio, si desea ser internado en una institución o bajo un régimen determinado, o qué cuidados deseamos recibir".

226 En España el Registro Nacional de Instrucciones Previas, dependiente del Ministerio de Sanidad, recoge la información de cualquier testamento vital y cualquier profesional sanitario puede acceder a los datos del paciente. El médico, la persona designada por el paciente como tutor y el personal del registro pueden acceder a la información del testamento vital.

La construcción científica de un interés superior del mayor se plantea por razones de necesidad y en analogía con el interés del menor, considerando las dificultades derivadas de la vulnerabilidad y los diversos niveles de capacidad volitiva.

Como punto de partida, la LO 8/2015, de 22 de julio, de Modificación del Sistema de Protección a la Infancia y a la Adolescencia reconoce a los menores un derecho a que "su interés superior sea valorado y considerado como primordial en todas las acciones y decisiones que le conciernan, tanto en el ámbito público como privado, que primará sobre cualquier otro interés legítimo que pudiera concurrir". La vulnerabilidad de las personas mayores puede justificar la traslación de esta disposición con idéntica finalidad de protección jurídica.

El interés superior del mayor presenta similitudes con el interés del menor por su necesario carácter adaptativo, flexible, individualizado a la voluntad, situación, circunstancias personales (dependencia, enfermedad, discapacidad, mujer...) y familiares (o ausencia de relaciones familiares...), y a las necesidades de la persona mayor. Ambos coinciden también en la naturaleza como conceptos jurídicos indeterminados y principios informadores de las actuaciones públicas y en los conflictos con otros derechos e intereses. Particularmente puede reconocerse su condición de derecho, criterio interpretativo y norma de procedimiento. Como derecho sustantivo debe ser evaluado y tenido en cuenta al sopesar distintos intereses para la adopción de decisiones sobre personas mayores. En base a su función interpretativa cuando "una disposición jurídica admita más de una interpretación, se elegirá la interpretación que satisfaga de manera más efectiva el interés superior. Como norma de procedimiento, el proceso de adopción de decisiones deberá incluir una estimación de las posibles repercusiones (positivas o negativas) de la decisión" (Cardona Llorens).

De igual modo el ámbito aplicativo puede resultar coincidente en cuanto a "la satisfacción de sus necesidades básicas, tanto materiales, físicas y educativas como emocionales y afectivas, orientación sexual, libre desarrollo de la personalidad" (STS de 11 de marzo de 2010). La protección del "interés del mayor" se fundamenta en su conexión con los derechos fundamentales a la dignidad, igualdad, integridad moral, tutela judicial efectiva...

Entre sus garantías destacan la necesidad de ser oído si su capacidad lo permite, la intervención de profesionales para evaluarlo por medio de un equipo multidisciplinar, con representación letrada, la motivación y ponderación conforme a las circunstancias del caso concreto.

La priorización del interés del mayor debe aplicarse en términos similares al interés del menor "sobre cualesquiera intereses legítimos concurrentes en caso de conflicto" (STC 113/2021, de 31 de mayo de 2021). Parece extrapolable al interés del mayor la SAP Valladolid 311/2019, de 17 de julio afirmando que "...el interés superior del menor es el factor más importante y condiciona todos los demás para relativizarlos y determinar en qué sentido ha de producirse el pronunciamiento judicial".

Sobre la proximidad de ambos conceptos jurídicos cabe destacar la STSJ de Extremadura de 17 mayo 2022, fundamentando la protección de menores vulnerables que vayan a ser desalojados de sus viviendas por asimilación a la situación de especial vulnerabilidad de las personas mayores[227]. La equiparación de los menores y mayores como sujetos vulnerables permite justificar la analogía entre sus respectivos intereses. Sin ignorar la subsunción de la perspectiva de género en el concepto de vulnerabilidad, por constituir uno de los factores de riesgo que junto a la edad integran este criterio antidiscriminatorio.

3.3. EN LA CONFIGURACIÓN DE LA VIOLENCIA ECONÓMICA HACIA LA MUJER

Como punto de partida el Convenio del Consejo de Europa sobre prevención y lucha contra la violencia contra las mujeres y la violencia doméstica (artículo 3) incluye entre los actos de violencia basados en el género aquéllos "que implican o pueden implicar para las mu-

---

227 La STSJ Extremadura se basa en la STS 23 de noviembre de 2020: "El juez debe comprobar que la Administración adopta realmente las medidas de protección suficientes para no dejar desamparadas a las personas especialmente vulnerables que vayan a ser desalojadas forzosamente de la vivienda que ilegalmente ocupaban".

jeres daños o sufrimientos de naturaleza física, sexual, psicológica o económica...".

La discriminación y violencia económica (Resolución del Parlamento Europeo, de 6 de octubre de 2021, sobre el impacto de la violencia doméstica y del derecho de custodia en las mujeres y los niños) como control de ingresos y recursos financieros para el maltrato de mujeres e hijos, constituye una asignatura pendiente y exige una respuesta jurídica para la protección de mujeres vulnerables (mayores, víctimas de violencia de género y doméstica....)[228]. Recientemente el artículo 1 d) de la Ley Orgánica 10/2022, de 6 de septiembre, de garantía integral de la libertad sexual, regula la autonomía económica de las víctimas con el fin de facilitar su empoderamiento y su recuperación integral a través de ayudas y medidas en el ámbito laboral, en el empleo público y en el ámbito del trabajo autónomo.

Suele confluir con otras violencias (física y psicológica) y su campo de aplicación no se reduce a las pensiones, pago de hipotecas o control de las cuentas, debiendo extenderse a cualquier conducta o abuso con daño patrimonial por razones de género ("sustracciones de dinero sin permiso, operaciones bancarias sin conocimiento o consentimiento, desinformación sobre asuntos económicos, restricciones en el acceso a recursos básicos, forzar a decisiones sobre patrimonio propio o finanzas y a expedir poder notarial, uso indebido de tarjetas de crédito o débito, asumir en solitario los gastos del hogar..."). De modo que pese a considerarse la violencia de género económica en las relaciones de pareja como la modalidad más fre-

---

228 En un estudio sobre Violencia de Género realizado a través de una macroencuesta y publicado en 2019 por el Gobierno, se reconoce que "el 11,5% de las mujeres residentes en España de 16 o más años han sufrido violencia económica por parte de alguna pareja o expareja a lo largo de sus vidas; es decir, aproximadamente 2.350.684 mujeres. Además, si se atiende a la violencia económica sufrida de forma más reciente, se estima que 825.179 mujeres de 16 o más años ha sufrido violencia económica de alguna pareja actual o pasada en los últimos 4 años y 407.793 mujeres en los últimos 12 meses. Entre las conductas frecuentes destacan impedir a la mujer tomar decisiones en la economía familiar y/o hacer compras de forma independiente; que la pareja se niegue a darle dinero para gastos del hogar; que no les dejen trabajar; y que su pareja ha usado el dinero y/o tarjeta de crédito o ha pedido préstamos a su nombre sin su consentimiento".

cuente, también se produce en otros contextos por la relación de dependencia basada en el hecho de ser simultáneamente mujer y sujeto vulnerable[229].

El reconocimiento internacional de la violencia económica se refleja en el Convenio de Estambul en los siguientes términos: "todos los actos de violencia basados en el género que implican o pueden implicar para las mujeres daños o sufrimientos de naturaleza física, sexual, psicológica o económica, incluidas las amenazas de realizar estos actos, la coacción o la privación arbitraria de libertad, en la vida pública o privada" (art. 5). Sin embargo, la LOPIVG considera que "sólo" es violencia de género la de carácter físico y psicológico, incluidas las agresiones a la libertad sexual, las amenazas, las coacciones o la privación arbitraria de libertad". La exclusión legal de la violencia económica en esta legislación cuestiona el cumplimiento por España de dicho Tratado Internacional, como se refiere en el Informe GREVIO[230].

No obstante, la Ley 5/2008, del 24 de abril, del derecho de las mujeres a erradicar la violencia machista de Cataluña admite la violencia económica como una modalidad de maltrato hacia la mujer como la privación intencionada y no justificada de recursos para el bienestar físico o psicológico de una mujer y, si procede, de sus hijos o hijas, en el impago reiterado e injustificado de pensiones alimenticias estipuladas en caso de separación o divorcio, en el hecho de obstaculizar la disposición de los recursos propios o compartidos en el ámbito familiar o de pareja y en la apropiación ilegítima de bienes de la mujer (artículo 4.2.*e*). También en el marco de la política se computa la violencia económica como uno de los vértices que da forma a la violencia machista en el *Informe sobre violencia contra la mujer 2015-2019* (Ministerio del Interior).

En principio, con carácter general, la violencia económica de género cumple los requisitos del Convenio de Estambul si se dirige contra las mujeres por el hecho de serlo y les afecta de manera des-

---

229 Según informe de la Fiscalía General del Estado de 2019, "un total de 22.679 diligencias previas incoadas lo han sido por delito de impago de pensiones".

230 En España la Ley Orgánica 1/2004 de Medidas de Protección Integral contra la Violencia de Género no se ajusta al artículo 3.b del Convenio de Estambul por excluir la violencia económica.

proporcionada[231]. Por esta razón, la violencia económica puede configurarse como una tipología de maltrato hacia la mujer mediante la previa delimitación jurídica de sus presupuestos y consecuencias.

Al respecto, su atipicidad en el ordenamiento español habría de integrarse con una concepción amplia basada en la aplicación de la perspectiva de género, considerando como violencia económica cualquier actuación o conducta que afecte, restringa o suprima la autonomía financiera de la mujer, la capacidad de decisión sobre su trabajo y patrimonio personal o común, así como la manipulación o privación de su haber económico sin su consentimiento o conocimiento y en su perjuicio. Esta relación de poder patrimonial por razones de género puede ejercerse con habitualidad o reiteración, abuso continuado o mediante actos u omisiones únicos u ocasionales como el incumplimiento de deberes públicos y de gestión en bienes propios o comunes, el denominado sabotaje laboral (restringir acceso al mercado laboral, impedir que trabaje o que consiga una fuente personal de recursos, conseguir su despido, privación de su sueldo…), la fiscalización constante de los gastos y cualesquiera actos perjudiciales a la mujer e hijos a modo de "violencia económica vicaria".

Por tanto, el maltrato económico de género no puede reconducirse a una lista cerrada, incluyendo múltiples supuestos basados en la despatrimonialización, privación intencionada e injustificada de recursos propios y comunes (embargos de sueldo o vivienda), apropiación ilegítima de los mismos, endeudamiento o impago de obligaciones necesarias para la subsistencia (alimentarias), abusos bancarios, entre otros. Paralelamente, la violencia económica impide a la mujer el ejercicio de sus derechos patrimoniales y civiles, como la administración de su propiedad individual y la gestión o disfrute de los bienes comunes adquiridos durante el matrimonio. Sin perjuicio

---

231 *La Macroencuesta de Violencia contra la Mujer de 2019 (Ministerio de Igualdad, 2020) indicaba que el 12% de mujeres de 16 años o más que tienen o han tenido pareja habrían sufrido violencia económica. Entre las conductas se incluye la negativa a a darle dinero para los gastos del hogar cuando la pareja"; impedir tomar decisiones relacionadas con la economía familiar y/o realizar compras de forma independiente" o "No le deja/dejaba trabajar o estudiar fuera del hogar"; otros indicios de violencia económica: que tu pareja te exija saber cuánto dinero has gastado, que tome decisiones económicas importantes sin consultarte, que te obligue a pedirle dinero, o que te exija que dejes tu trabajo.*

del recurso a indicios que permitan inferir el control económico y la sumisión de la víctima, la amenaza a su patrimonio y subsistencia familiar, o la anulación de su voluntad en la gestión patrimonial. La violencia económica "difusa" en el tiempo, mediante omisiones, ocultaciones patrimoniales, resulta difícil de contrarrestar hasta que se exterioriza o la mujer adquiere consciencia con el riesgo de consumación de sus efectos perjudiciales.

Tras las referencias al elemento objetivo, conviene abordar la intencionalidad en la violencia económica admitiendo que no se reduce a fines de dominación de la víctima, sino también a la pretensión de provocar daños o insolvencia patrimonial bien por el hecho de ser mujer (facilidad para abusar de sus bienes, desprecio, misoginia...) o por un ánimo de lucro personal a costa la vulnerabilidad o dependencia económica de su pareja o relación de confianza. De modo que no se exige la reiteración característica del maltrato, siendo suficiente un acto que cause un daño patrimonial a la mujer, aunque sea insuficiente para ejercer un control sobre el patrimonio o autonomía económica de la mujer.

Por otra parte, en un contexto de violencia física y psicológica sobre la mujer, habría de presumirse el maltrato económico y la subjetividad intencional del maltratador, para la adopción de medidas preventivas y de intervención judicial desde la constatación de aquellos hechos. Según algunos estudios *las mujeres que sufrieron violencia de género afirman haber sufrido también control económico cuando convivían, en la mayoría de los casos, y las exparejas que durante la relación, abusaron físicamente, fueron las que en mayor medida pidieron a las mujeres que dejaran sus trabajos.*

Con frecuencia la violencia económica se superpone a las violencias de género y sexuales, pero no sólo en las relaciones de pareja (durante la convivencia o tras la ruptura en casos de divorcio o separación), sino en los contextos doméstico, familiar o laboral (obstaculizando la formación o promoción en el trabajo). Así se confirma en el Código Penal al regular el delito de abandono de familia como uno de los escasos referentes legales del maltrato económico, como supuesto de violencia doméstica y no de género circunscrita a las relaciones de pareja[232]. El impago de pensiones alimenticias previsto en el CP se alinea con el Convenio de Estambul en el abordaje jurídico de una violencia económica "doméstica". También la jurisprudencia reciente (STS marzo de 2021) admite que el delito por impago de pensiones alimenticias "puede configurarse como una especie de violencia económica, dado que el incumplimiento de esta obligación deja a los propios hijos en un estado de necesidad en el que, ante su corta edad, y carencia de autosuficiencia, necesitan de ese sustento alimenticio".

Respecto de los efectos jurídicos de la violencia económica, en principio debe destacarse su dimensión constitucional por la vulneración de derechos fundamentales como la libertad, dignidad, la integridad física y moral, la salud, el libre desarrollo de la personalidad de las víctimas directas y colaterales. En particular, destaca la infracción del derecho a tutela judicial efectiva por el riesgo de abuso procesal de los maltratadores obligando a la víctima a entablar pleitos constantemente, o a involucrarse en juicios para tutelar el interés familiar y de los hijos, con el consiguiente desgaste psicológico y un coste económico inasumible.

La gravedad de la violencia económica deriva de la lesión simultánea de derechos fundamentales y también del carácter pluriofensivo derivado del posible concurso de delitos de maltrato, alzamiento de bienes, apropiación indebida, entre otros (SSTS 914/2021, de 17 de marzo, 914/2021, de 17 de marzo).

Paralelamente la agravación de la violencia económica contra las mujeres resulta de numerosos factores como la situación familiar, la vulnerabilidad y dependencia económica de la víctima, el abuso de confianza, perjuicio a los miembros de la unidad familiar, la reiteración y reincidencia, los daños morales y el perjuicio material en base a la privación parcial o total del patrimonio (disposición sin consentimiento, exclusión de la gestión), la insolvencia (impago de

---

232 El Juzgado de lo Penal de Mataró n.º 2 en Sentencia de 22 de julio de 2021 "expone al Gobierno la necesidad de modificar el Código Penal a los efectos de incluir el delito de abandono de familia en su modalidad de impago de pensiones del art. 227 CP entre los delitos de violencia de género".

pensiones o cuotas hipotecarias) o situación concursal imputables al agresor (alzamiento u ocultación de bienes).

En concreto, la vulnerabilidad de las mujeres agrava la violencia económica en situaciones de dependencia por "escasos recursos propios, baja escolaridad, limitada red familiar o social (especialmente si son migrantes), o déficit de acceso a bienes y servicios". Por esta razón, la STS 576/2001, de 3 de abril, admite que el legislador trata de proteger a los miembros económicamente más débiles del cuerpo familiar frente al incumplimiento de los deberes asistenciales del obligado a prestarlos en virtud de resolución judicial.

De igual modo, la victimización simultánea de la mujer e hijos justifica la agravación del maltrato económico por su consideración como violencia económica múltiple de género y vicaria". Al respecto, la STS marzo de 2021 admite que la violencia económica por impago de pensión alimenticia de los hijos produce una doble victimización de los menores y por otra parte al otro/a progenitor/a[233]. Desde esta perspectiva, la generalización y presunción legal del régimen de gananciales contribuye a victimizar a las mujeres y a los hijos, por limitar su autonomía económica para disponer del patrimonio común y generar una responsabilidad conjunta por los actos del otro en supuestos de embargo o hipoteca[234].

Las consecuencias derivadas de la violencia económica pueden provocar la imposibilidad de medios de subsistencia o incluso la ruina patrimonial de mujeres, razones que avalan revisar la presunción del régimen de gananciales y reforzar la nulidad de los actos de disposición, contratos y actos celebrados por sus parejas sobre bienes privativos de aquéllas o comunes mediante abusos, vicio del consentimiento, desconocimiento o falta de información, en un contexto relacional de maltrato.

---

233 Esto comporta que la violencia económica, por la instrumentalización de las hijas e hijos para generar sufrimiento psicológico en las madres, se convierta en violencia vicaria, según el concepto introducido por la Ley 5/2008 en la reforma llevada a cabo por la Ley 17/ 2020, art. 4.2.h) (Avilés Palacios, L.).

234 *El régimen de gananciales se creó como mecanismo para "proteger al débil económicamente", que accede al dinero de la pareja y que en caso de divorcio obtiene la mitad de las ganancias. Si uno se embarga, se hipoteca, ambos responden de la deuda. Si uno no paga, automáticamente paga el otro con sus bienes* (M. HdlH).

Al respecto, en el marco de la violencia económica los consentimientos otorgados por la víctima a efectos de la sociedad de gananciales podrían subsumirse en el artículo 1265 C.C. En consecuencia, los actos dispositivos patrimoniales y las deudas contraídas con violencia, intimidación o amenazas del maltratador derivan en nulidad e ineficacia. Así podrían declararse nulas las "deudas de las relaciones" que obligan, a la mujer al pago de las deudas de su pareja o expareja, sea por engaño o por otras situaciones como la firma de un contrato de préstamo o de hipoteca.

Entre los efectos jurídicos de la violencia económica, la LIT (artículo 26) prevé la nulidad de pleno derecho las disposiciones, actos o cláusulas de los negocios jurídicos que constituyan o causen discriminación por razón de alguno de los motivos previstos en el apartado primero del artículo 2 de esta ley. Especialmente cabe replantear la validez del consentimiento prestado por las víctimas de violencia de género durante la ruptura de la convivencia, separación o divorcio, sobre "continuos impagos o retrasos injustificados en el pago de los gastos de manutención de los hijos o de otras deudas comunes, obligando a la mujer a pedir el dinero de forma continua, con maniobras de ocultación de patrimonio, cierre de cuentas, incumplimiento de pagos acordados en el convenio". El resultado lesivo sobre el patrimonio común o ganancial contribuye a presumir un consentimiento nulo por violencia, intimidación, dolo o error inducido por el maltratador. En especial cuando "la mujer se queda sin recursos económicos, sin casi acceso a los servicios financieros, y en grave peligro de exclusión social y empobrecimiento (de ella y de sus hijos/as que suelen estar a su cargo)".

Estas actuaciones frecuentes tras la ruptura de la convivencia y antes de la liquidación del régimen económico matrimonial pueden integrarse en el ámbito de la violencia económica. Incluso interfieren en la extinción del régimen de gananciales por la sumisión patrimonial de la mujer y no activación de la disolución, pese a la posible justificación de causas legales como "los actos dispositivos o de gestión patrimonial que entrañen fraude, daño o peligro para los derechos del otro en la sociedad, o incumplir grave y reiteradamente el deber de informar sobre la marcha y rendimientos de sus actividades económicas, difícilmente se activará por quien ocupa una posición de sumisión en la relación de pareja aun siendo víctima de maltrato económico".

La relación de subordinación de la víctima con el "maltratador económico" obstaculiza, retarda o suspende la liquidación del régimen matrimonial en perjuicio del patrimonio común y familiar[235]. Por este motivo, desde la interposición de denuncia de violencia de género o doméstica o intervención policial, sería conveniente la adopción de oficio medidas cautelares si resultan indicios de abusos económicos. La protección jurídica de las víctimas de violencia económica puede fundamentar la intervención del patrimonio familiar o ganancial y la exclusión de su gestión al maltratador, para garantizar el pago de pensiones a favor del cónyuge e hijos (artículo 227 CP) y aplicar la responsabilidad penal prevista en el artículo 87 ter 1 b) LOPJ *por cualquier delito contra los derechos y deberes familiares.* Esta posición se fundamenta en la consideración del impago de pensiones como delito de naturaleza pública (y no sólo semipública según la SAP Las Palmas, sec. 6ª, 7 de abril de 2008) si constituye violencia económica.

El interés público en la liquidación del régimen matrimonial ha impulsado recientemente una reforma para que se active a instancia de los herederos de la víctima fallecida sin el acuerdo de los asesinos, subrogándose en el lugar de la madre que no denuncia la violencia económica o de género (Ley Orgánica 2/2022, de 21 de marzo)[236].

---

235 Para Montero Casillas, M., "El régimen económico de gananciales ante las situaciones de violencia de género" Diario La Ley, n 6923, 2008, "*cuando ninguna de las partes ha decido iniciar el procedimiento de disolución matrimonial, nulidad o divorcio, pese a la situación existente y aun cuando no se retome la relación afectiva o la convivencia, sobretodo cuando en estas circunstancias se han de afrontar deudas de carácter ganancial, gastos derivados de la explotación regular de los negocios o desempeño de la actividad profesional, arte u oficio de cada cónyuge o aquellas que se deriven del ejercicio del comercio o bien se contraigan deudas por uno de los cónyuges cuando redunden en un presunto beneficio común*".

236 En la actualidad el artículo 87 ter de la Ley Orgánica 6/1985, de 1 de julio, del Poder Judicial atribuye a los Juzgados de Violencia sobre la Mujer la competencia sobre los procedimientos de liquidación del régimen económico matrimonial instados por los herederos de la mujer víctima de violencia de género, así como los que se insten frente a estos herederos.

La aplicación judicial de la perspectiva de género a los posibles casos de violencia económica determinaría la inversión de la carga de la prueba admitida legalmente en las discriminaciones y el recurso a indicios, para que la víctima no soporte la grave carga de demostrar la violencia económica. La sentencia de la Audiencia Provincial de Barcelona 322/2016, de 18 abril 2016 reconoce explícitamente las dificultades intrínsecas a la prueba del maltrato económico: "Podemos sospechar que es posible que obtuviera ingresos que no aparezcan en los registros oficiales, pero esa sospecha es insuficiente. No hay prueba directa, ni indicios de riqueza, ni se han hecho averiguaciones sobre cuál es la realidad de la vida cotidiana del apelante, que afirma que carece de recursos y que vive con sus padres (salvo alguna temporada en que un amigo le prestó una vivienda). Ante todo ello, no se alcanza la suficiente certeza de que el impago de las pensiones haya sido voluntario, y la consecuencia es la imposibilidad de dictar una condena contra el acusado". Las dificultades de averiguación de datos públicos u oficiales que acrediten la insolvencia del maltratador, así como la aparente "posición externa económica evidente que hace presuponer que tiene ingresos ocultos", determinan la necesidad del recurso a la prueba indiciaria en el delito de impago de pensiones del art. 227 CP.

Por último, a los efectos de prescripción civil y penal, la violencia económica como delito debería homologarse con las violencias de género y sexuales, considerándose otra modalidad de maltrato con fines comunes de dominación. Al margen de que dicha unificación justificaría la revisión de la eficacia de los actos realizados con vicios de consentimiento no sólo en las relaciones de pareja sino también domésticas, laborales o de confianza. Así la Propuesta de Directiva (artículo 13), considera como circunstancias agravantes m) que el delito se haya cometido abusando de una posición reconocida de confianza, autoridad o influencia. Como solución a la violencia económica por razón de género sin maltrato físico, puede recurrirse a la mediación para aminorar los efectos patrimoniales en perjuicio de las víctimas y de sus hijos.

3.4. LA DISCRIMINACIÓN ALGORÍTMICA POR RAZÓN DE GÉNERO

Desde una perspectiva de género, la inteligencia artificial y los algoritmos presentan una vertiente positiva y negativa a efectos discriminatorios, según contribuyan respectivamente a la identificación, prevención, solución de contextos de violencia y discriminación, o por el contrario actúen como sesgo en perjuicio de las mujeres

Respecto de las ventajas atribuibles a los algoritmos destacan su diseño como *herramientas automatizadas y diseñadas para la detección de normas, patrones y estereotipos discriminatorios*[237]. Según Benítez "numerosas iniciativas basadas en el aprovechamiento del Big Data también generan un enorme potencial para reducir la brecha de género, potenciar la consecución de derechos humanos, mejorar el desarrollo y la vida de las personas"[238]. En particular, pueden predecir la violencia de género, mitigar la revictimización[239] facilitando los procesos administrativos para denunciar, prestar asistencia en tiempo real a las víctimas y evaluar el riesgo de que el agresor pueda ser reincidente, implementando las decisiones policiales para la protección de las mujeres[240]. En la esfera laboral posibilitan la reducción de la

---

237 Al respecto, cabe citar el proyecto Ceretai de la Agencia Sueca de Innovación (Vinnova) y NoBias con el recurso al machine learning "para eliminar los prejuicios y las normas a través de explicaciones que muestran usos no inclusivos y discriminatorios del lenguaje, con el fin de difundir el lenguaje inclusivo en el mundo de la empresa". En Suecia se utiliza para detectar casos de bullying.

238 A propósito, vid., Benítez Eyzaguirre, L., "Ética y transparencia para la detección de sesgos algorítmicos de género", *Estudios sobre el Mensaje Periodístico,* Vol. 25, nº 3, pág. 1314

239 Para Machiavelli, N., "Perspectiva de género en las nuevas tecnologías: el problema de los sesgos", *Diario DPI,* nº 84, 2021, pág. 18, *existe todo un abanico de técnicas inteligentes posibles que resultan de imprescindible utilización para evitar, por ejemplo, la revictimización de la mujer. En efecto, la IA puede contribuir a tornar más eficaces los procesos existentes que involucren temas de género.*

240 Vid., Belloso Martín, N., *La problemática de los sesgos algorítmicos (con especial referencia a los de género). ¿Hacia un derecho a la protección contra los sesgos?,* en AA.VV., *Inteligencia artificial y filosofía del derecho,* Ediciones Laborum, ISBN 978-84-19145-21-5, Murcia, 2022, pág. 65, que *"los sistemas de inteligencia artificial tienen una capacidad de análisis muy superior a la que facilita la estadística clásica porque permite combinar y cruzar más variables y con más precisión para detectar interacciones que de otra manera se pasan por alto y afinar en la caracterización de los perfiles más vulnera-*

brecha salarial con sistemas orientados a la transparencia retributiva empresarial y la mejorabilidad del empleo mediante perfiles sobre productividad y rendimiento.

En cuanto a los aspectos negativos, los algoritmos generan una problemática derivada de la toma de decisiones sin ética en base a la automatización y la operatividad con perfiles discriminatorios. Para Tepfer pueden adquirir un sesgo que los lleve a presentar un rendimiento dispar en grupos caracterizados por distintos atributos demográficos, lo que redunda en un comportamiento desigual[241]. Así los algoritmos pueden discriminar a mujeres en el acceso al empleo con métodos de selección de personal, promoción y ascenso profesional en el sector privado y de la Administración[242].

La objetividad aparente de los algoritmos como finalidad sin atención a factores éticos ni jurídicos puede conducir al campo de la discriminación indirecta[243]. El artículo 9 de la Ley igualdad de tra-

---

bles, en la probabilidad de sufrir una nueva agresión, o en la identificación de zonas o momentos en los que hay posibilidad de que se produzcan episodios de violencia" (Trias)

241 Según Machiavelli, N.,"Perspectiva de género…", cit., la tecnología, sin una adecuada intervención humana, puede reproducir los sesgos humanos que dan paso a la discriminación digital. De modo que, si se crean desarrollos tecnológicos —cualquiera sea la técnica utilizada— sin la intervención humana adecuada, puede que estos discriminen.

242 Al respecto, vid., Benítez Eyzaguirre, L., *La invisible perspectiva de género en la transparencia*, en *Transparencia y Participación para un gobierno abierto* (Coords. Sierra Rodríguez/Sánchez de Diego), Wolters Kluwer, Madrid, 2020, pág. 353, "a mayor parte del acceso a la información se realiza a través de algoritmos, y también tiene consecuencias para las mujeres: Los algoritmos no son confiables para la gobernanza y producen graves perjuicios hacia las mujeres. Las respuestas que ofrecen los algoritmos, producen discriminación hacia las mujeres y también hacia las minorías".

243 A propósito, vid., Aragüez Valenzuela, L., "Desafíos de la digitalización de las relaciones laborales: algoritmos digitales, robotización y trabajo a distancia", *e-Revista Internacional de la Protección Social*, Vol. VII, nº 1, 2022, pág. 128, "cada vez resulta más habitual que las empresas recurran a la Inteligencia Artificial, y más concretamente a los algoritmos digitales para controlar las actitudes de las personas trabajadoras o para tomar decisiones de una manera más objetiva, aún cuando ello pudiera conllevar la toma de decisiones arbitrarias y descontextualizadas acerca del modo de desarrollar la persona trabajadora su actividad, cómo presta los servicios u otros persona. Por consiguiente, el algoritmo aporta una información objetiva al empresario sobre un hecho concreto, esto es, ajeno a cualquier tipo de sentimientos o de sensibilización respecto a las

to impide "limitaciones, segregaciones o exclusiones por razón de las causas previstas en esta ley para el acceso al empleo por cuenta ajena, público o privado, incluidos los criterios de selección, en la formación para el empleo, en la promoción profesional, en la retribución, en la jornada y demás condiciones de trabajo, así como en la suspensión, el despido u otras causas de extinción del contrato de trabajo. Se entenderán discriminatorios los criterios y sistemas de acceso al empleo, público o privado, o en las condiciones de trabajo que produzcan situaciones de discriminación indirecta por razón de las causas previstas en esta ley".

Considera Sáez Lara que habría que cuestionar esa fácil equiparación de la discriminación algorítmica a un eventual supuesto de discriminación indirecta, dirigido a evitar el uso de criterios neutros, pero con efectos discriminatorios, siempre que no estén justificados por su fin legítimo y no superen un escrutinio de adecuación y proporcionalidad.

En principio, la aplicación coactiva del enfoque de género a los algoritmos para impedir sesgos discriminatorios se enfrenta a un desarrollo actual de baja intensidad jurídica mediante soft law[244]. Destacan, al respecto, el "Proyecto de texto de la Recomendación sobre la ética de la Inteligencia Artificial", de la UNESCO, de 2021 en el punto 90 señalando que los Estados miembros deben velar por que los estereotipos de género y los sesgos discriminatorios no se trasladen a los sistemas de IA, sino que se detecten y corrijan de manera proactiva. [...]. A nivel nacional la Estrategia para la IA pretende "reducir la brecha de género del ámbito de la IA en empleo y liderazgo" como objetivo transversal y la Carta de derechos digitales aborda el establecimiento de "un marco ético y normativo que refuerce la protección de los derechos individuales y colectivos, a efectos de garantizar la inclusión y el bienestar social, el derecho a la no discriminación en

---

personas trabajadoras, habiendo llegado a dicha conclusión atendiendo al grado de enseñanza realizado por la empresa o la persona en quien ella delegue (en este caso, el técnico informático). Todo depende de su formulación, un aspecto que queda bastante alejado del conocimiento de los juristas y, por supuesto, de la propia persona trabajadora".

244 Destaca Belloso Martín, N., "*La problemática de los sesgos algorítmicos (con especial referencia a los de género)*...", cit., págs. 62 y 63.

relación con las decisiones, uso de datos y procesos basados en inteligencia Artificial".

Sin embargo, los algoritmos presentan una dimensión constitucional derivada de la proyección en el campo de los derechos fundamentales por la posible vulneración de la igualdad, protección de datos, intimidad o imagen. El riesgo de que la automatización o algoritmización de la realidad imponga una nueva arbitrariedad afín a los intereses de quienes la promueven (Prieto) y contraria a grupos o sujetos vulnerables, exige medidas y respuestas antidiscriminatorias, garantes de los derechos fundamentales afectados. El Reglamento 2016/679" ("WP 251 del GT 29"), subraya el peligro asociado al uso de estas fórmulas "...la elaboración de perfiles y las decisiones automatizadas pueden plantear para los derechos y libertades de las personas que requieren unas garantías adecuadas.

Para contrarrestar los efectos adversos de los algoritmos, la Carta de derechos digitales prevé establecer "condiciones de transparencia, auditabilidad, explicabilidad, trazabilidad, supervisión humana y gobernanza...y la información facilitada deberá ser accesible y comprensible". La exigencia de estos presupuestos se traduce en derechos correlativos de los individuos y grupos perjudicados por la ejecución de los algoritmos.

En concreto, resulta "el derecho a no ser objeto de una decisión basada únicamente en el tratamiento automatizado, incluida la elaboración de perfiles, que produzca efectos jurídicos en él o le afecte significativamente de modo similar" por la vulneración de protección de datos[245]. "Las personas tienen derecho a solicitar una supervisión e intervención humana y a impugnar las decisiones automatizadas tomadas por sistemas de inteligencia artificial que produzcan efectos en su esfera personal y patrimonial".

De otra parte, el derecho de información se prevé por el Dictamen del Comité Económico y Social Europeo "Generar confianza en la inteligencia artificial centrada en el ser humano" estableciendo "la necesidad de consultar e informar a los trabajadores y sus represen-

---

245 Vid., Mercader Uguina, J., *Discriminación algorítmica y derecho granular: nuevos retos para la igualdad en la era del big data,* Universidad Nacional Autónoma de México, 2022, pág. 6.

tantes a la hora de introducir sistemas de IA que pudieran provocar cambios en la organización del trabajo, la vigilancia y su control, así como en los sistemas de evaluación y contratación de los trabajadores".

El RGPD dispone que "todo interesado debe, por tanto, tener el derecho a conocer y a que se le comuniquen, en particular, los fines para los que se tratan los datos personales, su plazo de tratamiento, sus destinatarios, la lógica implícita en todo tratamiento automático de datos personales y, por lo menos cuando se base en la elaboración de perfiles, las consecuencias de dicho tratamiento" (considerando 63). Concretamente el RD-Ley 9/2021, de 11 de mayo, para garantizar los derechos laborales de las personas dedicadas al reparto en el ámbito de las plataformas digitales, establece la obligación de las empresas españolas a informar al comité de empresas sobre el uso de algoritmos digitales en el ámbito laboral. Así, el Real Decreto-Ley modifica el art. 64 ET, relativo a los derechos de información y consulta de la representación legal de las personas trabajadoras añadiendo un nuevo su apartado 4. La normativa pretende reconocer al comité de empresa el derecho a ser informado de los parámetros, reglas e instrucciones en los que se basan los algoritmos o sistemas de IA que afectan a la toma de decisiones, las cuales igualmente pueden incidir en las condiciones de trabajo, el acceso y mantenimiento del empleo, incluida la elaboración de perfiles.

En relación al derecho de conocer la trazabilidad o explicabilidad de los algoritmos, Macchiaveli admite que ello mitigaría bastante el problema de los sesgos, puesto que podría permitir, a priori, secuenciar el proceso y, con ello, su corrección y perfeccionamiento[246].

---

246 Señala Macchiavelli, N., "Perspectiva de género en las nuevas tecnologías...", "a modo de ejemplo, lo que se conoce como XAI explainable artificial intelligence, se centra en explicar a los humanos el razonamiento que subyace a la decisión de IA, pretendiendo con ello dar confianza al usuario Los algoritmos de machine learning son cajas negras que no permiten una explicación completa de un resultado discriminatorio. Por otra parte, es muy fácil enmascarar una intención discriminatoria utilizando etiquetas "proxy", es decir, utilizando características que no se refieren directamente a sexo, raza o estatus socioeconómico, pero que lasreemplazan funcionalmente".

La Comunicación de la Comisión Europea de 25/4/2018, sobre la Inteligencia artificial establece un "derecho de explicación" y la evaluación de impacto de la IA sobre la protección de datos, que son dos instrumentos relevantes para garantizar los derechos fundamentales. Los artículos 13.2.f) y 14.2.g) del RGPD configuran el llamado derecho de explicación sobre la lógica aplicada por las decisiones exclusivamente automatizadas (así como sobre la importancia y las consecuencias previstas de dicho tratamiento para el interesado), que deberá realizarse a través de una información específica y de fácil acceso. El RGPD exige que el responsable del tratamiento ofrezca información significativa sobre la lógica aplicada; no necesariamente una compleja explicación de los algoritmos utilizados o la revelación de todo el algoritmo, pero si una información suficientemente exhaustiva para que el interesado entienda los motivos de la decisión

El correspectivo deber de transparencia implica una garantía del derecho de información y permite amortiguar las impugnaciones y responsabilidades derivadas de los algoritmos[247]. Para Benítez Eyzaguirre "un algoritmo transparente y con calidad de datos debe ser abierto y funcionar con datos también abiertos (Open Data), cuyo código fuente también lo sea (Open Source) para consultas, y producir cambios que respondan a las reclamaciones y permitir auditorías sistemáticas sobre sus cambios u operaciones, incluso sometido a controles ciudadanos "[248]. La traslación de las consecuencias asociadas a la oscuridad contractual al campo de los algoritmos implica que no puede beneficiar a quien la ocasione[249].

---

247 Vid., Ramírez-Bustamante, N., "Análisis jurídico de la discriminación algorítimica en los procesos de selección laboral", *Researchgate,* 2020, pág. 7, "sobre la falta de transparencia de los buscadores oculta información sobre la procedencia y el tratamiento de la información y, por supuesto, del algoritmo, considerado como un secreto industrial".

248 Así, Benítez Eyzaguirre, L., " *La invisible perspectiva de género en la transparencia,* en *Transparencia y Participación para un gobierno abierto…", pág. 355.*

249 *Vid., Macchiavelli, N.,* "Perspectiva de género en las nuevas tecnologías…"cit., "*Con el uso de técnicas de cajas negras, donde los algoritmos se retroalimentan y aprenden solos, desarrollando soluciones que pueden ser discriminatorias y, ello, nos lleva al problema de los sesgos. Pero, aun así, por el momento puede decirse que las técnicas de caja blanca, permiten tener más controlados los resultados, puesto que los algoritmos razonan aquello que previamente se le enseñó, pudiendo supervisarse e intervenir para una respuesta correcta".*

Este criterio debe aplicarse a la práctica probatoria *dado el carácter de "caja negra" que tienen los algoritmos de machine learning, para un demandante puede ser imposible determinar con certeza exactamente cuáles son los factores que el algoritmo está teniendo en cuenta en su proceso de selección.* Pero también especialmente por la dificultad probatoria determinada por el secretismo, opacidad y confidencialidad que protege los algoritmos en virtud de la *barrera actualmente infranqueable de la propiedad intelectual que hace que sea virtualmente imposible para un demandante tener acceso al diseño y operación de los algoritmos de selección y por ello se reducen sus posibilidades de éxito en una demanda bajo el régimen de impacto diferencial sistémico*[250]. Las consecuencias discriminatorias de los algoritmos justifican la inversión de la carga de la prueba en perjuicio del causante y ante la dificultad de detectar los sesgos o conocer si su clasificación ha sido justa o no[251].

Respecto del derecho de supervisión por los sujetos competentes en la toma de decisiones, bien mediante auditorías internas y externas o evaluadores independientes, se fundamenta en la necesidad de prevención del impacto discriminatorio de los algoritmos. Por lo que la ausencia de este control puede justificar la relación de causalidad entre la aplicación automatizada de los algoritmos y los daños derivados. En esta línea, la SAN de 30 de septiembre de 2020 condenó al Ministerio del Interior por la deficiente protección que la Guardia Civil otorgó a una mujer que solicitó una orden de protección. Se argumentó que con un cuestionario de cribado mediante IA se calificó su situación como de "riesgo bajo", sin realizar más averiguaciones y denegando el juzgado la medida de protección a la fallecida. A través de una entrevista personal y aplicando la perspectiva de género, se habría considerado como de riesgo, y dado la debida protección a la víctima para evitar su muerte. La respuesta se limitó a la recogida

---

250 A propósito, vid., Ramírez-Bustamante, N., "Análisis jurídico de la discriminación algorítimica…", cit., pág. 39. *Existen impedimentos legales en el ámbito estadounidense para investigar si los algoritmos generan decisiones discriminatorias. Según la interpretación oficial de una sección del Computer Fraud and Abuse Act (CFAA), está prohibido que los investigadores y periodistas pongan a prueba el software de los ATS en busca de discriminación, pues tales acciones constituyen una violación a los términos de uso de las páginas web y pueden dar lugar a la imputación de delitos penales.*

251 Vid., Benítez Eyzaguirre, L., "Ética y transparencia para la detección de sesgos algorítmicos…", pág. 1315.

de datos automatizados, pero no previno la violencia ni reevaluó el riesgo por medio de agentes especializados. Por lo que una decisión algorítmica sin control humano que atendiese a los indicios de antecedentes por maltrato, a las declaraciones de hijos y trabajadoras sociales, determinó la responsabilidad del Estado por violencia de género por incumplimiento de la obligación de proteger a la víctima.

En consecuencia, *la gobernabilidad algorítmica permitiría la transparencia, la supervisión colectiva de usuarios y empresas, la responsabilidad ante el uso de la información, o sea, la prevención del abuso y del control, la socialización de los beneficios para beneficio común*. A sensu contrario, la automatización sin control humano, la opacidad, la desinformación sin explicabilidad tienden a la presunción de culpabilidad y responsabilidad por daños patrimoniales y lesivos de derechos fundamentales causados por las empresas que diseñan y aplican los algoritmos.

Entre los factores que pueden agravar la responsabilidad habrían de incluirse el conocimiento de los efectos discriminatorios originarios o sobrevenidos[252], la reincidencia en la creación o aplicación de algoritmos con sesgos de género, la no eliminación de estos programas o ausencia de mejoras técnicas y correcciones para evitarlos, la exposición a vulnerabilidad[253] o el volumen de perjudicados, entre otros[254].

La superior indefensión de las víctimas de algoritmos afecta al derecho a tutela judicial efectiva por la impunidad que genera una decisión no humana y las dificultades para identificar a los respon-

---

252 El algoritmo aprende los hábitos y preferencias de los usuarios de la red social para mostrarle ofertas.

253 Para Benítez Eyzaguirre, L., "Ética y transparencia para la detección de sesgos algorítmicos...", pág. 1313 son imprescindibles para la mejora del sistema, ya que las personas que quedan fuera de los resultados, o que no obtienen la suficient representatividad, resultan ser las mismas víctimas de homofobia, sexismo...

254 Para Ramírez-Bustamante, N., "Análisis jurídico de la discriminación algorítimica...", cit., no se trata de una estrategia discriminatoria de los anunciantes, que podrían escoger de manera sesgada al público al cual va dirigida una oferta. Se trata, más bien, de un sesgo generado por el algoritmo que distribuye las ofertas laborales y decide a cuáles grupos poblacionales se las muestra.

sables[255]. Por esta razón la responsabilidad por discriminación o vulneración de derechos fundamentales debería ser solidaria sin que pueda alegarse la incapacidad de decisión por quienes ejecutan los algoritmos[256]. El desconocimiento de sus potenciales efectos discriminatorios no priva de una conducta omisiva negligente, al margen de las actuaciones dolosas a sabiendas de los sesgos de género o de otra índole[257].

---

255 Vid., Monasterio Astobiza, A., Ética algorítmica: implicaciones éticas de una sociedad cada vez más gobernada por algoritmos, Dilemata, nº 24, (Ejemplar dedicado a: Ética de datos, sociedad y ciudadanía), 2017, pág. 197. "Cuando procedimientos o protocolos automatizados (algoritmos) deciden por los seres humanos y encima lo hacen de manera sesgada y en contra de derechos y libertades civiles que las personas poseen se produce un fenómeno ético particular: el daño causado tiene difícil identificación para rendición de cuentas y/o responsabilidad, la complejidad de la programación de los algoritmos impide corregir o enmendar, y/o dada la ubicuidad e invisibilidad de los algoritmos uno cree que cualesquiera efectos que produzcan (por muy negativos que resulten ser) hemos de aceptarlos porque así es como son las cosas y nada puede hacersepara evitarlo (conformidad y resignación)".

256 Considera Monasterio Astobiza, A., Ética algorítmica: implicaciones éticas de una sociedad…, cit., "que el gran problema ético que surge del hecho de que las compañías tecnológicas que desarrollan estos sistemas y algoritmos normalmente no revelan cómo funcionan —para así evitar que otras compañías hagan espionaje industrial y los copien— es la imposibilidad de rendir cuentas y/o responsabilidad. Los algoritmos y sistemas de IA son pocotrasparentes o totalmente opacos. De esto se sigue que los algoritmos se conviertenen "cajas oscuras" muy complejas, difícilmente corregibles si presentan fallos y dada su ubicuidad e invisibilidad uno cree que cualesquiera efectos que producen (por muy negativos que resulten ser) hemos de aceptarlos porque así es como son las cosas y nada puede hacerse para evitarlo (conformidad y resignación)".

257 Para Sáez Lara, C., "El algoritmo como protagonista de la relación laboral. Un análisis desde la perspectiva de la prohibición", *Temas laborales: Revista andaluza de trabajo y bienestar social,* nº 155, 2020, pág. 47, "el empresario incurriría en responsabilidad derivada de imprudencia o negligencia, en caso de adoptar decisiones fundadas en sistemas algorítmicos con resultados sesgados, dada la posibilidad de prevenir y rectificar sesgos y estereotipos en las decisiones relativas la gestión de personal en los lugares de trabajo. Atendiendo al desarrollo de herramientas tecnológicas, los empresarios, que conocen el riesgo de los sesgos implícitos, (tienen evidencias sobre de las tendencias que pueden afectar sus decisiones) pueden utilizar algoritmos predictivos para reducir el sesgo de las decisiones, por lo que ante un fallo en materia de prevención, deben ser responsables por discriminación (intencional) derivada de su negligencia o imprudencia".

La discriminación o infracción de derechos fundamentales por algoritmos empleados por los poderes públicos determina la responsabilidad de la Administración por error o anormal funcionamiento de los servicios públicos[258]. Como también por falta de supervisión o fiscalización, omisión de culpa in vigilando en los ámbitos laboral y administrativo[259]

Los algoritmos inconstitucionales por discriminatorios o lesivos de derechos fundamentales deberían obligar a las empresas diseñadoras a introducir correcciones jurídicas basadas en principios de razonabilidad, proporcionalidad, perspectiva de género y datos procedentes de la jurisprudencia[260]. "Algunas empresas ya lo hacen y trabajan sobre bancos de datos que tienen en cuenta las diferencias de sexo, nacionalidad o morfología y han actualizado sus algoritmos para que sean más inclusivos. También se han creado empresas espe-

---

258 Para Macchiavelli, N., "La violencia de género y el uso de algoritmos...", cit., pág. 66, "También puede clasificar y procesar —a una velocidad exponencial— información relevante que permita visualizar, como se mostrará, posibles conductas discriminatorias por parte del Estado. Es decir, existen técnicas inteligentes disponibles que pueden utilizarse como un mecanismo para mejorar las herramientas en la persecución penal"; Monasterio Astobiza, A., Ética algorítmica: implicaciones éticas de una sociedad..., cit, sobre la transformación tecnológica y digital del mundo está generando un enorme progreso en sistemas de IA cuyos algoritmos son utilizados por los gobiernos, las fuerzas de seguridad de los estados, compañías privadas, sistemas públicos de sanidad, bancos. Estos sistemas y los algoritmos pueden tener fallos que pueden afectar gravemente a las personas dado el gran número de aplicaciones que tienen".

259 Subraya Aragüez Valenzuela, L., "Desafíos de la digitalización de las relaciones laborales: algoritmos digitales, robotización y trabajo a distancia", *e-Revista Internacional de la Protección Social*, Vol. VII, nº 1, 2022, la dificultad de probar judicialmente por parte de un algoritmo; fundamentalmente, porque estos no suelen estar abiertos a inspecciones de trabajos como cualquier otro actor laboral: "Para que realmente la inspección de trabajo sea real, sería adecuado que **los algoritmos fueran de fuente abierta, *open data*"**

260 Vid., Aragüez Valenzuela, L., "Desafíos de la digitalización de las relaciones laborales: algoritmos...", cit., "*la empresa debe detectar el fallo que debe tener el algoritmo o ver cuáles han sido los datos que se han ido introduciendo", argumentó Aragüez, que valoró que hay "una **evidente ausencia de normas**".*
*Desde su perspectiva, el derecho laboral va en este asunto "por detrás de los cambios sociales", pero es "**igual de reprochable** realizar una discriminación a través de un algoritmo digital que si se efectúa por la propia intervención humana".*

cializadas en la elaboración de herramientas que permiten evaluar los algoritmos y determinar si contienen prejuicios".

La presunción de daño moral por algoritmos, el derecho a reparación de los daños causados deben incorporarse al sistema jurídico, incorporando una fase previa a la judicial con la intervención de la Inspección de Trabajo y de autoridades independientes de control y calidad de los algoritmos, de big data, que supervisen aquellos estereotipados decidiendo su supresión[261]. En suma, la utilización de algoritmos discriminatorios automatizados y sin control resulta contrario a la responsabilidad social y a la calidad en la gestión pública y empresarial. La constitucionalidad de los efectos algorítmicos depende no sólo de la lógica y objetividad sino de los fines conseguidos y el interés general[262].

---

261 El Gobierno se comprometió a crear en 2022 una Agencia Española de Supervisión de Inteligencia Artificial para auditar algoritmos de redes sociales, administraciones públicas y empresas.

262 *Entre las iniciativas existentes, cabe citar también la labor que realiza el colectivo Data for Good, que reflexiona acerca de los medios de poner los algoritmos al servicio del interés general. Este colectivo redactó una carta de ética titulada "El juramento hipocrático para los científicos de la informática", que establece una lista de parámetros específicos que es preciso verificar antes de aplicar un algoritmo para asegurarse de que no es discriminatorio. Es importante apoyar las iniciativas de este tipo* (Entrevista UNESCO).

4. Derechos fundamentales desde una perspectiva de género

4.1. EL DERECHO A TUTELA JUDICIAL EFECTIVA DE LAS VÍCTIMAS MEDIANTE GARANTÍAS DE RESPONSABILIDAD PÚBLICA

4.1.1. Contexto legal

En este epígrafe se abordan las bases legales para la tutela judicial de las víctimas de violencia de género mediante la reclamación de responsabilidad a los poderes públicos[263].

Desde una perspectiva internacional, la Convención para la Eliminación de Todas las Formas de Discriminación contra la Mujer y su Protocolo Facultativo obliga al Estado español al cumplimiento de sus disposiciones, con el riesgo de vulneración por omisión de la responsabilidad derivada de violencia de género. Dispone "un deber estatal de indemnización adecuada a quienes hayan sufrido graves daños contra su integridad física o a la salud, en la medida en que el perjuicio no esté cubierto por otras fuentes como el autor del delito, los seguros o los servicios sociales y médicos; y la obligación de diligencia debida y responsabilidad subsidiaria por insolvencia de los maltratadores". Aunque no le atribuye la condición de responsable público directo por actuaciones sin la diligencia debida, inacción o incumplimiento de los deberes de prevención, investigación y sanción[264].

---

263 "Si se produce un daño o lesión por violencia de género, ya sea porque se le ha denegado alguna medida de protección (orden de alejamiento) o porque el régimen de visitas previsto con los menores se ha desarrollado sin supervisión, por no haberse estimado necesario por el juzgador/a", cabe reconocer una responsabilidad del Estado.

264 La Propuesta de Directiva establece que "las víctimas deben poder obtener una indemnización completa y sin un límite fijo en el curso de un proceso penal y debe cubrir todos los daños y traumas experimentados por las víctimas y los costos incurridos para manejar los daños (costos de la terapia, el impacto en la situación laboral de la víctima, la pérdida de ingresos, los daños psicológicos y el perjuicio moral debido a la violación de la dignidad)".

A diferencia de la Propuesta para una Directiva del Parlamento europeo y del Consejo sobre la lucha contra la violencia contra la mujer y la violencia doméstica que aborda las obligaciones del Estado para salvaguardar los derechos de las víctimas.

Ahora bien, conforme a la Exposición de Motivos de la Ley Orgánica 1/2004 de 28 de diciembre, de Medidas de Protección Integral contra la Violencia de Género "los poderes públicos no pueden ser ajenos a la violencia de género, que constituye uno de los ataques más flagrantes a derechos fundamentales como la libertad, la igualdad, la vida, la seguridad y la no discriminación proclamados en nuestra Constitución". Con carácter general, el artículo 106.2 CE garantiza el derecho de los particulares a ser indemnizados por las Administraciones Públicas "por toda lesión que sufran en cualquiera de sus bienes y derechos, salvo en los casos de fuerza mayor, siempre que la lesión sea consecuencia del funcionamiento de los servicios públicos"; y en los mismos términos también el artículo 32.1 de la Ley 40/2015, de 1 de octubre, de Régimen Jurídico del Sector Público. En relación a la responsabilidad de la administración de justicia por error o funcionamiento anormal, se regula en el artículo 121 CE, estableciendo un derecho de indemnización.

Sin embargo, la Ley Orgánica 1/2004, de 28 de diciembre, de Medidas de Protección Integral contra la Violencia de Género omite los efectos jurídicos de un deficiente funcionamiento del sistema público de protección de víctimas de violencia de género y también de la inacción o negligencia de los agentes intervinientes. La normativa estatal de violencia de género no impone responsabilidades a los poderes públicos por falta de diligencia en la detección e identificación de situaciones de riesgo, de medidas protectoras, o inaplicación de protocolos de seguridad y del Estatuto de las víctimas.

En particular, destaca la ausencia legal de acciones específicas para exigir responsabilidades en supuestos de muerte, lesiones o daños causados por la desatención de los servicios asistenciales, decisiones de los órganos judiciales o incumplimiento de protocolos aplicables para la seguridad de las víctimas. Al respecto, la STSJ del País Vasco 3246/2015, de 6 de octubre, admite que siempre puede haber un nexo de causalidad entre la falta de medidas de prevención psicosocial y los daños a la salud que sufre una trabajadora[265].

La Ley 5/2008, de 24 de abril, del derecho de las mujeres a erradicar la violencia machista de Cataluña, incorpora el "deber de intervención obligatoria de los profesionales de la salud, los servicios sociales y la educación, cuando tengan conocimiento de una situación de riesgo o de una evidencia fundamentada de violencia machista, en coordinación con los servicios de la Red de Atención y Recuperación Integral" (artículo 11)[266]. En la actualidad, sólo se regula la legitimación de la Administración de la que dependen los servicios de atención a las víctimas para solicitar medidas discrecionalmente (artículo 61). Pero el conocimiento del maltrato por los miembros de los servicios asistenciales sin denuncia y la actuación de las administraciones pueden provocar daños, lesiones o muerte por violencia de género, sin que se haya previsto responsabilidades públicas.

De otra parte, resulta paradójico el predominio de *soft law* en una materia penal como la violencia de género, mediante protocolos de origen convencional o paccionado sin auténtica eficacia jurídica[267]. El riesgo de deficiencias, imprevisiones, ausencia de revisión y actua-

---

265 Así, la STSJ de Cataluña 13 de mayo de 2016 señala explícitamente "la diferencia entre la obligación de prevenir y el establecimiento de un protocolo en la empresa. La aplicación del protocolo no exime a las empresas de responsabilidad por los daños que puedan sufrir los trabajadores por la exposición a factores de riesgo psicosocial".

266 La Ley 5/2008, de 24 de abril, regula el "derecho de las mujeres que se hallan en riesgo o en situación de violencia machista a recibir de inmediato de las administraciones públicas de Cataluña una protección integral, real y efectiva" (artículo 30). Aunque esta normativa externaliza la responsabilidad remitiendo a los protocolos las responsabilidades de los sectores implicados en el tratamiento de la violencia machista, con el objeto de garantizar la prevención, la atención eficaz y personalizada y la recuperación de las mujeres que se hallan en situación de riesgo o que son víctimas de la violencia machista (artículo 85.5), pese a que deberían haberse regulado en la ley.

267 El origen de la regulación legal de los protocolos se encuentra en normas internacionales no vinculantes como la Recomendación 92/131 de la Comisión Europea sobre la protección de la dignidad de la mujer y el hombre en el trabajo, el Acuerdo Marco de los agentes sociales europeos sobre Violencia y Acoso de 2007 y los Principios Rectores de Derechos Humanos y Empresas aprobados por el Consejo de Derechos Humanos de Naciones Unidas en 2010, que incluye el

lización de los mismos implica que tampoco su cumplimiento puede garantizar la protección de la víctima. Además su origen convencional o paccionado tiende a eludir deberes de prevención y a la exención de responsabilidades[268].

4.1.2. Desarrollo jurisprudencial

Con carácter general, para exigir responsabilidad patrimonial por el funcionamiento de los servicios públicos, es necesario que concurran los siguientes requisitos: "hecho imputable a la Administración, lesión o perjuicio antijurídico efectivo, económicamente evaluable e individualizado en relación a una persona o grupo de personas; relación de causalidad entre hecho y perjuicio; sin concurrir fuerza mayor u otra causa de exclusión de la responsabilidad; y que el particular no tenga el deber jurídico de soportar los daños derivados de la actuación administrativa" (STS de 19 de febrero de 2016 y 5 de diciembre de 2014). En base a estos presupuestos, resulta viable la exigibilidad de responsabilidad pública por daños derivados de violencia de género imputable al funcionamiento anormal de la Administración, como la falta de diligencia, errores, incumplimientos con resultado de muerte o lesiones. Sin embargo, la infraestructura institucional y administrativa destinada a proteger a las víctimas de violencia de género no se implementa con acciones específicas para exigir responsabilidades públicas. En la actualidad, resultan escasas las sentencias declarando la responsabilidad patrimonial de la Administración en casos violencia de género por inadecuada actuación u omisión lesiva de los poderes públicos.

El régimen jurídico de tutela de las víctimas de violencia de género permanece incompleto por la imprevisión de responsabilidad pública y sólo puede integrarse a través de la jurisprudencia. Destaca

---

principio de "diligencia debida" de las empresas en su deber de proteger los derechos fundamentales y los mecanismos de arreglo extrajudicial de conflictos.

268 El protocolo permanece al margen de los procedimientos judiciales por su falta de eficacia jurídica. "En el uso del protocolo se pueden detectar factores de riesgo psicosocial que darían lugar a la revisión del plan de prevención, la evaluación de riesgos, así como a la aplicación de medidas preventivas y protectoras de la salud de las personas afectadas".

al respecto la STS de 17 de julio de 2018 condenando al Estado por "anormal funcionamiento de la Administración de Justicia", al abono de una indemnización (caso Ángela González). El TS concluye que "la Administración vulneró derechos fundamentales de la recurrente, concretamente sus derechos a la igualdad y a no ser discriminada por razón de sexo, a la integridad física y moral, y a la tutela judicial efectiva. El Estado no asumió la demanda de reclamación de responsabilidad patrimonial y puso fin a los efectos de una declaración de lesión de derechos de la mujer, por haber sufrido un acto de discriminación derivado de una situación de violencia que le vinculaba en los términos de la Convención y el Protocolo Facultativo".

La relación de causalidad entre las actuaciones u omisiones públicas y la muerte o lesiones de la mujer y de los hijos, contribuye a demostrar la responsabilidad administrativa o judicial. En concreto "debe considerarse la previsibilidad del evento y la ausencia de medidas precautorias por parte de la Administración, para apreciar la existencia de un nexo causal entre el fatal desenlace y la omisión de las autoridades y funcionarios que no desenvolvieron la diligencia exigible para evitar un resultado predecible" (STS 4 de mayo de 1999, de 18 de julio de 2002 (casación 1710/98).

Respecto a la acreditación de la causalidad, la STS de 21 de marzo de 2007 señala que "corresponderá a la parte recurrente" si bien este requisito podría relajarse con la aplicación por el juzgador de la perspectiva de género en la violencia contra la mujer; y no exigirse a la víctima en base a la inversión de la carga de la prueba en contra del Estado como demandado (artículo 30 Ley 15/2022, de 12 de julio, integral para la igualdad de trato y la no discriminación)[269].

En este sentido, la citada SAN 2350/2020, de 30 de septiembre de 2020 considera acreditado "el nexo causal existente con el funcionamiento anormal de la Administración, plasmado en el informe de bajo riesgo que no apreció todos los indicadores que ponían de manifiesto el peligro que corría la fallecida, y que eran evidentes. Por

---

[269] En base al Artículo 13 Ley Orgánica 3/2007, de 22 de marzo, para la igualdad efectiva de mujeres y hombres "en aquellos procedimientos en los que las alegaciones de la parte actora se fundamenten en actuaciones discriminatorias, por razón de sexo, corresponderá a la persona demandada probar la ausencia de discriminación en las medidas adoptadas y su proporcionalidad".

tanto, concurren los requisitos recogidos en las Leyes 39 y 40/2015 para declarar la responsabilidad patrimonial de la Administración".

Respecto del carácter objetivo de esta responsabilidad, “”no supone que la Administración responda de todas las lesiones que se produzcan en el ámbito del servicio público, siendo preciso para ello que la lesión pueda imputarse al funcionamiento del servicio" (STS de 8 de noviembre de 2010). "El Estado no está obligado a indemnizar a todas las personas que sufran un daño por un feminicidio, porque no resulta razonable asignarle la responsabilidad por la prevención de todos los daños derivados de la violencia de género, pero sí lo está cuando éste se produce por una omisión de las fuerzas de seguridad en el cumplimiento de sus deberes específicos de seguridad frente a las víctimas de violencia doméstica" (Nadir Graciadio)[270].

Los frecuentes déficits y fallos del sistema institucional justifican la atribución a las víctimas de violencia de género de cauces legales para exigir responsabilidad pública y la indemnización correspondiente[271]. Por esta razón, recientemente la Ley 15/2022, de 12 de julio, integral para la igualdad de trato y la no discriminación, prevé "por incumplimiento de las obligaciones de detección, medidas preventivas y cese de situaciones discriminatorias, responsabilidades administrativas, así como, en su caso, penales y civiles por los daños y perjuicios que puedan derivarse, y que podrán incluir tanto la restitución como la indemnización, hasta lograr la reparación plena y efectiva para las víctimas por incumplimiento de obligaciones de protección frente a la discriminación" (artículo 25)[272].

---

270 En tal sentido, considera que "el grado de contribución estatal a la existencia o persistencia del riesgo es un factor decisivo para evaluar los requisitos de evitabilidad y previsibilidad del daño en una situación determinada; siempre partiendo de un deber de diligencia reforzado en función del art. 7º de la Convención de Belém do Pará. IX". El artículo 34.2 de la Ley 40/2015, de 1 de octubre, de Régimen Jurídico del Sector Público, que dispone: «En los casos de muerte o lesiones corporales se podrá tomar como referencia la valoración incluida en los baremos de la normativa vigente en materia de Seguros obligatorios y de la Seguridad Social».

271 "El daño es efectivamente evaluable económicamente como daño moral" (SAP Lugo 28 de febrero 2022 y SAP Almería 26 de octubre de 2020).

272 El artículo 26 de la Propuesta de Directiva regula el derecho a indemnización de las víctimas por los daños derivados de toda forma de violencia contra las mujeres, que incluye daños físicos, psicológicos y morales.

La Ley Orgánica 2/2022, de 21 de marzo, de mejora de la protección de las personas huérfanas víctimas de violencia de género reconoce que se trata de un colectivo digno de amparo. Según el Observatorio contra la Violencia Doméstica y de Género en un informe publicado en 2020, "de los 1.083 casos de feminicidio habidos entre 2003 y el 31 de diciembre de 2020, la violencia de género dejó un total de 1.653 hijos huérfanos, de los que 825 eran menores de edad". En estos casos no prescritos, conforme al Convenio de Estambul y el Pacto de Estado contra la violencia machista, el MF podría reclamar las responsabilidades públicas y las indemnizaciones al Estado para la tutela de los derechos derivados del funcionamiento anormal de la Administración[273].

En la actualidad, "cuando una mujer víctima (ella o sus hijos y/o hijas) de uno o varios actos de violencia doméstica o de género interpone una denuncia, debe realizarse por la policía o por la guardia civil una valoración de la situación objetiva de riesgo", según el Protocolo establecido por la Secretaría de Estado de Seguridad. Esta valoración inicial consistirá en la cumplimentación de un cuestionario por la víctima, a efectos de que el Sistema VioGen le asigne automáticamente un nivel de riesgo[274]. El incumplimiento del Protocolo para la valoración policial del nivel de riesgo (Instrucción SES 4/2019, de 6 de marzo —SP/LEG/27440—) genera sanciones con apertura de expediente disciplinario por negligencia de los agentes responsables[275]. Si bien el cumplimiento de los protocolos de valora-

---

273 Conforme a dicha Ley las indemnizaciones de los huérfanos víctimas de violencia de género o doméstica por responsabilidad del Estado deberían estar exentas fiscalmente como aquéllas recibidas por responsabilidad civil.

274 Puede ser calificado como «no apreciado», «bajo», «medio», «alto» o «extremo», y modificado por los agentes al alza si, atendiendo a los indicios que no se reflejen en los indicadores del sistema, consideran que resulta necesario para una mejor protección a las víctimas."

275 Al respecto la Sentencia del Tribunal Militar Central (STMC) 26 de septiembre de 2019 (SP/SENT/1144124), condena a un guardia civil "por no realizar los seguimientos establecidos a una víctima de violencia de género cuyo nivel de riesgo había pasado de "medio" a "alto"; STMC 28 de septiembre de 2021 (SP/SENT/1145948), por negligencia grave al no realizar la valoración policial de evolución de riesgo a una víctima que acudió a denunciar un incumplimiento de la orden de alejamiento"; STMC 17 de julio de 2018 (SP/SENT/1145949), "por negligencia grave considerando que el contenido de los mensajes no era

ción del riesgo no garantiza la plena protección jurídica de la víctima al no tratarse de normas, dejando expedita la vía a la reclamación de responsabilidades aunque con superior dificultad de que prospere judicialmente[276].

Paralelamente la violencia vicaria generada por fallos de los poderes públicos en la adopción de medidas preventivas y cautelares también debe reconducirse a la responsabilidad del Estado. La Jurisprudencia considera que estos actos contra los hijos deben considerarse también violencia contra la mujer (SAP A Coruña octubre 2028 y de la AP Valencia), conforme al artículo 1.4 Ley de Violencia de Género y el Pacto de Estado contra la Violencia de Género (2017). Sin embargo, el TS en sentencia de julio de 2018 reconoce la responsabilidad del Estado también por violencia vicaria argumentando "la desprotección que ha soportado durante años ante una clara situación de discriminación, antes y después del fallecimiento de su hija".

La violencia vicaria incluye la derivada de la omisión legislativa y de índole económica conforme a la Ley de Protección de la infancia que regula "toda acción, omisión o trato negligente que priva a las personas menores de edad de sus derechos y bienestar, que amenaza o interfiere su ordenado desarrollo". El Código Penal castiga el impago de prestación económica en favor del cónyuge o de los hijos tras una separación o un divorcio (a partir de dos meses consecutivos o cuatro meses no consecutivos) con penas de prisión. A raíz de la referida normativa, esa pena debe ir obligatoriamente acompañada de la prohibición de aproximación con el distanciamiento físico entre víc-

---

amenazador y que no había violencia física, sin llegar a tramitar la denuncia como era su obligación y colocando a ésta en un estado de desamparo, que se fue de allí para interponer la denuncia".

276 Para Clemente Roncero, I, "Responsabilidad patrimonial del Estado por error en la valoración del riesgo de violencia de género", *AD* 178/2020, "la necesidad de mejorar los protocolos de valoración del riesgo, no en todos los casos, pero en muchos la valoración del riesgo consiste en una serie de preguntas mecánicas siguiendo un formulario tipo y sin que los agentes realicen ni valoren otras cosas, para lo que están habilitados, y debe constar en el atestado mediante diligencia, la especial situación de las víctimas de violencia de género supone en muchos casos que un formulario tipo con preguntas estándares, por muy bien preparado que este, no permita hacer una valoración correcta y eso deje desprotegida a la víctima".

tima y agresor igualmente en los casos de abandono de familia, entre los que se incluye el impago de pensiones, que afectan al bienestar y libre desarrollo de la personalidad de los menores.

Para ejemplificar la responsabilidad como consecuencia de la relación causa-efecto de la actuación administrativa, puede recurrirse al caso de una mujer asesinada por su pareja donde la Fiscalía manifestó que "estaba protegida al vivir con un militar" y de otra víctima que también lo fue con el arma devuelta por la Administración a un maltratador reincidente. En este último supuesto, la Audiencia Nacional calificó de "deficiente" la devolución del arma al agresor, condenando al Estado a la indemnización a su hija fundada en que la Administración no comprobó suficientemente los antecedentes del agresor, antes de revocar la suspensión de licencia de armas tras dos procesos por violencia de género. Según la SAN de 14 de noviembre de 2013, la devolución de las armas actúo como "coadyudante de la muerte" y la valoración de la conducta del agresor únicamente se basó en un informe de la fuerza policial donde residía el agresor, cuando lo "lógico" hubiera sido solicitarlo en el lugar donde vivía la víctima.

No obstante, la responsabilidad del Estado también puede derivar de la imprevisión de los riesgos y de medidas protectoras en las situaciones de renuncia por las víctimas a continuar el procedimiento de violencia de género. Sobre la subsistencia de los deberes de protección pública, el Acuerdo del Pleno del Tribunal Supremo de 25 de noviembre de 2008 reconoce que "el consentimiento de la mujer no excluye la punibilidad a efectos del art. 468 del CP", y en consecuencia tampoco debería eximir de responsabilidad pública.

La Propuesta de Directiva de la Comisión Europea de 2022 dispone que "las autoridades también estarían obligadas a realizar evaluaciones de riesgo individuales cuando la víctima contacta por primera vez, para valorar el riesgo que representa el delincuente. A partir de aquí, las autoridades tendrían que proporcionar protección inmediata a través de órdenes de restricción de emergencia o de protección"[277]. En esta línea, la referida SAN 30 de septiembre de

---

[277] El artículo 18 aborda la evaluación "del riesgo que suponga el autor o el sospechoso del delito, incluidos factores como el riesgo de violencia reiterada, el

2020 dictó Sentencia condenó al Ministerio de Interior a indemnizar a la familia de una mujer asesinada por su ex pareja, en 2016 (Recurso 2187/2019). El procedimiento se inició a través de la reclamación de responsabilidad patrimonial fundamentada en que la había asesinado como consecuencia del "funcionamiento anormal de la Administración, plasmado en el informe de bajo riesgo que no apreció todos los indicadores que ponían de manifiesto el peligro que corría la fallecida, y que eran evidentes". La sentencia se basó en que el error en el informe de valoración fue **determinante y decisivo** al no conceder la orden de protección solicitada, apreciando la existencia de una relación de causalidad entre el daño sufrido (muerte de la víctima) y la valoración del riesgo[278].

La perspectiva de género aplicada a las reclamaciones por responsabilidad patrimonial de la Administración podría influir en la demostración de que el daño o perjuicio es consecuencia del funcionamiento anormal de los servicios públicos. En la actualidad, prevalece la interpretación judicial generalizada considerando que la Administración queda exonerada cuando la intervención de tercero o del propio perjudicado reviste la suficiente intensidad para resultar determinante del resultado lesivo, quebrando la relación con el servicio público en cuyo ámbito se han producido los hechos, aun cuando el funcionamiento del mismo sea defectuoso. Las SSTS 27 de diciembre de 1999, 23 de julio de 2001 y 8 de noviembre 2010 coinciden en que" el carácter objetivo de esta responsabilidad no supone que la Administración haya de responder de todas las lesiones que se produzcan en el ámbito del servicio público", siendo preciso para ello

---

riesgo de lesiones corporales, el uso de armas, el hecho de que el autor o el sospechoso conviva con la víctima o de que haga un consumo abusivo de drogas o alcohol, el abuso de menores, problemas de salud mental o comportamientos de acecho".

278 En el Protocolo para la Valoración Policial del nivel de riesgo de violencia de género y de gestión de la seguridad de las víctimas, se establecen factores que no se tuvieron en cuenta como "la violencia sufrida por la víctima, relaciones mantenidas con el agresor, antecedentes del agresor; circunstancias familiares, sociales, económicas y laborales de la víctima y el agresor, etc". Esta información es imprescindible para poder concretar el grado o nivel de riesgo de que se produzca una severa agresión contra la víctima; así como para determinar las medidas policiales de protección que deben ser adoptadas, siempre de manera personalizada e individual.

que la lesión pueda imputarse al funcionamiento del servicio. A la relajación de este requisito en beneficio de las víctimas de violencia contra la mujer puede contribuir sin duda la perspectiva de género.

La intervención simultánea de administraciones, instituciones y órganos judiciales dificulta la concreción de la culpabilidad, debido a la confluencia de decisiones con resultado de muerte o lesiones. En esos supuestos sería necesario arbitrar una responsabilidad objetiva y solidaria para proteger a las víctimas, sin obligarles a demostrar quién es el responsable de la violencia de género por negligencia, omisión, falta de prevención o inaplicación de protocolos de seguridad.

Por último, conviene subrayar que la eficacia de las leyes de violencia de género se resiente por la imprevisión de un régimen de sanciones aplicable a las irregularidades, anomalías, errores, negligencias o incumplimientos de las Administraciones intervinientes. Ni siquiera la reciente normativa sobre violencias sexuales (LO 10/2022, de 6 de septiembre) regula la indemnización de daños y perjuicios a las víctimas por los poderes públicos, sino exclusivamente por personas civil o penalmente responsables. Si bien la Ley 15/2022, de 12 de julio, integral para la igualdad de trato prevé sanciones, expedientes sancionadores y disciplinarios administrativos por discriminaciones de autoridades o personal al servicio de las Administraciones públicas o cargos públicos.

Esta "irresponsabilidad" de los poderes públicos puede generar a su vez una revictimización derivada las distintas modalidades de violencia contra las mujeres (jueces, fiscales, instituciones…), como se expone en el siguiente epígrafe[279].

---

279 "La STS 17 de julio de 2018, a diferencia de todos los órganos intervinientes hasta el momento (abogados del Estado, jueces, funcionarios y ministros), que persistieron con sus argumentos denegatorios, aplicó las recomendaciones del Comité de la CEDAW como presupuesto habilitante para reconocer la Responsabilidad del Estado por funcionamiento anormal de la Administración de Justicia. Se desestima la reclamación al no poderse predicar responsabilidad alguna del funcionamiento de la Guardia Civil ni, por ende, de la Administración General del Estado" (SAN 30 septiembre 2020).

4.2. REVICTIMIZACIÓN Y LESIVIDAD DE DERECHOS FUNDAMENTALES

La Recomendación (2002) 5 del Comité de Ministros del Consejo de Europa a los Estados miembros del Parlamento Europeo y del Consejo de la Unión Europea, de 25 de octubre de 2012, dispone normas mínimas sobre los derechos, el apoyo y la protección de las víctimas de delitos[280]. También el artículo 18 de la Directiva 2012/29/UE, de 25 de octubre, establece que "los Estados miembros velarán por incorporar medidas para proteger a las víctimas y a sus familiares frente a la victimización secundaria o reiterada, la intimidación o las represalias, incluido el riesgo de daños emocionales o psicológicos, y para proteger la dignidad de las víctimas durante la toma de declaración y cuando testifiquen". Para evitar la victimización secundaria, la Propuesta para una Directiva del Parlamento europeo y del Consejo sobre la lucha contra la violencia contra la mujer y la violencia doméstica dispone que "se preste especial atención al riesgo de intimidación, represalias, victimización secundaria y reiterada y a la necesidad de proteger la dignidad y la integridad física de las víctimas" (artículo 2).

4.2.1. Relevancia jurídica

En sentido general, la victimización secundaria se entiende como sufrimiento añadido a las víctimas y a los sujetos pasivos de un delito que infieren las instituciones y administraciones implicadas en su tutela. Así la STS de 15 de noviembre de 2016 argumenta que no puede entenderse "que los medios queden eximidos de valorar los posibles daños que podían infligir a la víctima mediante la llamada *victimización secundaria*, que en este caso consistió en superponer al daño directamente causado por el delito, el derivado de la exposición pública de su imagen y su intimidad al declarar en el acto del juicio oral". Al margen de esta modalidad, también puede identificarse una

---

280 Se sustituye la Decisión marco 2001/220/JAI del Consejo de la Unión Europea relativa al Estatuto Jurídico de las Víctimas en el Proceso Penal y que obligaba a los poderes públicos, entre otras prestaciones, a garantizar "un nivel adecuado de protección a las víctimas en el plano de la seguridad, intimidad e imagen".

victimización terciaria que incluye al propio autor, su familia y a los terceros allegados, por soportar las consecuencias de ser catalogado como "delincuente" y la consiguiente estigmatización.

La revictimización adquiere especial relevancia jurídica por los daños patrimoniales y psicológicos agravados como frustración, impotencia, sensación de desamparo, prolongación del sufrimiento, recuerdo del trauma, pérdida de confianza en las instituciones y sus profesionales, con efectos negativos en las relaciones personales y sociales. En particular, las intervenciones inadecuadas, negligentes, imprudentes de los operadores o agentes y falta de asistencia por parte del sistema administrativo y judicial no sólo producen efectos psicológicos de baja intensidad, sino que también vulneran derechos fundamentales.

La revictimización puede provocar efectos discriminatorios y lesión de derechos fundamentales (integridad psíquica o física, honor, intimidad, protección de datos…) mediante actos que reproducen el sistema jerárquico, de dominio o sumisión en el ámbito judicial, asistencial, laboral y social,

Por esa razón, su problemática debe abordarse desde una perspectiva de género especialmente en los supuestos de violencia, acoso y delitos sexuales contra las mujeres. En esta línea, la guía del Consejo General del Poder Judicial (2008) como criterio de actuación judicial frente a la violencia de género, aconseja garantizar "un nivel adecuado de protección a las víctimas en el plano de la seguridad, intimidad e imagen"[281].

Desde una perspectiva de género, las conductas revictimizantes "aumentan el malestar de las mujeres afectadas minimizando los hechos que narran, o las expulsan de la institución, mediante derivaciones precipitadas a otro servicio, en el que tiene que volver a explicar su situación y ser evaluadas de nuevo". Entre las causas debe señalarse la falta de formación de los agentes intervinientes en violencia de género, propiciando actitudes profesionales como la descalificación, el descrédito, falta de empatía, empleo de tecnicismos jurídicos, des-

281 "El principio general que debe guiar las estrategias y prácticas en la materia, se basa en que "las mujeres deben poder testificar de tal forma que se proteja su privacidad, identidad y dignidad".

información sobre el proceso, dudas sobre el testimonio de la víctima que incentivan el sentimiento de culpabilidad.

La victimización secundaria puede generar una violencia adicional a la que han padecido las víctimas con anterioridad, incrementando la gravedad del daño inicial en los supuestos de maltrato o acoso por razón de género. "Las personas que han experimentado un acto de violencia social o violación a sus derechos humanos, y han quedado en una situación de victimización, generalmente experimentan una "suma de violencias", provocándose una "multivictimización", la primera por el acto vulnerante en sí mismo, la segunda derivada de la violencia institucional y la tercera por las condiciones de vulnerabilidad, exclusión, estigmatización y olvido social. Esta suma de violencias, pero especialmente la tercera, es una manifestación clara y palpable de lo que se ha identificado como violencia estructural" (MSF, 2010).

Su gravedad oscila desde actuaciones y omisiones de baja intensidad o infracciones administrativas hasta la vulneración de derechos fundamentales como reconoce Ley 4/2015, de 27 de abril, del Estatuto de la víctima del delito para garantizar su integridad física y psíquica, libertad, seguridad e indemnidad sexuales, así como para proteger adecuadamente su intimidad y su dignidad (artículo 19). Por esta razón, la respuesta del Derecho debe graduarse comenzando en primer lugar por la tipicidad de la victimización secundaria como derecho, deber y causa de responsabilidad exigibles mediante cauces jurídicos[282].

---

282 El Comité de Naciones Unidas para la Eliminación de la Discriminación contra la Mujer (CEDAW) ha condenado a España por no proteger a una mujer víctima de violencia de género y a su hija, de siete años, a la que el maltratador asesinó en 2003 en una de las visitas pautadas en el régimen de separación. En su dictamen vinculante señala que la Administración española debe indemnizar "de manera proporcional" a la madre y expone que el Estado español actuó de manera negligente: no las protegió ni a ella ni a su hija; tampoco la indemnizaron por el daño irreparable sufrido. Es la primera vez que un organismo internacional falla contra España por un caso de violencia de género.

4.2.2. Ámbito de aplicación subjetivo y objetivo

4.2.2.1. Titularidad del derecho

El derecho a no revictimización por razones de género de las mujeres y sus hijos como principales víctimas se prevé en la Propuesta para una Directiva del Parlamento europeo y del Consejo sobre la lucha contra la violencia, estableciendo que "los Estados miembros se asegurarán de que, en las investigaciones y en los procedimientos judiciales penales, no se permitan las preguntas, las indagaciones y las pruebas que hagan referencia a la conducta sexual pasada de la víctima o a otros aspectos de su vida privada relacionados con ella".

En el marco nacional, la Ley 4/2015, de 27 de abril, del Estatuto de la víctima del delito regula comportamientos revictimizantes sobre "la declaración (sin dilaciones, el menor número de veces posible) o testificación, que afecten a la intimidad impidiendo la difusión de la información, evitando contacto entre víctima e infractor, y con reconocimientos médicos imprescindibles", entre otros. La LO 10/2022 modifica los artículos 25 y 26 LEV para evitar la revictimización de los menores, victimas con discapacidad y de violencias sexuales mediante declaración ante profesionales con formación especial para reducir o limitar perjuicios[283].

También la Ley Orgánica 2/2022, de 21 de marzo, de mejora de la protección de las personas huérfanas víctimas de la violencia de género, regula obligaciones del Estado como principal sujeto activo de revictimización. El riesgo de perjuicios a los hijos huérfanos de violencia de género en la herencia del patrimonio familiar, cobro de las indemnizaciones de responsabilidad civil y pensiones, introduce nuevos derechos antirevictimizantes. Entre los que figuran "la solicitud de formación de inventario de la herencia materna, el blindaje de las indemnizaciones por responsabilidad civil derivada del delito,

---

283 Según dicha norma, "en el caso de las víctimas menores de edad, víctimas con discapacidad necesitadas de especial protección y víctimas de violencias sexuales, las declaraciones recibidas durante la fase de investigación serán grabadas por medios audiovisuales y podrán ser reproducidas en el juicio en los casos y condiciones determinadas por la Ley de Enjuiciamiento Criminal y podrán recibirse por medio de personas expertas".

con liberación de cargas tributarias, y mejora de las pensiones de orfandad".

El derecho a un trato no revictimizante debe ser subjetivo, personal e individualizado según las necesidades y circunstancias de la víctima. En este sentido, el artículo 18.4 de la Propuesta para una Directiva del Parlamento europeo y del Consejo sobre la lucha contra la violencia contra la mujer y la violencia doméstica, prevé una evaluación de la víctima cuando se produzca el primer contacto con las autoridades competentes "teniendo en cuenta las circunstancias individuales de la víctima, en particular si sufre discriminación por razón de sexo junto con discriminación por otros motivos y, por lo tanto, está expuesta a un mayor riesgo de violencia, así como el propio relato de la víctima y su valoración de la situación. Se llevará a cabo para favorecer el mejor interés de la víctima, prestando especial atención a la necesidad de evitar la victimización secundaria o reiterada"[284].

La Ley igualdad de trato (artículo 3.2) señala que las disposiciones revictimizantes o rediscriminatorias estarían prohibidas y serían nulas por atentar contra el derecho de igualdad. El Anteproyecto de la Ley Integral de Trata también prevé la revictimización y confidencialidad en aplicación de la perspectiva de género y vulnerabilidad.

"La revictimización exige la individualización de la atención o acompañamiento considerando que el sufrimiento presenta una percepción subjetiva y diferentes efectos traumáticos según la víctima" (Gutierrez de Piñeres Botero)[285].

El género y la edad de la víctima, así como las circunstancias de vulnerabilidad habrían de ser valoradas y evaluadas a efectos de revictimización por los poderes públicos con objeto de impedir la superposición de un trato discriminatorio a la conducta causante de la violencia o maltrato. Especialmente los menores deberían ser pro-

---

284 Las autoridades competentes actualizarán periódicamente la evaluación individual para garantizar que las medidas de protección se correspondan con la situación de la víctima en cada momento.

285 Vid., Gutierrez de Piñeres Botero/Andres Pérez C., "Revisión teórica del concepto de victimización secundaria", *Liber,* *Vol.*15, Nº 1 ene./jun. 2009. En el ámbito penal, deben reducirse considerablemente los efectos de la victimización secundaria (Shapland, Willmore y Duff, 1985).

tegidos reforzadamente frente a actuaciones revictimizantes y su interés superior salvaguardado en el procedimiento con la adopción obligatoria de medidas: "las comparecencias y audiencias atendiendo a su situación y desarrollo evolutivo; la asistencia de profesionales cualificados o expertos, preservando su intimidad y utilizando un lenguaje que le sea comprensible "[286].

Esta posición se corrobora en la jurisprudencia del Tribunal Supremo (SSTS 1/2016, de 19 de enero, y 675/2016, de 22 de julio) admitiendo que "la presencia de un niño en el proceso penal no permite un debilitamiento de las garantías que informan el tema probatorio y la exploración del menor por expertos que puedan actuar como conductores de su interrogatorio, como sustitutiva de su declaración en el acto del juicio oral. En el plano de la protección de los menores, es preciso que su testimonio se efectúe en un espacio que posibilite su acogida, con una compañía que le genere confianza y de una manera que facilite su declaración". Por consiguiente, la protección de los menores debe ser reforzada con prevención de tratos revictimizantes y en el caso de niñas, adoptar incluso especiales cautelas ante el riesgo de una revictimización por razones de género.

La titularidad y ejercicio de este derecho deriva de su consideración como derecho fundamental a la dignidad, honor, intimidad, imagen, protección de datos o tutela judicial efectiva. En este sentido, el Estatuto de la Víctima establece que "los datos personales de la misma, de sus descendientes y de las personas que estén bajo su guarda o custodia, tendrán carácter reservado" y reconoce el derecho de las víctimas a la protección de su intimidad en el marco del proceso penal[287]. La STSJ de Barcelona de 15 de enero de 2018 impuso una

---

286 Vid. Subijana/ Echeburúa, "Los Menores Víctimas de Abuso Sexual en el Proceso Judicial: el Control de la Victimización Secundaria y las Garantías Jurídicas de los Acusados", Anuario de Psicología Jurídica, Vol. 28,º 1, 2018, pág. 23 y ss.

287 Se dispone que "el Juez podrá acordar, de oficio o a instancia del Ministerio Fiscal o de la víctima, la adopción de cualquiera de las medidas siguientes cuando resulte necesario para proteger la intimidad de la víctima o el respeto debido a la misma o a su familia: a) Prohibir la divulgación o publicación de información relativa a la identidad de la víctima, de datos que puedan facilitar su identificación de forma directa o indirecta, o de aquellas circunstancias personales que hubieran sido valoradas para resolver sobre sus necesidades de protección. b) Prohibir la obtención, divulgación o publicación de imágenes de la víctima o de

sanción sin empleo y sueldo a una trabajadora de los juzgados por proporcionar datos sobre la víctima a un detenido por malos tratos.

Siendo manifestación del derecho a la intimidad y protección de datos, puede entrar en conflicto con otros derechos fundamentales y actuar como límite de la libertad expresión, de prensa e información de los medios de comunicación, impidiendo la difusión de imágenes, circunstancias o datos que permitan la identificación de la víctima[288]. Así el Tribunal Supremo reconoce la lesión del derecho a la intimidad y a la propia imagen, por la emisión en un informativo de un conjunto de datos que permitían identificar a la mujer agredida, como eran la imagen de su rostro, su nombre de pila y la localidad de los hechos (STS 14 de noviembre 2016)[289].

4.2.2.2. Función derecho-deber

En relación al derecho fundamental a tutela judicial efectiva puede vulnerarse no sólo mediante actuaciones revictimizantes ya referidas (insuficiente preservación de la identidad, privacidad, intimidad, protección de datos de la víctima e información para evitar la persecución mediática), sino también por dudar de la declaración o testimonio de la mujer mientras se enjuicia el asunto; practicar

---

sus familiares. Asimismo, el Juzgado puede acordar, de oficio o a instancia de la propia víctima o del Ministerio Fiscal, que las actuaciones judiciales no sean públicas y que las vistas se celebren a puerta cerrada".

288 En base a un informe de la Agencia Española de Protección de Datos (AEPD) se establece la posibilidad de no informar a los abogados respecto de posibles demandados, en garantía al derecho a una tutela judicial efectiva: "Puedes estar tratando un fichero de servicios sociales, datos del marido o de la pareja agresora. El propio artículo 24 de la Ley Orgánica de Protección de Datos (LOPD) facilita no informar en esa cuestión "si hay que tratar datos de una mujer víctima de violencia de género o de su pareja, no se debería informar porque se trata de preservar el derecho a la integridad física de esa persona, a parte de la propia tutela judicial efectiva. Parece lógico plantear al legislador que busque otra metodología en el deber de información de este tipo de casos".

289 El TS admite que la Ley de Medidas de Protección Integral contra la Violencia de Género establece una protección reforzada de la intimidad de las víctimas, "en especial, sus datos personales, los de sus descendientes y los de cualquier otra persona que esté bajo su guarda o custodia", y que faculta a los jueces para "acordar, de oficio o a instancia de parte, que las vistas se desarrollen a puerta cerrada y que las actuaciones sean reservadas".

interrogatorios sin la intervención de profesionales o psicólogos especializados; alargar los trámites burocráticos; no evitar el encuentro entre víctima y agresor, entre otras[290]. Las Recomendaciones del Consejo Europeo de 28 de julio de 1985 sugieren la adecuación de los lugares donde se realizan las entrevistas, la espera y evaluaciones, en beneficio de las víctimas. La Propuesta de Directiva (artículo 22) señala que "los Estados miembros se asegurarán de que, en las investigaciones y en los procedimientos judiciales penales, no se permitan las preguntas, las indagaciones y las pruebas que hagan referencia a la conducta sexual pasada de la víctima o a otros aspectos de su vida privada relacionados con ella".

El derecho a no ser revictimizado se fundamenta en los efectos lesivos de la tutela judicial de la víctima en el proceso, si su declaración como única prueba resulta insuficiente para los órganos judiciales o bien provoca su no participación en el juicio oral, con la consiguiente absolución del acusado o penas inferiores[291].

La discrecionalidad judicial en el proceso respecto de medidas antirevictimizantes puede repercutir negativamente en los derechos fundamentales, por desincentivar el recurso de las víctimas a la vía judicial. La Propuesta para una Directiva del Parlamento europeo y del Consejo sobre la lucha contra la violencia contra la mujer y la violencia doméstica, (artículo 23) dispone que "los Estados miembros emitirán directrices dirigidas a las autoridades competentes para actuar en los procesos penales, incluidas directrices fiscales y judiciales, relacionadas con los casos de violencia contra las mujeres o violencia

---

290 Para García-Pablos de la Molina, *Tratado de Criminología*, Tirant lo Blanch, Valencia, 1999, "habría que acoger las necesidades de la víctima, comprender su sufrimiento y propiciar su confianza brindándole un espacio seguro y cálido donde poder hablar de lo ocurrido, insistiendo en la confidencialidad. Para ello sería necesario un equipo multidisciplinar psico-socio-jurídico que trabaje sin prejuicios ante el perjudicado y con empatía, nunca minimizando las secuelas de la victimización y siempre validando las emociones experimentadas en cada momento".

291 "Hay mujeres que se echan atrás con el paso del tiempo, retiran la denuncia o se acogen a la dispensa de declarar, por lo que estos casos terminan en absolución o sobreseimiento. Si en las horas siguientes a la interposición de la denuncia el agresor reconoce los hechos en una sentencia de conformidad, se dicta una orden de protección para la víctima y el hombre es condenado, aunque sea con una pena menor" (Molina Garllardo, V.).

doméstica...garantizar que los procedimientos se lleven a cabo de manera que se evite la victimización secundaria o reiterada".

El riesgo de sentencias absolutorias o a condenas bajas después de un largo procedimiento, incitan a la renuncia del derecho a tutela judicial a través de acuerdos entre víctimas y agresores antes o durante el juicio[292]. Los recientes casos por violaciones cerrados mediante compensación económica a las víctimas en nuestro país confirman esta tendencia, al tiempo que plantean la constitucionalidad de tales transacciones convencionales en base a la disposición intrínseca de derechos fundamentales. Entre los aspectos positivos pueden señalarse el reconocimiento de los hechos por el maltratador o agresor sexual con el consiguiente resarcimiento a nivel emocional y victimológico de la mujer; además de evitar el sufrimiento psicológico durante los años del proceso y revivir los hechos durante el juicio[293]. Como desventajas cabe destacar la posibilidad de que la indemnización económica no cubra el daño moral y la influencia negativa del proceso en la recuperación emocional de la mujer maltratada.

En cuanto a su configuración como deber, la revictimización no alcanza aún carácter vinculante respecto de los órganos judiciales y operadores jurídicos para la prevención y protección de las víctimas vulnerables. La SAP de Sevilla de 6 de marzo de 2017 aborda la revic-

---

292 "En el caso de delitos sexuales, los acuerdos de conformidad se suelen dar cuando la víctima es un menor —sobre todo si es de corta edad, para que no tenga que revivir lo ocurrido— o cuando apenas hay pruebas sólidas donde, al final, todo se resume en las versiones del acusado y la víctima, sin más testigos ni pruebas médicas. Otros creen que el acuerdo en este caso puede deberse a que el delito juzgado es semipúblico y que para ser perseguido debe ser denunciado. Así, la Fiscalía podría haber aceptado la reducción de pena hasta los dos años— además de la inhabilitación y la indemnización— ante la posibilidad de que la víctima retirase la denuncia "(EL País, 29 julio 2022).

293 El TS admite la revictimización o victimización secundaria que sufren las mujeres que han sido sometidas a este delito, durante la relación que se ha producido "entre ella y el resto de operadores sociales". Advierte del proceso de "victimización secundaria" que sufren las víctimas de agresiones sexuales por la angustia que les produce rememorar los hechos durante el juicio e insta a evitar diligencias que no sean necesarias. "Por lo que la declaración de la víctima resulta totalmente creíble pues es clara, minuciosa, coherente, ausente de contradicciones y persistente pese al tiempo transcurrido desde los hechos (STS 14 enero 2021).

timización en caso de violencia de género tras la denuncia sin contar con el debido asesoramiento de letrado y la declaración en el juzgado instructor sin contar tampoco con asistencia letrada.

El riesgo de vulneración de derechos fundamentales derivado de la revictimización justifica obligaciones como "la intervención mínima con objeto de impedir abusos en los test a la víctima por forenses, psiquiatras, educadores, con una sobreexposición a métodos de evaluación, la vista oral a puerta cerrada, las declaraciones de la víctima por videoconferencia para impedir el contacto visual con el acusado, evitar preguntas sobre su vida privada, anticipar las pruebas y el testimonio de la mujer, testificar como testigo oculto", entre otras[294].

Pero la ausencia de deberes y también de responsabilidades por actuaciones revictimizantes no sólo propicia la renuncia al procedimiento y tutela judicial por el maltrato o violencia de género, sino también a juicios y reclamaciones por la revictimización derivada de estos delitos. La impunidad no se detiene pues en los delitos cometidos contra las mujeres sino que se extiende al trato revictimizante posterior. Esta convicción jurídica se confirma por la Agencia Española de Protección de Datos advirtiendo que la víctima no suele recurrir a este organismo "para que se active el mecanismo necesario y eliminar los contenidos vejatorios que pueden estar circulando de la agresión sufrida "[295]. La Propuesta de Directiva (artículo 25) prevé

---

294 Destaca Gutierrez de Piñeres Botero/Andres Pérez C., "Revisión teórica del concepto…", cit., "la victimización secundaria hace referencia a la mala o inadecuada atención que recibe la víctima "una vez entra en contacto con el sistema de justicia. Del mismo modo, autores como Montada (1991; 1994) y Albarrán (2003) consideran que la victimización secundaria es una reacción social negativa generada como consecuencia de la victimización primaria, donde la víctima reexperimenta una nueva violación a sus derechos legítimos, cuando la policía, las instituciones sociales y gubernamentales intervienen con el fin de reparar la situación de la víctima, a nivel económico, social, físico y psicológico. Para Albertin (2006), la victimización secundaria se deriva de las relaciones entre la víctima y las instituciones sociales (servicios sociales, sanitarios, medios de comunicación, jurídicos, etc.), quienes en algunas oportunidades brindan una mala o inadecuada atención a la víctima".

295 Según la AEPD "ni una sola mujer ha pedido la tutela de derechos», en relación a los delitos de sexting y ciberacoso. Por esta razón, se pretende la aplicación de un protocolo específico con objeto de tutelar a las víctimas ante la divulgación de los abusos grabados.

medidas para que "las autoridades judiciales competentes dicten, a petición de la víctima, órdenes jurídicamente vinculantes para que se elimine dicho material o se inhabilite el acceso a él dirigidas a los prestadores de servicios intermediarios pertinentes".

En la actualidad la revictimización puede verificarse bien mediante leyes o a través de acuerdos y decisiones en el ámbito judicial. Al respecto, la Ley de Garantía Integral de la Libertad Sexual mediante las excarcelaciones de violadores y agresores provoca efectos revictimizantes, sin que se esté aplicando la ponderación al conflicto entre el principio de la norma procesal más favorable al reo y la perspectiva de género en beneficio de la víctima. Como también la Ley de Violencia de género mediante la posible absorción del delito de amenazas por el tipo agravado, pese a que son delitos diferentes como señala la Jurisprudencia.

Respecto de los acuerdos promovidos por la Fiscalía entre víctimas y agresores, pretenden evitar que las mujeres retiren la denuncia por la revictimización intrínseca al procedimiento en base a su duración y el riesgo de una sentencia absolutoria. De modo que a cambio del reconocimiento de los hechos y el aseguramiento de una condena, la indemnización pactada no suele cubrir el daño moral. Paralelamente, la pasividad del MF en la solicitud de medidas cautelares y respecto a la instalación de dispositivos telemáticos de detección para la seguridad de las víctimas, puede provocar efectos revictimizantes. Por esta razón, la Fiscalía de Sala de Violencia contra la Mujer pretende intensificar la acción proactiva de protección de las víctimas en la actualidad[296]. También una posición restrictiva del MF en cuanto a la petición de prisión permanente revisable en casos graves de violencia de género, sexual y vicaria puede inducir a revictimización en estos casos de hijos, familiares y madres.

Las decisiones de los jueces sobre la aplicación de programas reeducativos a maltratadores sin antecedentes y por condenas que no superen dos años, pueden generar la desprotección de las víctimas.

---

[296] Según los datos del CGPJ del tercer trimestre de 2022, solo se acordaron órdenes de protección en un 13,9% de las 49.479 denuncias que se interpusieron. Se solicitaron 10.302 de estas órdenes, pero solo se concedieron un 66,7% de ellas. "Son datos que, a simple vista, alertan de la escasa protección penal que se dispensa durante la tramitación de los procedimientos por violencia de género".

Al respecto, la Ley de Protección Integral contra la Violencia de Género de 2004 prevé "la necesidad de que los hombres condenados, cuya pena privativa de libertad esté suspendida o sustituida, participen en programas de intervención como parte de las reglas de conducta impuestas". Sin embargo, el recurso a estas medidas judiciales contra la voluntad de las víctimas, desatendiendo su oposición a que el agresor permanezca en libertad, puede incrementar el daño psicológico y menoscabar su seguridad[297]. La dependencia exclusiva de la voluntad del maltratador para aplicar programas de intervención o la realización de trabajos para la comunidad por violencia de género, tiende a la revictimización de la mujer al prescindirse de su consentimiento[298]. Al margen de la posible "autorevictimización" de las maltratadas por volver con el agresor sometido a terapia, ante la percepción de un riesgo inferior o de una rehabilitación aparente o inconclusa.

Aunque según la STS de 27 de abril de 2022, "la ley no contempla un derecho del condenado a elegir entre penas alternativas, sino que se trata de una facultad discrecional del órgano de instancia que deberá motivar la elección en caso de optar por la opción más grave de las contempladas en el precepto respectivo (STS 499/2020, de 8 de octubre)". Por lo que cuando se adoptan programas de intervención contra la voluntad no sólo de víctimas sino de agresores obligados por los jueces a programas de reeducación, el nivel de fracaso puede incrementarse[299].

---

297 En el año 2016 "el 40% de los condenados por violencia machista durante el año 2016 consiguieron eludir la prisión a cambio de asistir a terapia".

298 En 2019, "del total de penados en cárceles españolas, sólo el 22% cursa estos tratamientos, según una respuesta parlamentaria del Gobierno, menos de la cuarta parte de la población condenada por este tipo de crimen acepte la terapia".

299 Según la sentencia referida, "la pena de trabajos en beneficio de la comunidad fue introducida por el Código de 1995 como alternativa a las penas cortas de prisión. Es considerada pena privativa de derechos en el artículo 39 CP, y el 49 CP supedita su imposición a la existencia de consentimiento por parte del penado. Su efectividad como pena exige que el órgano judicial sentenciador indague previamente si el penado asume la sujeción que implica su cumplimiento, pues de otro modo la obligación de hacer que la prestación del trabajo implica no podría llevarse a término en condiciones de dignidad para el penado, y entraría en confrontación con el artículo 15 CE.Es por ello que el artículo 49 del Código Penal dispone que los trabajos en beneficio de la comunidad no podrán

De igual modo se justifica la revictimización, especialmente si antes de la decisión judicial y durante su cumplimiento no se efectúa una evaluación del riesgo. Por esta razón, el beneficio no es automático, debe superar un test de peligrosidad (artículo 80.1 CP) y subordinarse al cumplimiento de obligaciones como la prohibición de acudir a determinados lugares y de aproximarse a la víctima, sus familiares u otras personas que determine el Juez o Tribunal, o de comunicarse con ellos y una resolución motivada, que incorpore un "pronóstico criminal del reo".

Al margen de la victimización secundaria derivada de la reincidencia de los agresores que no entran en prisión y se someten a estos cursos y la posible responsabilidad del Estado. Según los datos más recientes "un 6,8% de los maltratadores penados que se han sometido a un programa de intervención para agresores por violencia de género, pero no han ingresado en prisión, reinciden a los cinco años. Esta cifra se eleva al 11% pasados 11 años. Además, en el caso de los maltratadores que no se han sometido a este tipo de programas, la reincidencia incrementa hasta el 30%". Paradójicamente, la revictimización de las mujeres maltratadas mediante esta solución procede del hecho de que "los maltratadores que no ingresan en prisión no son capaces de verse como delincuentes, sino que se sienten víctimas, piensan que no han hecho nada y que la ley está de parte de las mujeres".

Las cifras de los condenados por violencia de género fuera de prisión y con penas alternativas, convierte "la violencia machista en la segunda categoría de delitos, después de los relacionados con la seguridad vial, donde más se sustituye la cárcel por los trabajos en beneficio de la sociedad". Según un informe del Observatorio Estatal de Violencia contra la Mujer en España (2015) el 86% de los condenados por violencia de género no paga cárcel, pues le sustituyen su pena con trabajo comunitario. En resumen, la facultad discrecional de los jueces en la aplicación de estas medidas no punitivas, sin tener en cuenta la voluntad de las víctimas adolece de perspectiva de

imponerse sin el consentimiento del penado. Lo que hace surgir la incógnita de cómo y en qué momento ha de manifestarse esa aquiescencia por la persona condenada".

género y puede vulnerar su derecho fundamental a tutela judicial efectiva por revictimización. Así sucede cuando los jueces consideran varias penas por delitos de violencia de género individualmente y por esta vía no alcanzan los dos años para que el maltratador ingrese en prisión. De otro lado, la diferencia de trato entre delitos sexuales donde la reinserción se realiza en la cárcel y los de violencia de género con programas para no ingresar en la cárcel, presenta dudas de constitucionalidad particularmente tras la reciente Ley de Garantía Integral de la Libertad Sexual que unifica a las víctimas de unos y otros delitos.

4.3. DERECHO A INFORMACIÓN DE GÉNERO COMO GARANTÍA CONSTITUCIONAL

4.3.1. Como derecho bipolar de víctimas vulnerables: activo y pasivo

En el contexto actual, la aplicación de la perspectiva de género a la transparencia se justifica en el inferior acceso de las mujeres a la información pública por causas diversas (brecha digital, conciliación de la vida laboral y familiar...)[300]. Pero también por el hecho de que la desinformación incrementa la desprotección, especialmente en situaciones de vulnerabilidad como víctimas de violencia de género y delitos sexuales[301]. En esta línea, la Resolución del Parlamento Europeo, de 16 de septiembre de 2021 (25) dispone que "los Estados miembros faciliten información a las víctimas sobre las condenas impuestas a los agresores y la reparación, incluida la indemnización"[302]. De igual modo la LO 10/2022, de 6 de septiembre, modifica la le-

---

300 "Respecto al número y la desproporción entre las solicitudes tramitadas por hombres (72,56 %) y mujeres (23,16 %), los hombres presentan algo más del triple de solicitudes de derecho de acceso a la información pública que las mujeres".

301 La Guía de derechos de mujeres víctimas de violencia de género reconoce la necesidad de información a víctimas vulnerables por la Administración penitenciaria al Juez que notificará a la mujer.

302 Pese a que la Ley de 27 de abril 2015 Estatuto de la Víctima "admite la renuncia a ser informada de las resoluciones y notificaciones, con el riesgo de disposición sobre derechos fundamentales y desprotección jurídica".

gislación de violencia de género (artículo 17) y considera que "la información a las víctimas de violencia de género contribuye a hacer efectivo los derechos constitucionales a integridad física, moral, seguridad y de igualdad o no discriminación". Reconoce a las víctimas de violencias sexuales "un derecho de información adecuado a su situación personal, personalizado, sobre derechos y ayudas y servicios de atención" (artículo 34).

A priori conviene preguntarse si "la transparencia, la ley que la regula y el impacto de la propia norma, generan información útil para las mujeres" (Benítez Eyzaguirre)[303]. Una respuesta negativa basada en la desatención a sus necesidades y circunstancias personales o sociales de las mujeres, implica que la información pública actual de relevancia jurídica (artículo 7 Ley 19/2013, de 19 de diciembre) adolece de perspectiva de género.

La transparencia por razones de género pretende fundamentar un derecho de la mujer (víctima) a la inaccesibilidad respecto de su información personal o familiar para impedir la estigmatización, salvaguardar su localización, la confidencialidad (v. gr. protocolos para acoso laboral), proteger sus derechos fundamentales (a la intimidad, protección de datos, honor, imagen…) e impedir la revictimización. La Propuesta para una Directiva del Parlamento europeo y del Consejo sobre la lucha contra la violencia contra la mujer y la violencia doméstica, establece que las pruebas o cuestiones relacionadas con la vida privada de las víctimas, en particular su vida sexual, solo puedan utilizarse cuando sea estrictamente necesario. Si bien "los Estados miembros deben garantizar que sus normas de confidencialidad no constituyan un obstáculo para que los profesionales pertinentes, como los profesionales sanitarios, informen a las autoridades competentes cuando tengan motivos razonables para creer que la vida de la víctima corre peligro inminente".

303 Vid., Benítez Eyzaguirre, L., "*Transparencia y participación para un gobierno abierto*" (coord. por Manuel Sánchez de Diego Fernández de la Riva, Javier Sierra-Rodríguez), ISBN 978-84-7052-805-7, 2020, pág. 345. "La legislación sobre la transparencia en España, no se produce información relevante para las mujeres, ya que la ley no cumple con el más básico requisito de la desagregación por sexo o el cuestionamiento de las categorías estereotipadas de los roles de género".

En el plano nacional, el artículo 19 Ley 4/2015, de 27 de abril, del Estatuto de la víctima del delito señala que "las autoridades y funcionarios encargados de la investigación, persecución y enjuiciamiento de los delitos adoptarán las medidas necesarias, de acuerdo con lo establecido en la Ley de Enjuiciamiento Criminal, para...proteger adecuadamente su intimidad y su dignidad, particularmente cuando se les reciba declaración o deban testificar en juicio, y para evitar el riesgo de su victimización secundaria o reiterada"[304].

La Ley 10/2022, de 6 de septiembre, de garantía integral de la libertad sexual, dispone que "los datos personales de las víctimas sean tratados con las garantías establecidas en la normativa de protección de datos personales (artículo 37.3) y la comunicación a la AEPD cuando se afecte el derecho fundamental a la protección de datos, garantizando este derecho a las víctimas de violencias sexuales especialmente cuando se perpetúe a través de las nuevas tecnologías "(artículo 50). Esta normativa modifica el apartado 3 del artículo 681 LECr prohibiendo "la divulgación o publicación de información relativa a la identidad de víctimas de delitos sexuales, menores de edad, con discapacidad necesitadas de especial protección, así como de datos que puedan facilitar su identificación de forma directa o indirecta, o de aquellas circunstancias personales que hubieran sido valoradas para resolver sobre sus necesidades de protección, así como la obtención, divulgación o publicación de imágenes suyas o de sus familiares".

El artículo 39 Ley Orgánica 7/2021, de 26 de mayo, de protección de datos personales tratados para fines de prevención, detección, investigación y enjuiciamiento de infracciones penales y de ejecución de sanciones penales, dispone que "cuando existan indicios de que una violación de la seguridad de los datos personales supondría un alto riesgo para los derechos y libertades de las personas físicas, el responsable del tratamiento comunicará al interesado, sin dilación indebida, la violación de la seguridad de los datos personales". Sin perjuicio del Plan de Responsabilidad Social (Agenda 2030) de la

---

304 "En el caso de las víctimas menores de edad, la Fiscalía velará especialmente por el cumplimiento de este derecho de protección, adoptando las medidas adecuadas a su interés superior cuando resulte necesario para impedir o reducir los perjuicios que para ellos puedan derivar del desarrollo del proceso".

Agencia Española de Protección de Datos, incluyendo actuaciones cuyo objetivo es "asegurar la privacidad y protección de datos de las mujeres víctimas de violencia de género"[305].

En segundo lugar, la transparencia activa implicaría el derecho de las víctimas de maltrato, acoso y delitos sexuales a solicitar información con relevancia de género en asuntos de interés público y con fines legítimos, como la prevención de la violencia y la defensa de bienes constitucionalmente protegidos. El problema surge entonces por el conflicto entre el derecho de acceso a información como vehículo para el ejercicio de derechos fundamentales de la víctima (v.gr. libertad o seguridad) y los derechos de los condenados o investigados por delitos contra la mujer (protección de datos o intimidad).

Al respecto, el Convenio de Estambul requiere "la atención a las necesidades específicas de personas que sean vulnerables debido a circunstancias particulares (artículo 12) y concede un derecho de información a las víctimas sobre el curso de su demanda, del desarrollo de la investigación y a medidas para proteger su vida privada, entre otros aspectos "(artículo 56). En esta línea, el Estatuto Jurídico de la Víctima delimita el contenido de un "derecho de información sobre los cambios en el régimen penitenciario de los maltratadores que están o han estado en la cárcel, incluso si están presos por delitos diferentes a los de violencia de género, mediante un aviso de alerta". La Ley Orgánica 5/2000, de 12 de enero, reguladora de la responsabilidad penal de los menores reconoce a la víctima de un delito violento "el derecho a ser informada permanentemente de la situación procesal del presunto agresor". En particular, "en el caso de una medida, cautelar o definitiva, de internamiento, la víctima será informada en todo momento de los permisos y salidas del centro del presunto agresor, salvo en aquellos casos en los que manifieste su deseo de no recibir notificaciones" (artículo 4).

---

305 La Agencia en colaboración con el Ministerio del Interior, el Ministerio de Justicia, la Delegación de Violencia de Género, el Consejo General del Poder Judicial y la Fiscalía General del Estado, se compromete a elaborar un protocolo de actuación para que las víctimas de violencia de género puedan ejercer sus derechos, incluido el derecho al olvido, para evitar vulneraciones de su privacidad en Internet.

Por consiguiente, el derecho de información de las víctimas tiene una base jurídica aunque reducida al proceso y a la situación penitenciaria de los agresores sin regularse expresamente datos como antecedentes penales, reincidencia, localización geográfica, informes sobre rehabilitación, entre otros, con fines preventivos y de tutela de derechos fundamentales de las mujeres[306].

4.3.2. *Aspectos problemáticos: conflictos y límites*

La admisión de un derecho a transparencia de género plantea una compleja problemática constitucional respecto de la delimitación del ámbito subjetivo y objetivo a través del interés público; el conflicto entre derechos fundamentales de víctimas y delincuentes a efectos de información accesible; los límites y restricciones en el contexto de la relación procesal-penal; el derecho al olvido; la revictimización y la responsabilidad del Estado por ocultación de datos o negligencia y denegación de información.

Desde una perspectiva subjetiva, el artículo 2 Ley 4/2015, de 27 de abril, del Estatuto de la víctima del delito considera "víctima a toda persona que haya sufrido daño o perjuicio, aunque no incluye a las víctimas potenciales de violencia de género y sexual en situación de riesgo (parejas, compañeras de trabajo, mujeres próximas a su residencia...) atendiendo a razones de seguridad pública y privada". Regula un derecho de información de todas las víctimas (artículo 3) "adaptado a sus circunstancias y condiciones personales y a la naturaleza del delito cometido y de los daños y perjuicios sufridos, sólo respecto de medidas de asistencia y apoyo entre otras". De esto modo abre la vía al reconocimiento de víctimas vulnerables para atribuir una protección reforzada, especialmente en el caso de mujeres maltratadas y menores (Artículo 52 Ley Orgánica 8/2021, de 4 de junio, de protección integral a la infancia y la adolescencia cuando la violencia se ejerza a través de tecnologías de información)[307].

---

306 El artículo 49 LO 1/2022 se refiere a "la información general y sobre la interposición de la denuncia y el proceso penal, así como sobre el derecho a recibir indemnización y sobre cómo obtener asistencia letrada gratuita de las víctimas".

307 En estos supuestos, las garantías de transparencia habrían de extenderse en estos supuestos no sólo "a los mecanismos o canales de información" (artículo

Por esta razón se ha introducido el sistema de Seguimiento Integral (VIOGEN) aplicable a víctimas de violencia de género, mediante "el tratamiento de datos de carácter personal que incluye información sobre la historia criminal, gravedad del hecho violento, alteraciones mentales, o abuso de sustancias de los maltratadores, y está destinado a garantizar la seguridad y protección de las víctimas de violencia de género, facilitar el seguimiento de las medidas aplicadas y prevenir actividades delictivas e infracciones penales". El acceso a este fichero se concede a las mujeres víctima de maltrato como interesadas aunque también están legitimadas "las personas incursas en procedimientos e investigaciones judiciales relacionadas con esos mismos hechos"[308].

La aplicación de una perspectiva de género a través de este mecanismo se traduce en una protección reforzada de las víctimas de violencia de género, con la atribución de un derecho de información más amplio frente a los maltratadores, incluso sin condena penal (STSJ Barcelona 11224/2021. de 10 de diciembre). La condición de vulnerabilidad justifica la solicitud de información con fines preventivos y de tutela ensanchando el ámbito de la publicidad pasiva por parte de la administración[309]. El artículo 15 Ley 19/2013, de 9 de diciembre, de transparencia, acceso a la información pública y buen gobierno, establece que si la solicitud de información no contuviera datos especialmente protegidos se concederá en base a una ponderación razonada del interés público. La transparencia solicita-

---

10 Ley Orgánica 8/2021, de 4 de junio, de protección integral a la infancia y la adolescencia frente a la violencia, a través de la Oficina de Atención a las Víctimas), sino al contenido mismo accesible".

308 En esta línea, actualmente las víctimas de violencia de género reciben "un mensaje informativo de alerta si se producen cambios en el régimen penitenciario de sus maltratadores que están o han estado en la cárcel, incluso si están presos por delitos diferentes a los de violencia de género" (Estatuto Jurídico de la Víctima).

309 "El 4,52% de los denunciados por violencia machista agrede a más de una pareja o ex pareja: casi el 5% de los maltratadores es reincidente. Similar a la cifra de mujeres con varios agresores: 14.646 víctimas (4,97% de las maltratadas). El número total de reincidentes en los seis años analizados por Viogen otorga una media de 2.234 agresores múltiples denunciados al año en España. Es decir, el Estado sabe que una media de seis hombres al día son denunciados por haber agredido a más de una mujer en su vida" (INE, mayo 2022).

da por las víctimas sobre sus agresores encuentra además respaldo en la jurisprudencia sobre vulnerabilidad, que tiende a ponderarse en beneficio de los sujetos vulnerables, como también en un posible "interés superior" aplicable a las mujeres y legalmente reconocido en esta normativa.

Paralelamente habría que delimitar los sujetos legitimados pasivamente, a efectos de un derecho de información por razones de género, incluyendo únicamente a los condenados con sentencia firme o también a quienes están sujetos a medidas cautelares, investigados o evaluados en situación de riesgo, con antecedentes penales[310]. Los criterios de gravedad del delito, peligrosidad del delincuente, reincidencia o ausencia de reinserción social deben ponderarse en favor del derecho de información de las víctimas, incluso a costa de los derechos fundamentales de los agresores.

Una interpretación *pro libertate* y extensiva del derecho de información de género en relación a los legitimados pasivamente encuentra respaldo en la normativa de protección de datos. El artículo 9 Ley Orgánica 7/2021, de 26 de mayo, de protección de datos personales tratados para fines de prevención, detección, investigación y enjuiciamiento de infracciones penales y de ejecución de sanciones penales, regula como categorías de interesados a efectos de datos personales "las personas respecto de las cuales existan motivos fundados para presumir que hayan cometido, las que puedan cometer o colaborar en la comisión de una infracción penal; personas condenadas o sancionadas por una infracción penal; víctimas o afectados por una infracción penal o que puedan serlo; terceros involucrados en una infracción penal".

Respecto del objeto y contenido de la información, con carácter general se basa en el principio de minimización de datos personales ante los riesgos de afectación de los derechos y libertades de las personas físicas (artículo 29 Ley Orgánica 7/2021, de 26 de mayo). La Ley 27 de abril de 2015, del Estatuto de la Víctima no prevé un dere-

---

310 "Las evaluaciones de riesgo son informes profesionales que se proponen predecir la probabilidad de que un individuo particular con antecedentes penales de ofensa sexual sea reincidente en un nuevo delito sexual u otro delito violento o criminal en el futuro" (Adonay A. Pizarro).

cho de información sobre el delincuente sino únicamente respecto a medidas cautelares y resolución de la causa penal, entre otros aspectos. También los artículos 34 y 53 Ley 10/2022, de 6 de septiembre limitan el derecho de información de las víctimas de violencias sexuales a las medidas de protección y seguridad, sus derechos y recursos.

Sin embargo, la Ley 15/2022, de 12 de julio, integral para la igualdad de trato y la no discriminación, señala que las personas víctimas de discriminación tienen "derecho a recibir información completa y comprensible, así como asesoramiento relativo a su situación personal adaptado a su contexto, necesidades y capacidades, a través de los servicios, organismos u oficinas que puedan disponer las administraciones públicas" (artículos 5.2).

Entre los factores que influyen en el alcance objetivo del derecho a información pueden señalarse el estatus procesal, la perspectiva de género y el interés público (Ley Orgánica 7/2021, de 26 de mayo, de protección de datos personales tratados para fines de prevención, detección, investigación y enjuiciamiento de infracciones penales y de ejecución de sanciones penales)[311].

En primer lugar, los roles de víctima y autor del delito como investigado o condenado, no pueden ser inocuos a efectos de ponderación de los derechos fundamentales de cada uno en caso de conflicto de intereses y bienes protegibles. La equiparación entre víctimas y agresores en derechos de información resulta discutible desde una perspectiva constitucional, en base a la especial vulnerabilidad de las mujeres maltratadas y sus circunstancias personales (edad, género, discapacidad, situación familiar...). La protección reforzada de las víctimas en la legalidad vigente respecto a su intimidad y seguridad (artículos 19, 22, 23 y 24 Estatuto de la Víctima, artículo 15 artículo Ley 19/2013, de 19 de diciembre, artículo 34 Ley 10/2022, de 6 de

---

311 "En esta perspectiva, la información debe aportar elementos para realizar análisis interseccionales de las categorías sospechosas de discriminación por sexo, género, edad, preferencias, condición social y económica, entre muchas características que puedan ser condición de marginación de las personas. Por eso la transparencia, para ser una herramienta efectiva que permita tomar decisiones, medir avances o rendir cuentas, tiene que tener género" (La transparencia tiene género, el Financiero junio 2016).

septiembre) fundamenta la desigualdad entre ambas partes de la relación penal.

Paralelamente la perspectiva de género puede justificar una interpretación restrictiva de los límites al derecho de acceso a información previstos en la Ley 19/2013, de 9 de diciembre, de transparencia, acceso a la información pública y buen gobierno y también de la legislación sobre protección de datos. En particular, el artículo 14 de la LTIPBG dispone que "la aplicación de los límites al derecho de acceso a la información será justificada y proporcionada a su objeto y finalidad de protección y atenderá a las circunstancias del caso concreto". Conforme a esta disposición, los fines de prevención y seguridad de las víctimas y sus circunstancias de vulnerabilidad contribuyen a priorizar el derecho a transparencia por razón de género. Pero cuando la información incluya datos personales sobre la vida sexual o la comisión de infracciones penales, el acceso solo se podrá autorizar con el consentimiento expreso del afectado o si está amparado por una norma con rango de ley (artículo 15 LTAIBG y 9 y 10 RGPD)[312]. Esto implicaría un blindaje de los agresores sexuales y maltratadores frente a las víctimas que puede interferir en los fines de prevención de la violencia contra las mujeres exigidos por el Convenio de Estambul.

Ahora bien, cabe cuestionar la inaccesibilidad a datos especialmente protegidos de maltratadores, violadores o delincuentes sexuales por ser contraria al interés público, al deber de prevención del Estado asumido en convenios internacionales y sobre todo debido a la exclusión de la técnica ponderativa del derecho fundamental a la protección de "ciertos datos" en conflicto con derechos fundamentales de las víctimas (v. gr. seguridad).

Sobre el posible conflicto entre derechos fundamentales de ambas partes en la relación procesal-penal se manifiesta en el artículo 24 Ley Orgánica 7/2021, de 26 de mayo, al regular las restricciones

---

[312] "Casi 8 de cada 10 maltratadores presentan trastornos de personalidad. El ochenta por ciento de los hombres que maltratan a las mujeres con las que mantienen una relación sentimental presentan trastornos de personalidad, especialmente, compulsivos, según un estudio realizado sobre 217 agresores sometidos a tratamiento del Instituto de Psicología Jurídica y Forense" (PSIMAE) y la Universidad de Navarra.

o limitaciones en el derecho de información teniendo en cuenta "los derechos fundamentales e intereses legítimos de la persona afectada proporcionadas a los fines de protección de los derechos y libertades de otras personas".

La ponderación entre los derechos de víctimas y maltratadores o delincuentes sexuales se vértebra en torno al interés público como criterio restrictivo o limitativo de derechos fundamentales. Su aplicación por la doctrina jurisprudencial resuelve la confrontación entre el derecho de información de las víctimas y los derechos fundamentales de los maltratadores o delincuentes sexuales[313].

4.3.3. *Interés público superior de género y acceso a información reservada*

La generalizada posición jurisprudencial favorable a la información accesible sobre maltratadores se basa en la convergencia del interés público con el interés privado de las víctimas y a su vez con el interés de la sociedad en prevenir y evitar las violencias de género[314]. En esta línea, la Agencia Española de Protección de Datos considera que "está justificado y no es sancionable, difundir por redes sociales la condena que castiga a un maltratador por quebrantar la medida de alejamiento"[315]. Argumenta que el derecho de la víctima a protegerse tiene un interés legítimo superior en publicar los hechos que había sufrido como víctima de violencia de género, para evitarlos en un futuro y proteger su integridad física (Resolución del expediente Nº E/01849/2018)[316].

---

313 "Los fines constitucionalmente legítimos justifican la intromisión en derecho a intimidad de los maltratadores" (STC 3 de abril 2003).

314 En favor del derecho a conocer la identidad de los maltratadores con condena firme por razones de seguridad (Asociación Mujeres Juristas Themis y Federación Mujeres progresistas), por "la imposibilidad de conocer posibles antecedentes por maltrato expone a las mujeres a riesgos de convivencia con sus agresores".

315 La AEPD acude a la jurisprudencia del Tribunal de Justicia de la Unión Europea para determinar que "la conducta de la víctima que difundió la condena estaba justificada por perseguir un interés superior y es legítima la publicación de datos".

316 El Tribunal Constitucional indicó que "**el derecho a ser informado sólo cubre el derecho a serlo sobre lo que es de interés público**" (STC 107/1988).

Por tanto, la reinterpretación del criterio de interés público puede fundarse en la perspectiva de género para garantizar a las mujeres víctimas el acceso o divulgación de información sobre maltratadores. La admisión de un interés público superior de género como criterio para dilucidar conflictos entre derechos fundamentales de víctimas y delincuentes, encuentra respaldo en la jurisprudencia.

En esta línea, el artículo 14 Ley 19/2013, de 19 de diciembre respecto de la aplicación de los límites de transparencia menciona junto al interés público también un interés privado superior que justifique el acceso a la información, como podría ser el de las mujeres víctimas de violencia por razón de género o sexo. Al respecto, el problema puede surgir del conflicto entre intereses superiores privados como el del menor agresor y de la víctima por el riesgo de aplicación automática del interés del menor delincuente con menoscabo del derecho a información de la mujer. Aunque si ambos son menores no podría ponderarse el principio del interés del menor en defensa de sus derechos fundamentales a costa de los correspondientes de la víctima en la relación penal.

Centrándose en el interés público, su aplicación presenta ramificaciones jurídica en relación a la presunción de inocencia y a la igualdad de las partes en el proceso, por sus efectos revictimizantes, el conflicto con el interés del menor, el carácter reservado de los datos que obran en determinados Registros administrativos, la anonimización de sentencias y su compatibilidad con el derecho al olvido.

En primer lugar, la consolidada teoría jurisprudencial sobre la prevalencia del interés público y el sacrificio de los derechos fundamentales de los maltratadores, no puede prescindir en la ponderación de las circunstancias de vulnerabilidad de las mujeres como víctimas ni de la perspectiva de género.

En cuanto al interés público puede provocar efectos revictimizantes no ya al maltratador o agresor sino a terceros, familiares o allegados, afectando a sus derechos fundamentales. Así se aborda en la STS 25/2021, de 25 de enero, determinando que "el artículo de prensa sobre el autor del delito menospreciaba el prestigio, su imagen y la honorabilidad de su familia, sometiéndole al escarnio público, al no mencionarse en la misma aspectos favorables como la atenuante de reparación de daños a la víctima".

El recurso a un interés público superior de género permite cuestionar el carácter reservado de los datos que obran en poder de la Administración, sin accesibilidad de las víctimas de delitos por razón de género o sexuales, como se expone seguidamente.

4.3.3.1. Registros administrativos

En principio, los deberes de proporcionar informes y datos entre Administraciones, autoridades judiciales, Ministerio Fiscal o Policía Judicial, no resultan extensibles respecto a las víctimas de violencia por razón de género o sexo (artículo 7 Ley Orgánica 7/2021, de 26 de mayo) ni siquiera con fines preventivos[317]. Por lo que la inaccesibilidad a la información inscrita en Registros administrativos y la anonimización de sentencias puede cuestionarse desde una perspectiva de género.

El Real Decreto 95/2009, de 6 de febrero, por el que se regula el Sistema de registros administrativos de apoyo a la Administración de Justicia establece la información que aparece en los mismos (dependiendo si hay o no sentencia firme) y quién puede acceder a dicho contenido. El artículo 5 dispone que "el Ministerio de Justicia autorizará, estableciendo las medidas de seguridad oportunas, el acceso directo a la información contenida en los Registros Centrales integrados en el Sistema, a los órganos judiciales, el Ministerio Fiscal". Pero limita el derecho a derecho a solicitar el acceso a los interesados mediante exhibición y únicamente a los datos relativos a su persona contenidos en cualquiera de los Registros a los que se refiere este real decreto, privando a las víctimas de información sobre datos de sus agresores.

Esta posición se confirma en el acceso concreto a la información contenida en el Registro Central de Protección a las Víctimas de Violencia Doméstica (artículo 7) restringido a la "policía judicial, Guar-

---

[317] También la accesibilidad de las víctimas "a los datos con ocasión de la tramitación por el Ministerio Fiscal de los procesos de los que sea competente, así como realizados con esos fines dentro de la gestión de la Oficina Fiscal" (Disposición Final cuarta Ley Orgánica 7/2021, de 26 de mayo, de protección de datos personales tratados para fines de prevención, detección, investigación y enjuiciamiento de infracciones penales y de ejecución de sanciones penales).

dia Civil, del Cuerpo Nacional de Policía, de policía especialmente encargadas del control y seguimiento de la violencia doméstica, a las CCAA en el ámbito de sus competencias, administración penitenciaria, delegaciones y subdelegaciones del Gobierno".

En el Registro Central para la Protección de las Víctimas de Violencia Doméstica y de Género se inscriben "las penas y medidas de seguridad impuestas en sentencia por delito; medidas cautelares y órdenes de protección acordadas en procedimientos penales en tramitación". Asimismo, se inscriben los quebrantamientos de cualquier pena, medida u orden de protección acordada en dichos procedimientos penales. En relación al Registro Central de Delincuentes Sexuales (RCDS) constituye un sistema de información (no público) relativo a "la identidad, perfil genético, penas y medidas de seguridad impuestas a aquellas personas condenadas por cualquier delito de naturaleza sexual".

Sin embargo, la construcción jurídica de un derecho de transparencia por razones de género plantea la actual accesibilidad limitada del Registro Central de maltratadores (a jueces, fiscales, policías y otras Administraciones en el ámbito de sus competencias) y el carácter reservado del Registro de Delincuentes Sexuales. El artículo 105 b) CE exceptúa el acceso de los ciudadanos a los archivos y registros administrativos si afecta a la intimidad de las personas. Sin embargo, el Convenio de Estambul mediante el deber de prevención y la legislación de transparencia a través de la ponderación del interés público, pueden justificar limitaciones al derecho de protección de aquellos datos que figuran en tales Registros administrativos. Por su parte, el artículo 5.2 Ley 19/2013, de 19 de diciembre, reconoce que sólo prevalece sobre dicha normativa "la disposición específica que establezca un régimen más amplio en publicidad y no más restrictivo" como en el acceso a la información de los mencionados Registros administrativos. También el artículo 24 Ley Estatuto de la Víctima dispone que el Juez debe atender a la valoración de las necesidades de las víctimas y a su voluntad expresada (de menores y discapacitados), debiendo ser extensible a sus requerimientos de información sobre el agresor,

Paralelamente, la consolidada jurisprudencia constitucional y ordinaria sobre la aplicación obligada de la perspectiva de género desarrollada con anterioridad, también puede fundamentar la apertura de la información pública contenida en archivos, registros en interés de las mujeres para su seguridad, prevención, autoprotección y su exigibilidad a los poderes públicos.

4.3.3.2. Sentencias anonimizadas

La anonimización de las resoluciones judiciales y el acceso restringido a las sentencias se interpone en el derecho de información de las víctimas potenciales y reales de violencia de género o sexual, en base a la protección de los derechos fundamentales de los condenados a intimidad y protección de datos[318].

Al respecto, la Ley Orgánica 7/2015, de 21 de julio, señala que "los derechos de información, acceso, rectificación, supresión, oposición y limitación se tramitarán conforme a las normas que resulten de aplicación al proceso en que los datos fueron recabados, debiendo ejercitarse tales derechos ante los órganos judiciales u Oficina judicial en los que se tramita el procedimiento y resolviéndose las peticiones formuladas a tal fin por quien tenga la competencia atribuida en la normativa orgánica y procesal" (artículo 236 septies).

Con posterioridad, la Ley Orgánica 7/2021, de 26 de mayo (Disposición final tercera. Modificación de la Ley Orgánica 6/1985 de 1 de julio, del Poder Judicial) modifica los artículos 234 y 235 LOPJ, que obligan a "facilitar a los interesados información solicitada sobre el estado de las actuaciones procesales salvo las declaradas secretas o reservadas y el acceso a resoluciones judiciales por quienes no son partes en el proceso previa anonimización y respeto al derecho a la intimidad de las víctimas"[319].

---

318 "Resulta, además, significativo que, desde el año 2005, el porcentaje de sentencias cuya publicación ha sido autorizada por las víctimas, sobre el total de sentencias condenatorias, haya descendido paulatinamente hasta situarse en un 33,73%... En definitiva, la eficacia de una medida de estas características es más que dudosa y presenta indudables problemas de legalidad al afectar al derecho a la intimidad, el derecho a la protección de datos de carácter personal y al derecho a la rehabilitación y reinserción del penado, incluso si admitimos la conveniencia de su publicación" (Poder Judicial España).

319 El artículo 28 Ley Orgánica 7/2021, de 26 de mayo "...entre estas medidas técnicas, se podrá adoptar la seudonimización de los datos personales a los efectos de contribuir a la aplicación de los principios establecidos en esta Ley Orgánica, en

Paradójicamente las excepciones a los datos personales contenidos en la sentencia, según la Ley Orgánica 7/2021, de 26 de mayo, de protección de datos personales tratados para fines de prevención, detección, investigación y enjuiciamiento de infracciones penales y de ejecución de sanciones penales, se restringen exclusivamente a delitos contra la Hacienda Pública y Seguridad Social (artículo 235 bis). El "privilegio" de difundir datos personales aparece justificado con fines fiscales, permaneciendo la anonimización de los relativos a condenados por delitos graves como la violencia de género o sexuales, pese a su interés público reconocido por la jurisprudencia[320]. En este sentido, la Audiencia Nacional ha venido respaldando la publicación de los deudores y las listas de morosos por el interés público incluso sin condena y durante la tramitación del procedimiento.

Sin embargo, la reciente STS de 25 de enero de 2023 (recurso de casación núm. 465/2021) se aparta de esta jurisprudencia proclamando que el listado de deudores de la Hacienda Pública sólo puede incluir deudas firmes, pues lo contrario colisionaría frontalmente con el principio de presunción de inocencia, en la interpretación del art. 95 bis de la Ley General Tributaria. El Tribunal Supremo censura que se incluyera en el listado a contribuyentes *"pese a no existir certeza en torno a su condición jurídica"* de deudores por *"los conceptos tributarios objeto de publicación"* en la medida en que *"el demérito y el descrédito del así incluido, de resultar a posteriori incorrecta su publicación, con el consiguiente quebranto reputacional [ ] difícilmente podrían ser suficientemente reparados por la sola declaración de la incorrecta inclusión en la citada lista"*. En consecuencia, los contribuyentes que hayan sido indebidamente incluidos en el listado puedan solicitar su exclusión y solicitar reparación de perjuicio económico o daño reputacional mediante su demostración por vía de reclamación de responsabilidad.

---

particular, el de minimización de datos personales". El artículo 53 de la citada Ley prevé que "los interesados tendrán derecho a ser indemnizados por el responsable del tratamiento, o por el encargado del tratamiento cuando formen parte del sector público, en el caso de que sufran daño o lesión en sus bienes o derechos como consecuencia del incumplimiento de lo dispuesto en esta Ley Orgánica".

320 Según el CGPJ las sentencias por violencia machista sólo "están a disposición de las partes interesadas" en los juzgados y figuran en el buscador de la jurisprudencia pero anonimizadas, sin el nombre real del maltratador.

La constitucionalidad de esta medida afectante del derecho fundamental de protección de datos en el ámbito de Hacienda habría de justificar igualmente la publicación de un listado con la identidad de los maltratadores sexuales y de género, no sólo por razones de coherencia jurídica. Considerando también la prioridad de los bienes constitucionalmente protegidos en las violencias sexuales y de género (los derechos fundamentales de las mujeres) respecto de la publicidad de los defraudadores basada en la contribución al sostenimiento del gasto público.

Sin embargo, la previsión actual de un protocolo para el aviso a parejas de reincidentes con fines preventivos implica la opción por una información individualizada y no pública. En concreto, la Instrucción 1/2023 de la Secretaría de Estado de Seguridad admite la peligrosidad de los 'agresores persistentes', incorporando medidas de monitorización y supervisión de los reincidentes, mediante la información a las mujeres de su entorno, con exclusión de valoración de los hechos prescritos, sentencia absolutaria o sobreseimiento del procedimiento judicial, atendiendo al nivel de vulnerabilidad de la víctima.

Este posicionamiento se confirma en la STS 1191/2008, de 22 de diciembre aseverando que "la publicidad de las sentencias constituye un instrumento de garantía de la independencia de los tribunales y de su actuación conforme a Derecho" y "solamente puede ser restringida o limitada, con arreglo a lo establecido en la ley, cuando puede comportar el menoscabo de un derecho fundamental de los ciudadanos afectados o de un bien constitucionalmente protegido".

En la misma línea, la Agencia Española de Protección de Datos entiende "que no se puede publicar en internet ningún dato de carácter personal de los denunciados o condenados por malos tratos, sin su consentimiento". En el Procedimiento Sancionador PS/00691/2015 la AEPD sanciona la difusión a través de Internet del contenido de un sumario judicial, confirmando que las sentencias y otros documentos judiciales no son "fuentes accesibles al público", a efectos de la aplicación de la normativa de protección de datos.

Conforme a esta interpretación judicial y de la AEPD, los datos de los maltratadores y agresores sexuales contenidos en las sentencias pueden ampararse en el derecho a protección de datos, si bien esta posición puede promover el abuso del ejercicio de este derecho frente a las víctimas.

4.3.4. Derecho al olvido desde una perspectiva de género: presupuestos.

La regulación del derecho al olvido se extiende las búsquedas de internet y en servicios de redes sociales (artículos 93 y 94 Ley Orgánica 3/2018, de 5 de diciembre, de Protección de Datos Personales y garantía de los derechos digitales).

Desde un punto de vista subjetivo, este derecho se reconoce a "toda persona sin exclusión respecto del enlace a la información y los datos personales que hubiese facilitado para su publicación por servicios de redes sociales y servicios de la sociedad de la información equivalentes, siempre que fueran inadecuados, inexactos, no pertinentes, no actualizados o excesivos o hubieren devenido como tales por el transcurso del tiempo, teniendo en cuenta los fines para los que se recogieron o trataron, el tiempo transcurrido y la naturaleza e interés público de la información". La aplicación de estas causas del derecho al olvido obliga a recurrir a criterios como el interés público o el transcurso del tiempo desarrollados por la jurisprudencia.

Respecto del interés público, la STJUE de 13 de mayo de 2014 sostiene que "la **injerencia en los derechos fundamentales** está justificada el interés preponderante del público en tener, a raíz de esa inclusión, acceso a la información de que se trate. En concreto por el **interés legítimo de los internautas** en tener acceso a dicha información, que ha sido publicada en la prensa local". De igual modo el Tribunal Supremo (STS 4016/2020, de 27 de noviembre) reconoce el derecho al olvido "cuando la información carezca de interés público y pueda considerarse obsoleta, siempre que menoscabe el derecho al honor, a la intimidad, o a la propia imagen del interesado"[321]. Además considera que para apreciar la vulneración de derechos funda-

[321] El TS fija como doctrina el ejercicio del derecho de oposición, rectificación o cancelación del tratamiento de datos, y, en su caso, del derecho al olvido, reconocido en el artículo 6.4 de la Ley Orgánica 15/1999, de 13 de diciembre, de Protección de Datos de Carácter Personal, en relación con lo dispuesto en el artículo 18 del citado texto legal, en consonancia con lo dispuesto en los artículos

mentales "debe contextualizarse al personaje y su trayectoria" (STS 1707/2022, de 27 de abril). La traslación de este criterio a los maltratadores de género según el TS supone que la revelación de la condena anterior del recurrente no puede desvincularse del contexto en el que se produce ni desligarse de la información difundida.

De otra parte, la jurisprudencia de la Agencia Española de Protección de Datos también fundamenta el derecho al olvido en el interés público (Expediente Nº: TD/00277/2020 Resolución Nº: R/00250/2021), protegiendo la libertad de expresión sobre la información pública de un ilícito penal frente al derecho de protección de datos[322].

En relación con el tiempo transcurrido, la Ley 27 de abril 2015, del Estatuto de la Víctima admite un derecho de información durante el tiempo adecuado después de la conclusión del procedimiento y con independencia del resultado del proceso. El Tribunal Constitucional aplica el criterio de la antigüedad al derecho al olvido, con exclusión de los personajes públicos (SSTC 58/2018 y 89/2022, 29 de junio)[323]. Se fundamenta este criterio en el "agotamiento temporal de los efectos informativos penales (cancelación de los antecedentes), la perdurabilidad de los efectos informativos sociales (R/1509/2009, de 11 de septiembre de 2009) y la edad del reclamante". El tiempo para la obsolescencia de la información según la AEPD se concreta en torno a cinco años (R/1509/2009), siendo insuficientes dos años (R/273/2010). Aunque admite que una concreta situación personal no podrá fundarse en un mero cómputo temporal, sino que requerirá su asociación a otras circunstancias que doten de sentido

---

12 y 14 de la Directiva 95/46/CE del Parlamento Europeo y del Consejo, de 24 de octubre de 1995.

322 También la Resolución 962/2010 se basa en el reconocimiento constitucional de una "posición prevalente de la libertad de expresión sobre una información veraz de relevancia pública que obliga a rechazar la demanda de oposición, pero la existencia de un conflicto entre derechos fundamentales invita a explorar técnicas que posibiliten su conciliación".

323 La sentencia establece que "aquellos medios de comunicación que permitan buscar en sus hemerotecas digitales por nombres propios pueden vulnerar este derecho al olvido de las personas afectadas cuando ésta esté obsoleta y carezca de interés público".

al transcurso del tiempo como elemento determinante del derecho al olvido.

Desde una perspectiva de género, debe plantearse la equiparación entre el derecho al olvido de la víctima y del maltratador o delincuente sexual a efectos de interpretar los criterios de interés público y transcurso del tiempo. Resulta clarificadora al respecto, la posición de la Audiencia Nacional desestimando la solicitud de supresión de la noticia relativa a un hombre que resultó absuelto de abuso sexual, aunque ordena colocar en primer lugar la información sobre la absolución que puso fin al procedimiento penal (SAN 17 septiembre 2020). Por consiguiente, incluso sin condena penal, prevalece la libertad de expresión y el derecho de información sobre el de protección de datos y el derecho al olvido en caso de delitos sexuales, reforzando el derecho de información de las víctimas.

4.4. DERECHO FUNDAMENTAL A PROTECCIÓN INDIVIDUALIZADA DE LAS VÍCTIMAS POR RAZÓN DE GÉNERO

4.4.1. Desigualdad real y discriminación indirecta

La Propuesta para una Directiva del Parlamento europeo y del Consejo sobre la lucha contra la violencia contra la mujer y la violencia doméstica prevé "una evaluación de las necesidades individuales de protección y apoyo personalizado, con adaptación a las circunstancias individuales de la víctima" (embarazo o la dependencia y relación de la víctima con el delincuente).

Paradójicamente la violencia de género garantiza una protección homogénea y estandarizada que tiende a un tratamiento uniforme de víctimas desiguales. Sin embargo, la falta de individualización y adaptación a la víctima de medidas protectoras y asistenciales puede conducir a la superposición de la discriminación por razón de género y por circunstancias familiares y personales. El riesgo de discriminación interseccional por confluencia de factores de riesgo puede derivar a su vez en un tratamiento revictimizante.

En esta línea, C. Gutiérrez considera que "el trabajo con mujeres afectadas por violencia de género ha demostrado que no existen tratamientos estándar (la solución denuncia-separación-casa de acogida, que parece haberse popularizado, resulta ineficaz en la mayoría de los casos). Esta evidencia nos ha obligado a individualizar el proceso de atención, diversificando las posibilidades de tratamiento y prestando especial consideración al momento en el que se encuentra la mujer…a su historia".

El trato igualitario de las mujeres víctimas de violencia de género en relación a medidas y derechos sociales o asistenciales puede derivar en efectos discriminatorios. Así cabe inferir de la Jurisprudencia constitucional (STC 8/1986 (FJ 4) cuando sostiene que "el derecho a la igualdad constituye por imperativo legal un derecho fundamental de la persona a no ser tratada jurídicamente de manera diferente a quienes se encuentran en su misma situación jurídica"[324]. Por lo que *a sensu contrario* podría cuestionarse un derecho análogo a un trato desigual por la concurrencia de circunstancias individuales diferentes[325]. El artículo 2.2. LIT admite diferencias de trato "cuando los criterios para tal diferenciación sean razonables y objetivos y lo que se persiga es lograr un propósito legítimo o así venga autorizado por norma con rango de ley, o cuando resulten de disposiciones normativas o decisiones generales de las administraciones públicas destinadas a proteger a las personas, o a grupos de población necesitados de acciones específicas para mejorar sus condiciones de vida o favorecer su incorporación al trabajo o a distintos bienes y servicios esenciales

---

324 En esta línea, la doctrina jurisprudencial consolidada sobre derecho de igualdad como las SSTC 8/1981, de 30 de marzo; 10/1981, de 6 de abril; 22/1981, de 2 de julio; 23/1981, de 10 de julio; 49/1982, de 14 de julio; 81/1982, de 21 de diciembre; 34/1984, de 9 de marzo; 166/1986, de 19 de diciembre; 114/1987, de 6 de julio; 116/1987, de 7 de julio; 123/1987, de 15 de julio; 128/1987, de 16 de julio; y 209/1988, de 10 de noviembre, 68/1991, de 8 de abril; 28/1992, de 9 de marzo; 3/1993, de 14 de enero; 147/1995, de 16 de octubre; 46/1999, de 22 de marzo; 39/2002, de 14 de febrero y 87/2009 de 20 abril.

325 En favor de la dimensión de derecho fundamental de la igualdad consagrada del artículo 14 se ha pronunciado Antonio Cano Mata, "El principio de igualdad en la Doctrina del Tribunal Constitucional", *Revista de Derecho Privado,* 1983, «la igualdad ante la ley configura un derecho subjetivo de los ciudadanos a obtener un trato análogo»; Bustos Bottai,"Discriminación por razón de sexo y acciones positivas: Reflexiones a la luz de la jurisprudencia español y aproximación a la ley para la igualdad efectiva", *Revista de filosofía, Derecho y Política,* nº 6, 2007, quien admite que "las diferencias de trato se permiten cuando los supuestos son desiguales y cuando la distinción obedece a un criterio de necesidad y se cumple con ciertos requisitos como la idoneidad y proporcionalidad".

y garantizar el ejercicio de sus derechos y libertades en condiciones de igualdad". Al margen de disposiciones, conductas, actos, criterios o prácticas "que puedan justificarse objetivamente por una finalidad legítima y como medio adecuado, necesario y proporcionado para alcanzarla".

A nivel jurisprudencial, las SSTC 55/1998, de 16 de marzo y 159/1997 (FJ 4) concuerdan en señalar que el art. 14 CE en modo alguno "ampara la falta de distinción entre supuestos desiguales, esto es, el hipotético derecho a imponer o exigir diferencias de trato". Únicamente se reconoce por la doctrina constitucional, "un derecho subjetivo de los ciudadanos a obtener un trato igual, que obliga y limita a los poderes públicos a respetarlo y que exige que los supuestos de hecho iguales sean tratados idénticamente en sus consecuencias jurídicas" (STC 154/2006, de 22 de mayo, FJ 6).

En este sentido, Ferrajoli admite que "la igualdad, al ser un privilegio normativo, puede resultar inefectiva en diversos grados, como todas las normas, tanto en su dimensión formal como en sus mínimos sustanciales, a causa de las múltiples discriminaciones con las que de hecho puede ser violada mediante lesiones fácticas de los derechos fundamentales. La igualdad jurídica que, al no hacerse cargo de las diferencias y de su concreta relevancia en las relaciones sociales, está destinada a permanecer ampliamente inefectiva y a ser desmentida por las desigualdades concretas en las que de hecho se transmutan las diferencias"[326].

Sin embargo, el deber de los poderes públicos de promover la igualdad real y efectiva incluye la obligación de un trato desigual, en base a la posibilidad de que la discriminación derive de la igualdad formal. La insuficiencia de la igualdad ante la ley para la consecución de la igualdad real de las víctimas procede de la uniformización de las medidas y derechos asistenciales[327]. Conforme a la doctrina cons-

326 Ferrajoli, L., "Sobre los derechos fundamentales", *Cuestiones Constitucionales*, nº 15, 2006, págs. 114 y ss.

327 Vid., AA.VV., *Derecho Constitucional III,* Madrid, 2014, como presupuestos "la constatación de la diferencia o del tratamiento jurídico diferenciador se haya introducido una diferencia de trato entre categorías de personas y la identidad u homogeneidad de los términos de la comparación, esto es, que exista una equiparación lógica, no caprichosa o aleatoria, entre las situaciones subjetivas comparadas".

titucional, el principio de igualdad se identifica con la prohibición de toda diferencia de trato que carezca de una justificación objetiva y razonable, vinculando este principio al legislador (igualdad en la ley), a los órganos aplicadores del Derecho (igualdad en la aplicación de la ley) y a los particulares (igualdad horizontal)[328].

Paradójicamente, el alcance de la máxima igualdad real puede requerir dosis de desigualdad formal mediante el descenso a factores o causas discriminatorias, como las circunstancias o necesidades personales, familiares o sociales[329]. La universalidad típica de los derechos sociales como igualdad ante la ley tiende a derivar en un trato igualitario y homogéneo de mujeres desiguales. Pero **el Derecho no tendría que ser igual, sino desigual y por esta razón, puede ser preciso en ocasiones dictar normas aparentemente desigualitarias para favorecer a ciertos sectores de población en situación de inferioridad económica o social[330].**

Los derechos de igualdad y de género tienden a producir unos efectos discriminatorios entre las víctimas, que deben ser objeto de corrección desde una perspectiva de género individualizadora y centrada en el nivel de vulnerabilidad concurrente. Al respecto, "la jurisprudencia constitucional hace hincapié en la necesidad de que el legislador no trate a todos los individuos de la misma manera" sino que sea capaz de tratar de forma diferente aquellas situaciones que son distintas en la vida real. De modo que "lo proclamado en el artículo 9.2 CE puede exigir un mínimo de desigualdad formal para

---

328 Para Díez-Picazo, *Sistema de derechos fundamentales*, ISBN 9788413786674, 2021, pág. 201, "la igualdad en el contenido de la ley significa que el legislador no puede dar un trato distinto a personas que se hallen en la misma situación".

329 Destaca Jiménez Campos, "La igualdad jurídica como límite frente al legislador", *Revista Española de Derecho Político*, nº 9, 1983, pág. 72, «lo que prohíbe el principio de igualdad jurídica —se señala en la sentencia de 10 de noviembre de 1981—, es la discriminación (...), es decir, que la desigualdad de tratamiento legal sea injustificada por no ser razonable».

330 Según Carmona Cuenca, "El principio de igualdad material en la Constitución europea", e-archivo.uc3m.es/bitstream/handle/10016/19182/FCI-2004-8-carmona.pdf?, "el logro de este objetivo, traducido en el reconocimiento de un *derecho desigual igualatorio*, permite la adopción de medidas correctoras de las situaciones sociales discriminatorias preexistentes para lograr una sustancial y efectiva equiparación todos los sujetos individuales y colectivos de derechos".

progresar hacia la consecución de la igualdad sustancial" (Carmona Cuenca, E.).

En esta línea, la STC 34/1981, de 10 de noviembre (FJ 3), admite que "el principio de igualdad jurídica consagrado en el art. 14 hace referencia inicialmente a la universalidad de la ley, pero no prohíbe que el legislador contemple la necesidad o conveniencia de diferenciar situaciones distintas y de darles un tratamiento diverso, que puede incluso venir exigido, en un Estado social y democrático de Derecho, para la efectividad de los valores que la Constitución consagra con el carácter de superiores del Ordenamiento, como son la justicia y la igualdad (art. 1), a cuyo efecto atribuye además a los poderes públicos el que promuevan las condiciones para que la igualdad sea real y efectiva (art. 9.2)".

Las políticas y leyes antidiscriminatorias no están exentas de discriminación por la homologación de colectivos de víctimas sin baremación de sus circunstancias personales y familiares, ni atención a un mínimo de casuística social. En este sentido, la STC 3/1983, de 25 de enero (FJ 3) justifica "un tratamiento legal distinto en aquellos supuestos en que existe o se supone una desigualdad en las condiciones materiales de los destinatarios de la norma". *Según* Garrorena, **"el artículo 14 comporta y exige necesariamente en nuestros días una más que cierta apreciación de las premisas materiales y sociales, que de modo inexcusable hacen acto de presencia en todo juicio de igualdad"**[331]**.** "La discriminación por indiferenciación debe incluirse en el contenido del art. 14 CE Llegados a este punto, se puede y se debe avanzar más en el sentido de admitir que puede haber un trato discriminatorio, desfavorecedor a la hora del ejercicio de algún derecho, porque una regulación no haya tenido en cuenta alguno o algunos elementos que tenía que haber contemplado para establecer un régimen diferenciado en tales casos" (Cobreros Mendoza, E.). De Otto consideraba que "cuando existe tal precepto (art. 14 CE) es inútil examinar si una ley es o no general, porque la cuestión es

---

331 Para Garrorena, "Igualdad jurídica e igualdad real y efectiva en la Jurisprudencia del TC", *Anales del Derecho*, Vol. 6, 1984, "el artículo 9.2 CE debe impregnar de sentido no sólo el principio de igualdad del artículo 14 CE sino también cualquier otro precepto de la Constitución".

únicamente la de si lesiona o no el principio de igualdad, lo que, por cierto, *puede hacerse también con leyes generales*".

La STC 34/1981, de 10 de noviembre (FJ 3) admite que la apreciación "de en qué medida la ley ha de contemplar situaciones distintas que sea procedente diferenciar y tratar desigualmente o, desde otra perspectiva, que no deben ser tratadas igualmente, queda, con carácter general, confiada al legislador". Las medidas adoptadas, que originan la desigualdad, han de estar en función del interés público sin postergar arbitrariamente otros intereses dignos de protección. Pero el trato diferencial en las políticas de igualdad para lograr unos objetivos, dificulta la prueba de discriminación en el marco de los derechos de género.

En base a las SSTC 253/2004, de 22 de diciembre y 61/2013, de 14 de marzo, FJ 4 b), "los poderes públicos no puedan probar que la norma que dispensa una diferencia de trato responde a una medida de política social, justificada por razones objetivas y ajena a toda discriminación por razón de sexo". Por su parte, la STC 145/1991, de 1 de julio (F. 2) señala que "el órgano judicial no puede limitarse a valorar si la diferencia de trato tiene, en abstracto, una justificación objetiva y razonable, sino que debe entrar a analizar, en concreto, si lo que aparece como una diferenciación formalmente razonable no encubre o permite encubrir una discriminación contraria al art. 14 CE"[332].

Por consiguiente, dentro de los límites expuestos, la desigualdad formal entre víctimas de género resulta difícilmente impugnable desde una perspectiva constitucional, salvo si la homogeneización y uniformidad legal de los desiguales provoca efectos discriminatorios[333].

---

332 "Para ello deberá atender necesariamente a los datos revelados por la estadística" (STC 128/1987, de 14 de julio) y en este mismo sentido se ha manifestado *el* Tribunal de Justicia de las Comunidades Europeas en Sentencia de 9 de febrero de 1999.

333 Sobre los límites a derechos sociales, vid., Prieto Sanchís, "Los derechos sociales y el principio de igualdad sustancial", *Revista del Centro de Estudios Constitucionales*, Nº 22, 1995, pág. 23. "En el marco de una Constitución como la española, que el Estado *puede* dar vida a desigualdades normativas con el fin de alcanzar igualdad de hecho es algo que está fuera de toda duda, aunque, por supuesto, no es una competencia absoluta, sino limitada, entre otras cosas por el propio principio de igualdad jurídica. El art. 9.2 CE, dice el Tribunal Constitucional,

En la práctica, las políticas y leyes de género no deberían optar por "**un tratamiento legal igualitario con abstracción de cualquier elemento diferenciador de relevancia jurídica"** (154/2006 de 22 de mayo de 2006, FJ 8), y de la posible confluencia de factores discriminatorios, ante el riesgo de discriminación por vulnerabilidad y circunstancias familiares o personales. Sin embargo, se adopta la regla de que el criterio de diferenciación empleado ha de atender "a los casos ordinarios y más frecuentes y no a los casos particulares, pues la generalidad de la norma puede ser una garantía de la seguridad jurídica y de la igualdad; por lo que el juicio de igualdad debe realizarse teniendo en cuenta los criterios legales establecidos para la distinción y no los supuestos particulares individualizados" (STC 16/1994, FJ 5).

En consecuencia, el riesgo de discriminación indirecta de la legislación de género deriva del predominio de disposiciones aparentemente neutras en perjuicio de colectivos discriminados y sujetos vulnerables. El artículo 6 Ley 15/2022, de 12 de julio, integral para la igualdad de trato y la no discriminación, amplía los conceptos de discriminación directa e indirecta no sólo por razón de sexo sino por todas las causas previstas en el artículo 2.1. y regula además otras modalidades como por asociación y por error, interseccional o múltiple y en este último caso se considera infracción muy grave (artículo 28.4) por suponer un ataque más grave al derecho de igualdad (artículo 34)[334].

El tratamiento personalizado de sujetos vulnerables contrarresta la discriminación indirecta, interseccional y múltiple, siendo en la actualidad un mecanismo viable a través del recurso a *big data* y a la inteligencia artificial. Su potencial como instrumento de personalización e individualización de las normas posibilita "reglas legales personalizadas o "granulares"...que podrían tener en cuenta la

permite regulaciones cuya desigualdad formal se justifica en la promoción de la igualdad material".

334 La Propuesta de Directiva del Parlamento europeo y del Consejo sobre la lucha contra la violencia contra las mujeres y la violencia doméstica, establece que "los Estados miembros tendrán en cuenta el mayor riesgo de violencia al que están expuestas las víctimas que experimentan discriminación por razón de sexo junto con discriminación por otros motivos, a fin de atender sus necesidades mayores de protección y de apoyo".

heterogeneidad de los actores en un grado que las leyes generales y abstractas no pueden contemplar...la idea de granularidad normativa vuela por los aires los cimientos del modelo clásico de Estado de Derecho en la medida en que el desarrollo de los sistemas de big data podría permitir personalizar la ley y lograr un nivel de hiperindividualización que hasta ahora no se ha conseguido, lo que llevaría consigo una transformación radical del equilibrio entre la equidad individual y la seguridad jurídica. Probablemente, antes de llegar a ese resultado el big data podría convertirse en un instrumento sino de transformación si de modulación del alcance de las normas jurídicas"[335].

4.4.2. *Tendencia antidiscriminatoria a medidas sociales personalizadas*

La condición intrínsecamente prestacional de los derechos sociales obliga a la adopción de tendencias evolutivas en los servicios públicos y por esta razón, los derechos sociales al servicio de derechos prestacionales no pueden ser ajenos al proceso de individualización iniciado en los servicios públicos[336].

En esta línea, admite Salazar Pizarro que "los derechos sociales son derechos individuales, pues pertenecen a la categoría de derecho subjetivo y no pueden ser considerados derechos colectivos"[337].

---

335 *Big Data e IA pueden contribuir también a individualizar los estándares legales de conducta presentes en muchas normas. Algunos autores [A. J. Casey & A. Niblett, "The Death of Rules and Standards" (Coase-Sandor Working Paper Series in Law and Economics, 2015, nº 738; (uchicago.edu)] llevan la idea del derecho personalizado incluso un paso más allá y prevén un escenario en el que los avances tecnológicos podrían permitir a los legisladores promulgar leyes complejas a través de micro-directivas. Estas micro-directivas se adaptarían con precisión a todos los escenarios posibles y proporcionarán instrucciones claras en tiempo real (posiblemente a través de asistentes digitales personales o mediante realidad aumentada) sobre cómo cumplir con la ley.*

336 Vid., Prieto Sanchís, "Los derechos sociales...", cit., pág. 22.

337 Según Salazar Pizarro, "Fundamentación y estructura de los derechos sociales", *Rev. Derecho (Valdivia)* Vol. 26 nº 1, jul. 2013, "los derechos sociales son derechos individuales, pues los primeros pertenecen a la categoría de derecho subjetivo, siendo esta noción eminentemente individual, por ende, los derechos sociales son derechos individuales. Al respecto, los derechos sociales no pueden ser considerados como derechos colectivos, pues el reconocimiento de estos derechos a favor de un colectivo no se debe a la pertenencia de alguien a un determinado

Sin embargo, la universalidad intrínseca a los derechos sociales ha solapado su carácter individual como impedimento para su personalización. La consideración de los beneficiarios de servicios sociales como grupos homogéneos no oculta que en su seno existen necesidades y circunstancias personales o sociales diversas. Su conversión en derechos de grupo deriva de la universalidad característica de los derechos sociales aunque, en realidad, su causa finalista debe enfocarse a la protección de intereses individuales[338].

La individualización de los servicios sociales (de atención a víctimas de maltratos) se regula como derecho pero permanece aún reducida a protocolos (Protocolización de la intervención individualizada con mujeres que viven o han vivido violencia de género), o programas sin carácter vinculante, pese a su previsión legal (artículo 5 Ley de Cantabria 2/2007, de 27 de marzo, de Derechos y Servicios Sociales, "derecho…a disponer de un programa individual de atención en los términos que establezca la legislación estatal o autonómica en materia de promoción de la autonomía personal y atención a las personas en situación de dependencia").

El derecho individual a los servicios sociales se presenta como *soft law* en la actualidad sin un respaldo normativo como refleja la Estrategia Nacional para la Erradicación de la Violencia contra la Mujer 2013-2016, aprobada el 26 de julio de 2013, entre cuyos objetivos generales, se fijaban los Planes Personalizados para las víctimas[339]. La Conferencia Sectorial de Igualdad reunida el 17 de junio de 2013, aprobó la puesta en marcha del plan personalizado para las víctimas de violencia de género y los menores a su cargo.

---

grupo de individuos, si fuera lo contrario se estaría atentando a la autonomía del individuo y discriminando a quienes no pertenecen a una colectividad, limitando el carácter universal de los derechos sociales".

338 A propósito, vid., Gorka Moreno, "La reformulación del Estado del bienestar: el *workfare*, las políticas activas de empleo y las rentas mínimas", *Revista de Servicios Sociales*, nº 43, 2008, págs. 189 y 191.

339 El Ministerio de Igualdad prevé una Estrategia Nacional contra las Violencias Machistas para 2021 y ha comenzado a elaborar una Estrategia Nacional contra las Violencias Machistas para el periodo de 2021 a 2025 que complementará el Pacto de Estado y pondrá énfasis en la prevención, en la protección integral de la víctima, en la reparación y la atención a los niños y niñas.

En la actualidad, las estrategias, programas o planes individualizados de servicios sociales en el marco de las políticas públicas presentan naturaleza concesional y ausencia de exigibilidad de los derechos sociales o asistenciales, participando del mismo voluntarismo de la Administración y los poderes públicos en su diseño[340]. No obstante, los servicios sociales promueven una brecha en el modelo de derechos sociales siendo necesario progresar hacia una atención personalizada y contextualizada a sus circunstancias personales, familiares o sociales. Su desatención puede ser un factor discriminatorio que obliga jurídicamente a integrar las políticas, derechos y servicios sociales. Desde "una perspectiva de género vulnerable" se fundamentaría la aplicación práctica del derecho fundamental a prohibición de discriminación por circunstancias familiares, personales y sociales, en los términos expuestos más adelante en otro epígrafe posterior.

340 El artículo 34 Ley 15/2022, de 12 de julio, integral para la igualdad de trato prevé la Estrategia Estatal para la Igualdad de Trato y la No Discriminación.

5. Evolución expansiva de la perspectiva de género

5.1. EN BASE A LA AGRAVANTE DE GÉNERO APLICABLE A OTRAS VIOLENCIAS CONTRA LA MUJER

5.1.1. Como denominador común a delitos por razón de género

Como consecuencia del compromiso asumido por España con la firma del Convenio del Consejo de Europa sobre prevención y lucha de la violencia contra las mujeres y la violencia doméstica (Estambul, 2011), se reformó el Código Penal introduciendo la circunstancia agravante de género. El artículo 22, 4º del Código Penal junto a otras causas discriminatorias (racistas, antisemitas, religiosas, étnicas, discapacidad…) regula la comisión de un delito "**por *razones de género***", en base a roles y estereotipos sociales y culturales. Se diferencia entre las agravantes de sexo por causas biológicas y género que exige la presencia de una intención, actitud o situación de dominación del hombre sobre la mujer. "No es el sexo en sí de los sujetos activo y pasivo lo que el legislador toma en consideración con efectos agravatorios, sino el carácter especialmente lesivo de ciertos hechos a partir del ámbito de relación en el que se producen y del significado objetivo que adquieren como manifestación de una grave y clara desigualdad".

Desde una perspectiva subjetiva, la agravante de género no se reduce a las relaciones de pareja, sino que se aplica según el Tribunal Supremo **"a todos los casos en que se actúe contra la mujer por el mero hecho de serlo".** La superación de un concepto restrictivo como la violencia de género limitado a las relaciones de pareja, se canaliza en la actualidad a través de la agravante de género impuesta a nivel nacional por el Convenio de Estambul[341]. Su aplicación debería ex-

---

341 "Sólo en una de treinta y seis resoluciones se ha aplicado la agravante de género sin que existiera entre víctima y victimario una relación de afectividad, presente o pasada. En el 90 por ciento de los casos, ha sido la acusación particular la que

tenderse a los hechos delictivos en que el ataque contra la mujer se cometa por razón de género, con independencia de que exista o no algún tipo de relación entre el agresor y la víctima[342].

Mientras en la violencia de género la agravante está incluida en el tipo penal, en "otras violencias de género" queda a expensas del arbitrio judicial, propiciando una diferencia de trato entre víctimas insostenible constitucionalmente. Aunque ni siquiera la violencia de género garantiza una tutela reforzada de las mujeres por el riesgo de absorción de otros delitos en el tipo penal. Esto ha sido puesto de manifiesto en algunas sentencias, como la reciente STS de 18 de noviembre de 2021 admitiendo que "maltratar y amenazar a la pareja constituyen dos delitos distintos y, por tanto, no procede que uno absorba al otro con el fin de favorecer la pena del maltratador, sino todo lo contrario, merece mayor reproche punitivo". El Tribunal Supremo sostiene que "el delito de maltrato de género y el de amenaza de género se refieren a bienes jurídicos distintos que son objeto de protección, **rechazando la absorción en este tipo de casos"**[343]**.** Al respecto, el artículo 194 bis del Código Penal dispone que "los delitos contra la libertad sexual se castigarán sin perjuicio de las penas que procedan por los concretos actos de violencia física o psíquica que se realicen", para que las concretas **lesiones físicas o psíquicas que se produzcan a la víctima no quedarán absorbidas por el delito de agresión sexual**, sino que se castigarán por separado, de acuerdo con las normas sobre concurso de delitos.

Por tanto, la violencia de género como delito autónomo puede operar en concurso con otros tipos delictuales para impedir una pe-

---

ha solicitado la aplicación de la agravante; la acusación pública lo ha hecho en el 73 por ciento de los casos" (CGPJ).

342 El CGPJ señala que los jueces alertan de que se trata de un primer paso al que debe seguir la obligación de ampliar el concepto de violencia de género más allá de la pareja o expareja, que es el que reconoce actualmente la Ley de Violencia de Género de 2004.

343 Para el Tribunal Supremo, "los ataques a la integridad física y la libertad y la seguridad no pueden permitir que estos segundos queden absorbidos en los primeros so pena de privilegiar y beneficiar al infractor de dos conductas e igualarlo penalmente al que comete tan solo la primera. No puede hacerse e igual condición típica, antijurídica y punible al que maltrata, que al que maltrata y, además, amenaza a su expareja con matarla atropellándole con un vehículo".

nalización de la víctima. Concretamente el delito del artículo 173.2 CP mantiene su autonomía respecto de los eventuales delitos que puedan resultar de los actos violentos que constituyen su sustrato y esencia (amenazas, agresión sexual...).

Sobre la agravante de género "los expertos aconsejan incluir de forma "expresa" en la ley que...debe aplicarse a aquellos hechos delictivos en los que "la víctima es mujer, precisamente por serlo" y que el victimario actúa movido por un ánimo de dominación o machismo, sea, o no, pareja o ex pareja" (Observatorio contra la violencia doméstica y de género). Por lo que resulta viable la aplicación de esta agravante a otras "violencias de género" fuera del ámbito de la pareja, planteando consiguientemente su traslación al ámbito laboral, educativo, virtual...[344].

En caso contrario, la inaplicabilidad de la agravante de género fuera de las relaciones de pareja implicaría una discriminación entre víctimas de otras violencias cometidas por el sólo hecho de ser mujeres. La perspectiva de género en la interpretación de dicha agravante evitaría el riesgo de trato discriminatorio de las víctimas de violencias, acoso o abusos[345]. Pues siendo comunes los bienes jurídicos protegibles, compartiendo idéntico móvil de dominación y superioridad, no puede justificarse una aplicación restrictiva de la agravante de género.

"En esta línea, el CGPJ remarca que la agravante debe aplicarse "a todos aquellos hechos delictivos en que el ataque contra los bienes jurídicos de la mujer se cometa por razón de género, con indepen-

---

[344] A pesar de que la Ley Orgánica 1/2004, de 28 de diciembre de Medidas de Protección Integral contra la Violencia de Género, reduce la violencia de género en aquellos casos en que el hombre que ejerce la violencia mantiene o ha mantenido una relación sentimental con la mujer.

[345] "El legislador español excluye a las otras víctimas mujeres (hijas, hermanas, madres, vecinas, compañeras de trabajo, etc.), y descarta otras formas violentas de agresión que se realizan contra la mujer (matrimonios forzados, mutilaciones genitales, esterilizaciones forzosas, abortos no consentidos, agresiones y abusos sexuales, acosos laborales etc.). No tiene presente otros contextos diferentes al ámbito familiar (el profesional, el educativo, el propio del tiempo libre o de ocio, etc.)".

dencia de la vinculación entre el agresor y la víctima", especialmente en casos de asesinato o de delitos contra la libertad sexual. Por esta razón, se aplicó a delitos de homicidio, asesinato o contra la libertad sexual y aproximadamente al 67% de los casos solicitados con independencia de la relación entre víctima y agresor[346].

5.1.2. Consolidación extensiva en la jurisprudencia

Desde un prisma subjetivo, la agravante de género consiste en el ánimo de mostrar por parte del autor del delito su superioridad frente a la víctima y demostrarle que ésta es inferior por el mero hecho de serlo. "Se fundamenta en la mayor culpabilidad del autor por la mayor reprochabilidad del móvil que le impulsa a cometer el delito, siendo por ello decisivo que se acredite la intención por el hecho de ser mujer y como acto de dominio y superioridad" (SAP Asturias 27 de enero de 2017).

Conforme al Convenio de Estambul, el Tribunal Supremo ha señalado que la "verdadera significación" de la agravante de género reside en el mayor reproche penal que supone que el autor cometa los hechos motivado por sentirse superior a la víctima y como medio para demostrar además que la considera inferior. "Se lleva a cabo una situación de subyugación del sujeto activo sobre el pasivo, pero sin concretarse de forma exclusiva el ámbito de aplicación de la agravante sólo a las relaciones de pareja o ex pareja, sino en cualquier ataque a la mujer con efectos de dominación, por el hecho de ser mujer" (STS 223/2019 de 29 de abril de 2019). En opinión del TS, el recurrente en casación expuso a la víctima a un "sometimiento continuado" dentro de un "ambiente de dominación y machismo"

---

346 Según cifras del CGPJ "en la mayoría de las sentencias dictadas por Audiencias Provinciales se aplicó la agravante de género. Un total de treinta y seis resoluciones cuyo examen permite tener una primera aproximación a los motivos por los que los jueces y tribunales aprecian o no dicha agravante, en relación con qué delitos se aplica o cuándo se solicita, entre otras circunstancias. Y permite también observar si la violencia de género es tratada como un incidente aislado, sin contexto social o, por el contrario, es entendida como manifestación de la desigualdad estructural entre hombres y mujeres, tal y como se entiende en la Ley Orgánica 1/2004, de medidas de protección integral contra la violencia de género".

con el fin de "conseguir la posesión física e intelectual" y "doblegar su voluntad". Por tanto, fue correcta la aplicación de la agravante de género por el Tribunal cuyo fallo ha sido recurrido en casación, pues estuvo basada el ánimo discriminatorio con que actuó el recurrente, reflejado en la posición de control que ejercía sobre la víctima y desde la cual logró anular su voluntad.

El TS admite que la agravante de género no exige una especial intención o dolo específico de querer humillar sino que "basta que la situación sea humillante con los presupuestos de dominación y desprecio que vulneran el derecho de igualdad de la mujer" (STS 420/2018)[347]. La jurisprudencia avala la existencia de esta agravante en aquellos casos en que la acción lesiva está animada por el deseo del hombre de someter a la mujer a su voluntad, negando su libre autodeterminación de separarse o divorciarse e incluso gestionar su autonomía económica (STS 420/2018 de 25 de septiembre).

Respecto de la esfera aplicativa de la agravante de género, la Jurisprudencia reconoce su individualización y compatibilidad con otras agravantes aplicables a cualquier violencia por razón de género. La agravante de género resulta diferenciable de la de parentesco o discriminación por razón de sexo, pues no exigen una intención de dominación del hombre sobre la mujer, además de permitir que el sujeto pasivo del delito sea un hombre.

El Tribunal Supremo también se ha pronunciado en dicha sentencia sobre la compatibilidad entre la agravante de género con la agravante de parentesco, aludiendo a su distinto fundamento. "En efecto, la primera tiene un matiz netamente subjetivo, basado en consecuencia en la intención —manifestada por actos de violencia—, de llevar a cabo actos de dominación sobre la mujer, mientras que la agravante de parentesco tiene un marcado componente objetivo basado en la convivencia, incluso desconectado de un vínculo afectivo". Y continúa afirmando "Es por ello que son compatibles, la referida circunstancia agravante de parentesco, fundada en vínculos familiares y de afectividad, presentes o pasados en el caso de cónyuges o parejas de hecho, con la agravación basada en el hecho de haberse cometido

---

347 Según la STS 19 de noviembre 2018 el autor comete los hechos por sentirse superior y como medio para demostrar a la víctima que la considera inferior.

el delito con una determinada motivación, relacionada con la condición de la víctima como mujer por razones de su género" (STS 565/2018, de 19 de noviembre).

La SAP de Oviedo de 20 de enero de 2017 admite *que* "los ataques a la dignidad de la mujer entran en una agravante diferenciada de la de parentesco y de la de otras agresiones por razones de sexo"[348]. En relación a la posible confluencia de agravantes puede identificarse una agravante principal determinante (por razones de género) y otras accesorias que *agravan la conducta violenta y el daño a la víctima*[349]. La agravante de género resulta compatible con otras como la de abuso de superioridad o motivos racistas por la acumulación de causas o factores discriminatorios (STS 314/2015, de 4 de mayo).

Además, subraya el Tribunal que la doctrina ha puesto de manifiesto que "la agravante por razón de género se fundamenta, precisamente, en la discriminación que sufre la mujer en atención al género, y ello con independencia de la existencia o no de una relación de pareja entre la víctima y el sujeto activo. Por su parte, la agravante de parentesco se asienta en el menosprecio a los deberes morales u obligaciones que imponen las relaciones familiares o de afectividad, presentes o pretéritas" (STS 565/2018, 19 de noviembre de 2018)[350].

La prueba consiste en demostrar que se ha realizado el ilícito penal con actos que implican dominación del hombre hacia una mujer por el hecho de serlo, "para determinar si las acciones delictivas te-

---

348

349 El Tribunal Supremo señala que existe un "intento de dominación del acusado sobre la víctima y la considera "como un ser incapaz de tomar decisiones sobre los aspectos más personales e íntimos de su vida que pudieran merecer alguna clase de respeto" y aclara que, no obstante, en el caso analizado, esa personalidad del acusado "es solo un elemento más, pues la dominación y el desprecio sobre la mujer, concretamente sobre la que recae la agresión, elementos necesarios para apreciar la agravante y resultan características de la conducta ejecutada" (STS 27 de septiembre de 2018).

350 Según las SSTS 31 de octubre de 2012, y 24 de junio de 2014, "la agravante de parentesco tiene por fundamento el menosprecio a los deberes morales y obligaciones que imponen las relaciones familiares, o de afectividad presentes o pretéritas, en concreto en la falta de respeto especial demostrada por el autor en relación a una persona con la que estuvo estrechamente ligado por vínculos afectivos o de sangre, y que hacen a aquellas conductas merecedoras de un mayor reproche penal".

nían un componente de discriminación por razón de género"[351]. Se acude a "la **existencia de agresiones o amenazas anteriores** (en 50% de las sentencias), a patrones de control o coerción, con la comprobación de que el esfuerzo de la mujer por separarse ha sido el detonante del hecho delictivo"[352].

"Las dificultades de prueba que la aplicación de esta circunstancia conlleva, sitúa en el ámbito de lo subjetivo la valoración de la intencionalidad del autor, siendo preciso entrar en las inquietudes motivacionales del ejecutor para poder probar con éxito si concurre tal circunstancia y el asesinato se ha cometido precisamente movido por ese deprecio hacia el género de su víctima"[353].

No obstante, la aplicación de la doctrina jurisprudencial sobre la perspectiva de género puede contribuir a la relajación de la prueba de dominación en beneficio de la mujer víctima de violencia o maltrato y a la inversión del *onus probandi* en las discriminaciones por razón de sexo (30 Ley 15/2022, de 12 de julio).

El móvil subjetivo de superioridad y dominación puede influir en la ampliación del ámbito objetivo de la agravante de género a otras conductas discriminatorias como mobbing, bullying, ciberacoso...En estas modalidades de violencia contra la mujer "el autor actúa con intención de dejar patente su sentimiento de superioridad frente a la misma, en base a una motivación que atenta contra el principio constitucional de igualdad" (STS 19 noviembre 2018)".

En definitiva, la agravante de género constituye el hilo conductor común a otras violencias de género como resulta de la jurispruden-

---

351 Aunque el artículo 13 de la LOIEHM dispone que "en aquellos procedimientos en los que las alegaciones de la parte actora se fundamenten en actuaciones discriminatorias por razón de sexo, corresponderá a la persona demandada probar la ausencia de discriminación..."

352 Para evitar la dificultad probatoria debería haberse reconocido una figura delictiva agravada como el feminicidio en vez de la agravante de género, y por esta vía no hubiera sido necesario demostrar la relación de superioridad.

353 La STS de 25 de septiembre de 2018 estima el recurso del Fiscal solicitando la aplicación de la agravante de género, y anula parcialmente la sentencia del Tribunal Superior de Justicia de Castilla y León que no la apreció porque entendió que no se había probado el intento de humillación y ultraje de la mujer por parte del condenado, elevando la pena a seis años de prisión por el delito de lesiones y de seis meses de prisión por delito de amenazas.

cia, corroborando que no puede circunscribirse sólo a la violencia ejercida por un hombre sobre su pareja o ex pareja mujer sino a "cualquier ataque a la mujer con efectos de dominación por ser mujer" (STS 565/2018, de 19 de noviembre)[354]. Este móvil que impulsa a cometer delito es común a otras violencias de género y fundamenta la mayor culpabilidad del agresor (STS nº 1145/2006, de 23 de noviembre). En el ciberacoso, mobbing, acoso escolar, virtual o feminicidio también puede reconocerse "la intención de dominación del hombre sobre la mujer, que dentro de las relaciones de pareja es considerada por el autor como un ser inferior, vulnerando, por lo tanto, su derecho a la igualdad" (STS 420/2018, de 25 de septiembre); el ánimo de superioridad sobre la víctima mujer (STS 565/2018, de 19 de noviembre), o bien demostrarle que "es inferior por el mero hecho de serlo" (SAP Barcelona 32/2003, de 26 de octubre).

En consecuencia, la agravante de género como punto de conexión entre violencias de género plantea la necesidad de unificación del régimen jurídico aplicable a todas las expresiones y modalidades de maltrato sobre la mujer, basadas en el mismo móvil y contra idénticos bienes protegibles. Conforme a la STS de 19 de noviembre de 2018, la agravante de género debe aplicarse en todos los casos en que se actúe contra la mujer por el mero hecho de serlo, aunque entre agresor y víctima no exista ningún tipo de relación. Por tanto, la agravante de género amplía "la protección de los derechos de las mujeres frente a la criminalidad basada en razones de género".

Paralelamente, la agravante de género permite cuestionar la diversificación del régimen jurídico de las modalidades de violencia contra las mujeres y la constitucionalidad de un tratamiento diferente a nivel penal. En particular, mientras el maltrato en las relaciones de pareja es un tipo intrínsecamente agravado, en las demás violencias la agravante de género depende de su prueba y apreciación ju-

---

354 Considera la STS 19 de noviembre de 2018 que "aparecen conectados todos los hechos declarados probados en ese ambiente de dominación y machismo del acusado que conforma todos los actos delictivos bajo la estigmatización que provoca en los sentimientos de la víctima y que se desarrolla en la ejecución de actos tendentes a conseguir la posesión física e intelectual por el sujeto autor del delito hacia la víctima y doblegar su voluntad para quedar sometida".

dicial[355]. En este sentido, Rueda Martín entiende que "una agravante genérica de discriminación por razón de género permitiría a los jueces valorar caso a caso el componente sexista de las conductas violentas de los hombres sobre las mujeres, evitando las presunciones injustificadas sobre la gravedad de la culpabilidad del autor o la inferioridad de la mujer que son consecuencias inevitables de las figuras género específicas". De este modo, la circunstancia agravante del artículo 22.4° del Código penal no exigiría demostrar caso por caso que "la motivación discriminatoria ha sido "el móvil principal del delito que pretende agravarse", y que "aquella motivación sea la determinante para cometer el delito" como exige el Tribunal Supremo. "Así que cuando la víctima sea mujer, la agravante de sexo perderá ampliamente su aplicación en favor de la de género. Y probablemente hubiera sido suficiente la agravante por razón de sexo para abarcar estos supuestos"[356].

En términos similares la STS de 19 de noviembre de 2018 se refiere a la "situación de subyugación del sujeto activo sobre el pasivo, pero sin concretarse de forma exclusiva el ámbito de aplicación de la agravante sólo a las relaciones de pareja o ex pareja, sino en cualquier ataque a la mujer con efectos de dominación, por el hecho de ser mujer".

---

355 Para Rueda Martín, M., "Cometer un delito por discriminación referente al sexo de la víctima y/o por razones de género como circunstancia agravante genérica", *Revista Electrónica de Ciencia Penal y Criminología,* n° 21, 2019, "la agravante de género no será tampoco aplicable en aquellos casos en los que las conductas enjuiciadas sean subsumibles en los tipos penales en los que ya está recogida, aún de forma implícita, la discriminación, la desigualdad o la relación de poder del hombre sobre la mujer, como en el delito de mutilación genital. La agravante podrá, no obstante, aplicarse a aquellos supuestos de violencia contra la mujer que poseen mayor entidad y que carecen de figuras específicas tipificadas en el Código Penal: el homicidio del 138 CP, el asesinato del 139 CP, la propia violencia doméstica habitual del 173.2 CP, los delitos contra la libertad e indemnidad sexuales del 178 CP y siguientes".
"

356 Según Rueda Martín, M., "Cometer un delito...", cit., "...como se ha puesto de manifiesto, los tribunales y algunos autores sí que otorgan a la agravante por razones de género un campo propio y diferenciado de la agravante por razón de sexo, admitiendo que la agravante por razón de sexo ha tenido una aplicación prácticamente nula, por lo que esta nueva agravante puede servir como llamada de atención".

En definitiva, la agravante de género fundamenta la *vis expansiva* de la violencia de género a otras expresiones de maltrato contra la mujer y contribuye a superar la actual diferencia de trato entre víctimas.

5.2. HACIA UNA PERSPECTIVA DE GÉNEROS

La evolución hacia una perspectiva inclusiva de "géneros" aparece avalada en el plano internacional por las últimas reformas legislativas y la jurisprudencia.

En primer lugar, el Convenio de Estambul señala que los Estados son garantes de la igualdad de resultados entre hombres y mujeres y entre sus objetivos incluye promover la igualdad real entre mujeres y hombres, incluida mediante la autonomía de las mujeres (artículo 1). De igual modo la STJUE de 12 de diciembre de 2021 se opone al derecho al complemento de maternidad por razones demográficas al negar al hombre en idéntica situación.

En el ámbito nacional, la legislación laboral ha evolucionado desde la monopolización por la mujer de los derechos biológicos derivados del embarazo y maternidad hasta compartirlos paritariamente con los hombres, como los permisos de lactancia y por nacimiento de hijos. Se ha superado así la argumentación de la STC 138/2018, de 17 de diciembre, que diferenciaba entre el permiso de maternidad basado en razones biológicas atribuyéndole superior duración al de paternidad, por sustentarse este último en la ausencia de un derecho a corresponsabilidad.

En esta línea, la tendencia de la normativa laboral más reciente como la Ley 10/2021, de 9 de julio, del trabajo a distancia se dirige a la protección de la persona trabajadora sin diferenciación entre sexos o géneros, tanto a propósito del teletrabajo como de la desconexión digital. Al margen de la brecha salarial o enfermedades psicosociales derivadas de estas modalidades de trabajo que afectan a las mujeres en superior proporción y que pueden ser objeto de acciones positivas para la corrección de desigualdades[357]. Siendo aplicable con carácter general a las disfunciones de las leyes con "perspectiva de géneros", las medidas de impulso o de favorecimiento a un colectivo que se encuentra en desventaja desde el punto de partida.

En relación a los permisos y derechos de conciliación, el tratamiento igualitario de hombres y mujeres, incluso compartiendo aquellos basados en razones biológicas como la lactancia, implica en realidad una aplicación expansiva del género. La STS 12 de julio de 2022 declara que los hombres tienen derecho al permiso de lactancia, aunque la madre del menor desempeñe trabajo retribuido, **porque está desconectado por ley de la maternidad** y "la corresponsabilidad en las tareas familiares aconseja una interpretación favorable al ejercicio indistinto del derecho".

En la esfera normativa, la Ley Orgánica 10/2022, de 6 de septiembre, unifica la violencia sexual contra niñas, niños y adolescentes, pese a que algunas modalidades como el ciberacoso o acoso escolar afectan desproporcionadamente al sexo femenino y suelen cometerse por razón de género. Esta normativa aborda el enfoque de género (artículo 2 c) "fundamentado en la comprensión de los estereotipos y las relaciones de género", sin diferenciar entre ambos géneros masculino y femenino y refiriéndose a políticas de igualdad entre mujeres y hombres. Sin embargo, resulta restrictiva por su aplicación a todas las formas de violencia sexual pese a que su ámbito de aplicación se reduce a mujeres, niñas y niños, adolescentes, excluyendo también a las personas transexuales.

Al respecto, la reciente STC 67/2022, de 2 de junio y la Ley para la igualdad de las personas trans y la garantía de los derechos LGTBI, consolidan un "tertium genus". Entre los derechos antidiscriminatorios de este colectivo se regulan "el derecho a no discriminación en los centros de trabajo; a la libre determinación de la identidad de género y su despatologización sin que medien testigos ni la obliga-

---

357 "Se consideran acciones positivas las diferencias de trato orientadas a prevenir, eliminar y, en su caso, compensar cualquier forma de discriminación o desventaja en su dimensión colectiva o social. Tales medidas serán aplicables en tanto subsistan las situaciones de discriminación o las desventajas que las justifican y habrán de ser razonables y proporcionadas en relación con los medios para su desarrollo y los objetivos que persigan" (artículo 7 LIT).

ción de hormonación durante 2 años y sin ningún informe médico que tenga que decir que son personas enfermas"; derecho a cambio registral de sexo y nombre desde los 12 años de edad acompañados de sus progenitores o tutores; derecho de filiación de los hijos e hijas de mujeres lesbianas (sin necesidad de casarse para reconocer al recién nacido). Aunque se plantean los derechos fundamentales de los menores y su protección jurídica en aspectos como el derecho al tratamiento hormonal y la necesidad de consentimiento (se exige la asistencia de progenitores o tutores a partir de los 14 años), pese al acceso a los bloqueadores hormonales en la pubertad con tramitación según cada CCAA (sin cirugías de modificación genital y ampliando el plazo para que las familias registren su sexo")[358]. Estas medidas presentan una dimensión constitucional por su conexión con derechos fundamentales (al libre desarrollo de la personalidad, autonomía...) y su condición prestacional como derechos sociales. El derecho a la autodeterminación (identidad y expresión) de género derivada de la legislación actual no se acompaña de una protección jurídica igualitaria en el tratamiento del maltrato y violencia sexual.

Y por último, el Anteproyecto de Ley Orgánica contra la trata y explotación de seres humanos se presenta paradójicamente como una regulación "sin género", pese a las cifras desproporcionadas de víctimas mujeres y niñas.

5.2.1. A través de la prohibición de discriminación por circunstancias familiares y personales

5.2.1.1 Como nueva categoría discriminatoria en favor de ambos géneros

La discriminación masculina suele manifestarse en el ámbito de las relaciones familiares por los perjuicios ocasionados a través de los estereotipos tradicionales y culturales, en base a penalizaciones o exigencia de un plus de requisitos para el reconocimiento de idénticos derechos concedidos a la mujer. En esta línea, el Dictamen del Con-

---

358 Como derechos sociales destacan la inclusión "en la cartera de servicios comunes del Sistema Nacional de Salud de los tratamientos de fertilidad o técnicas de reproducción asistida para lesbianas o personas trans "con capacidad de gestar".

sejo de Estado sobre la Ley de Familias admite la discriminación del varón solo con hijos en régimen monoparental, por una diferencia de trato con la mujer en igual situación y con serias dudas sobre su constitucionalidad.

La STC 26/11, de 14 de marzo de 2011 (BOE Núm. 86, de 11 de abril de 2011) representa uno de los hitos jurisprudenciales del Tribunal Constitucional, por avalar el reconocimiento del derecho fundamental a no ser discriminado por circunstancias familiares (número de hijos, su edad, situación escolar, situación laboral del cónyuge...). "Es la primera ocasión en que el TC utiliza como categoría discriminatoria las circunstancias familiares, distinta de las recogidas en el artículo 14 CE" (voto particular de la mencionada STC).

La identificación de este derecho fundamental se verifica a propósito de la solicitud de un derecho a conciliar la vida laboral y familiar por un padre trabajador, imprevisto en el Estatuto de los Trabajadores[359]. El recurso a la prohibición de discriminación por circunstancias familiares se basa por el TC en la imposibilidad de discriminación sexual de los varones. Al respecto, argumenta la necesidad de "terminar con la histórica situación de inferioridad, en la vida social y jurídica, de la población femenina, en el ámbito del empleo y de las condiciones laborales, situación que se traduce en dificultades específicas de la mujer para el acceso al trabajo y su promoción dentro del mismo" (SSTC 128/1987, de 16 de julio, FJ 5; 19/1989, de 31 de enero, FJ 4; 317/1994, de 28 de noviembre, FJ 2; 17/2003, de 30 de enero, FJ 3; 214/2006, de 3 de julio, FJ 2; y 324/2006, de 20 de noviembre, FJ 4).

Los principales fundamentos de la STC 26/11, de 14 de marzo giran en torno a que "no se ha ponderado adecuadamente la dimensión constitucional del artículo 14 CE con relación al mandato de protección de la familia y la infancia"; y que "los órganos judiciales debieron analizar en qué medida resultaba necesaria la adscripción

---

359 La STS 14 de marzo 2011 resuelve un recurso de amparo por denegación previa del derecho a conciliar de un padre que solicitó conciliar la vida laboral y familiar mediante un turno con horario nocturno. En el puesto que ocupaba de ayudante técnico educativo no existía ese turno y se desestimó la demanda por sentencia del Juzgado de lo Social al no reconocerse un derecho directo del trabajador a elegir cambio de turno por motivos familiares.

del demandante al turno de noche para hacer compatible la vida profesional del trabajador con su vida familiar, y cuáles fueron las dificultades organizativas que se podían originar en el centro de trabajo".

No obstante, resulta determinante de dicha sentencia el recurso a la doctrina jurisprudencial anclada en la discriminación histórica del sexo femenino, como impedimento para la admisión de la discriminación sexual de un padre trabajador (STC 3/2007, de 15 de enero). Por tanto, se prescinde de la posibilidad de discriminación por razón de género de los trabajadores masculinos en base a estereotipos culturales que dificultan su participación en el cuidado de los hijos menores.

La posterior evolución impulsada por la Ley Orgánica 3/2007, de 22 de marzo, para la igualdad efectiva de mujeres y hombres, tiende a la superación de la discriminación por razón de sexo mediante el reconocimiento de derechos de conciliación orientados al fomento de la asunción equilibrada de las obligaciones familiares sin distinción entre sexos (artículo 44 LOIHM). La equiparación jurídica de ambos sexos en el derecho a conciliar y en las responsabilidades familiares implica un salto cualitativo hacia la aplicación de una perspectiva de "géneros".

Esta posición se fundamenta en que los bienes jurídicos protegidos en la conciliación de la vida laboral y familiar son comunes a ambos sexos (STC de 12 de enero de 2009) y en la tendencia actual a compartir entre los progenitores derechos originariamente exclusivos de la mujer por razones biológicas, como la lactancia. En esa línea el Tribunal Constitucional confirma que "el derecho de lactancia corresponde *ex lege* al padre o a la madre a elección de los propios interesados, pues no existe razón para dar preferencia en el disfrute del derecho a uno de los padres sobre el otro (antes bien, de establecerse tal preferencia podría ser tachada de discriminatoria por razón de sexo y en consecuencia contraria al art. 14 CE)", según la STC de 19 de mayo de 2011[360].

---

360 A propósito, Vid., Valle Muñoz, "La garantía de indemnidad del trabajador por ejercitar acciones judiciales contra el empresario", *Revista de Derecho Social* Nº 29, 2005, pág. 36, admitiendo que "la titularidad debe corresponder a quien precise

La Ley Orgánica 3/2007, de 22 de marzo, para igualdad efectiva de mujeres y hombres (LOIEHM) distingue como causas de discriminación "las derivadas de la maternidad, la asunción de obligaciones familiares y el estado civil" (artículo 3), aunque la tutela jurídica conferida legalmente a cada una ha sido desigual. En particular, la discriminación por corresponsabilidad parental ha permanecido infradesarrollada jurídicamente respecto de los derechos y permisos por razones biológicas. La diferencia legal de trato entre "el fomento de la asunción equilibrada de responsabilidades familiares (artículo 44 LOIEMH) y los derechos por embarazo y maternidad, ha generado desigualdades injustificadas entre sujetos discriminados. De igual modo la sobreprotección legal de las mujeres respecto de los hombres ha contribuido a un desequilibrio entre géneros a través de la feminización de los derechos de conciliación de la vida laboral y familiar, en perjuicio de aquéllas con un "efecto boomerang"[361].

Sin embargo, la dimensión constitucional de los derechos de conciliación como manifestación del principio de igualdad exige un trato indiferenciado entre géneros, incluyendo en la actualidad al género trans en la paridad de las relaciones familiares. Así la STC 126/1994, de 25 de abril, confirma que se trata de "un derecho humano de índole laboral reforzado que debe ser analizado en cada caso, con la máxima cautela judicial de acuerdo con la "debida diligencia" en materia de reparación integral". Por esta razón, el proceso de desapoderamiento de los derechos biológicos con el fin de hacer partícipes a los hombres en las obligaciones familiares, responde al equilibrio constitucional. Según la STS de 3 de marzo de 2020 "el mantenimiento de la insinuación de que los derechos de conciliación son derechos de las mujeres perpetúa los mecanismos de discriminación", resultando ajustado a los fines de lograr la igualdad

---

encargarse del cuidado del familiar, aunque la guarda legal corresponda a ambos".

361 Destaca Sánchez-Urán, "Despido y móvil discriminatorio: garantías, sustantiva y procesal, tras la LOIEMH", *Actualidad Laboral*, Nº 14, 2007, pág. 168 y ss., al abordar la posible graduación por el legislador de la discriminación privilegiando la modalidad por razón de sexo frente a la que se produce por cargas familiares.

de oportunidades "la atribución del beneficio sin distinción, fomentando así la corresponsabilidad familiar mediante el otorgamiento de medidas de conciliación no sesgadas".

Los derechos fundamentales derivados de la igualdad como la conciliación de la vida laboral y familiar así como la prohibición de discriminación por circunstancias familiares, se vinculan con la corresponsabilidad[362]. La STC 26/2011, de 14 de marzo argumenta que "la sentencia previa no analizó hasta qué punto dicha pretensión resultaba necesaria para lograr la efectiva participación del trabajador en el cuidado de sus hijos de corta edad a través de un reparto equilibrado de las responsabilidades familiares".

Desde esta perspectiva la admisión de un "derecho fundamental a corresponsabilidad" resulta viable partiendo de la STC 26/2011, de 14 de marzo, al afirmar que la enumeración de las causas discriminatorias previstas en el artículo 14 CE no son taxativas o cerradas. "En numerosas ocasiones se ha puesto de manifiesto que la lista de circunstancias frente a las cuales se protege constitucionalmente ante situaciones discriminatorias no es cerrada, pues en la fórmula del indicado precepto se alude a cualquier otra condición o circunstancia personal o social...." (STC 117/2011, de 4 de julio). Esta posición se ratifica por la sentencia del Tribunal Superior de Justicia de Galicia de 5 de octubre de 2020 señalando "que el artículo 34.8 Estatuto de los Trabajadores no concede a las personas trabajadoras un derecho cerrado, sino uno abierto, que dependerá de la opción que haya decidido el trabajador, debiendo dicha adaptación ser razonable y proporcionada en relación con las necesidades de la persona trabajadora".

Paralelamente, el derecho a prohibición de discriminación por circunstancias familiares o personales reconocido por la citada STC de 14 de marzo de 2011, también fundamenta un derecho a corres-

---

[362] La Estrategia europea para la Igualdad de Género 2020-2025 considera que "el reparto equitativo de las responsabilidades asistenciales en el hogar es fundamental, como lo es la disponibilidad de servicios de guardería, de asistencia social y de servicios domésticos, en particular para las familias monoparentales. El acceso insuficiente a servicios asistenciales formales de calidad y asequibles es uno de los principales motores de la desigualdad de género en el mercado de trabajo".

ponsabilidad exigible por los progenitores masculinos. Como derecho individual, la situación personal y laboral del otro cónyuge o pareja y su disponibilidad para las obligaciones familiares, no pueden oponerse a su ejercicio. En particular, "la indistinta titularidad que se reconoce no puede quedar condicionada, como pretende la empresa, solo al hecho de que uno de los progenitores no trabaje y por ello pueda asumir el cuidado del menor durante los primeros meses de vida" (STSJ Asturias de 19 de febrero). Según la Sentencia del Tribunal Superior de Justicia de Galicia de 28 de mayo de 2019 tampoco tiene "que acreditarse por la madre peticionaria que el padre no puede adaptar su jornada, o que no dispone de ayuda de terceros familiares (abuelos) o sin ser familiares, o que el horario peticionado sea el mejor para el disfrute de la familia en su conjunto. Se trata de un derecho personalismo del trabajador como reconoce el artículo 37.6 del ET a excepción de que ambos progenitores presten servicios en la misma empresa".

En suma, la relevancia constitucional de las circunstancias familiares y personales determina la personalización del derecho a corresponsabilizarse, sedimentando a su vez una perspectiva inclusiva de géneros. Este planteamiento encuentra sustento en la Ley 15/2022, de 12 de julio, integral para la igualdad de trato y la no discriminación, que regula el derecho a no ser discriminado por las circunstancias familiares, como principio informador del ordenamiento jurídico. Con carácter general, la STC 95/2000, de 10 de abril, concluye que "la razonabilidad de las decisiones judiciales es también una exigencia de adecuación al logro de los valores, bienes y derechos constitucionales (SSTC 82/1990, de 4 de mayo y 126/1994, de 25 de abril, FJ 5)".

5.2.1.2. El derecho a la desconexión digital

La Ley 10/2021, de 9 de julio, de trabajo a distancia que sustituye al Real Decreto-ley 28/2020, de 22 de septiembre, regula la prevención y adopción de medidas antidiscriminatorias individualizadas respecto de las personas teletrabajadoras (artículo 4)[363]. El derecho a

[363] Esta normativa distingue entre el trabajo a distancia como aquel que se presta en el domicilio de la persona trabajadora o en el lugar elegido por ésta y de otra

teletrabajo y a la desconexión digital presentan una dimensión constitucional por la afectación de derechos fundamentales (igualdad, intimidad, protección de datos...), sin diferenciación por razones de género. Únicamente puede considerarse proclive a la tutela de las mujeres "la obligación empresarial de tener en cuenta las particularidades del trabajo a distancia en las medidas contra el acoso sexual, acoso por razón de sexo, acoso por causa discriminatoria y acoso laboral". Respecto de las víctimas de violencia de género, las medidas de protección deben atender las posibles consecuencias y particularidades de esta forma de prestación de servicios en aras a la protección y garantía de derechos sociolaborales de estas personas, pero sin regular ni determinar cuáles son estos últimos derechos o remitirse a otra legislación aplicable.

Si bien la actual normativa adolece de referencia expresa al acoso por razón de género basado en estereotipos tradicionales y culturales, salvo su inclusión entre las causas discriminatorias generales y sujeto a la discreción de la "capacidad de actuación de las empresas".

5.2.1.2.1. Justificación como derecho fundamental

La desconexión digital se presenta como un derecho en construcción jurídica impulsado por la Unión Europea mediante las recomendaciones de la Resolución del Parlamento Europeo, de 21 de enero de 2021, entre las que figuran unas condiciones de trabajo y remuneración justas, la limitación del tiempo de trabajo y el equilibrio entre la vida profesional y la vida privada, atendiendo a la salud física y mental, la seguridad en el trabajo y el bienestar.

El derecho a desconexión digital se regula en el Estatuto de Trabajadores, la Ley Orgánica de Protección de Datos y Garantía de los Derechos Digitales" (artículo 88), Ley de trabajo a distancia (artículo 18) y Ley de prevención de riesgos laborales (artículo 15). El artículo 20 bis ET establece expresamente que "los trabajadores tienen dere-

---

parte, el teletrabajo que se lleva a cabo exclusiva o prevalentemente de medios y sistemas informáticos, telemáticos o telecomunicación. El precepto citado establece "obligaciones a las empresas para la prevención y adopción de medidas respecto a múltiples formas de discriminación directa o indirecta en el trabajo a distancia por razón de sexo, edad, discapacidad".

cho a (...) a la desconexión digital (...) en los términos establecidos en la legislación vigente en materia de protección de datos personales y garantía de los derechos digitales"[364].

No obstante, Reche Tello, N., plantea "si sería necesario reconocer este derecho a la desconexión, en vez de potenciar el derecho de adaptación horaria, además de trabajar por cumplimiento de objetivos en vez de por tiempo y si se deben incrementar los controles para favorecer la desconexión, o es mejor promover una mayor flexibilidad y capacidad de organización y autonomía del trabajador"[365].

En el contexto actual, el derecho a la desconexión digital presenta una calidad insuficiente pues el 75% de españoles asegura responder a llamadas o correos electrónicos fuera del horario laboral, y durante la pandemia de COVID un tercio de los trabajadores han teletrabajado también durante el tiempo libre. Según las estadísticas afecta más a hombres que a mujeres por las responsabilidades asumidas y especialmente a los directivos (Informe sobre Desconexión Digital InfoJobs). Entre las razones de su nivel embrionario destaca especialmente la cultura del presentismo en nuestro país fuertemente arraigada a nivel empresarial y de la Administración; por su carácter incipiente en la legislación y jurisprudencia pendiente aún de regulación a los empleados públicos, así como por la desinformación de las condiciones para su ejercicio entre los trabajadores.

La relevancia constitucional de la desconexión digital deriva de sus consecuencias negativas en la salud por sobrecarga cognitiva y emocional, estrés, ansiedad, tecnodependencia y afectar al equilibrio entre vida privada y profesional. Paralelamente la vinculación de la desconexión digital con bienes constitucionalmente protegidos (salud, dignidad, libre desarrollo de la personalidad, igualdad, intimidad, protección de datos) y derechos fundamentales, determina su

---

364 Se reconoce el derecho "(...) a la desconexión digital en los términos establecidos en la legislación vigente en materia de protección de datos personales y garantía de los derechos digitales" (artículo 14. J bis Estatuto Básico del Empleado Público).

365 Vid. Reche Tello, N., "La desconexión digital como límite frente a la invasión de la privacidad", *IUSLabor* 3/2019, pág. 37.

dimensión constitucional[366]. Así deriva de la STS Valencia de 17 de julio de 2018 confirmando la nulidad de un despido a causa de la desconexión digital por vulneración de derechos fundamentales.

En particular, la afinidad de la desconexión digital con el derecho "fundamental" a la conciliación de la vida laboral y familiar justifica la traslación de su normativa y jurisprudencia aplicable, caracterizada por el superior desarrollo jurídico y constitucional. La imprevisión legal de la discriminación por razón de género se amortigua por la equiparación del trabajo a distancia al presencial en derechos de conciliación y corresponsabilidad, como la adaptación a la jornada (artículo 34.8 ET). No obstante, el artículo 13 de la Ley de trabajo a distancia reconoce un derecho "condicionado" a la flexibilización del horario de prestación de servicios, siempre que haya un acuerdo con el empresario o conste la negociación colectiva[367]. Si bien esta previsión parece ignorar la naturaleza constitucional de los derechos de conciliación entre los que se incluye la desconexión digital, y su aplicación sin necesidad de respaldo legal, convenios colectivos o acuerdos bilaterales entre empresarios y trabajadores.

5.2.1.2.2. Colisión con la libertad de empresa

La desconexión digital se regula en la Ley de trabajo a distancia como un derecho laboral de configuración legal, convencional mediante la negociación colectiva y unilateral a través de las competen-

---

366 Como la libertad de empresa (artículo 38 CE) y la salud (artículo 15 CE); la dignidad y libre desarrollo de la personalidad (artículo 10 CE); igualdad (artículos 1.1; y 9.2 CE); intimidad y privacidad (artículos 18.1, 3 y 4 CE); honor (artículos 18.1 y 4 CE); y la familia (39.1 CE).

367 La sentencia STJUE 7-09-2006, asunto C-484/04, Comisión vs Reino Unido, establece en su fundamentación que "los empresarios tienen la obligación de velar para que los trabajadores soliciten efectivamente los periodos de descanso que les corresponden y disfruten de ellos; hecho que engloba también el derecho a la desconexión digital, de conformidad con el artículo 1, apartado 1 de la Directiva 200/34/CE relativa a determinados aspectos de la ordenación del tiempo de trabajo. Las personas que realizan trabajo a distancia tienen los mismos derechos que las personas trabajadoras presenciales en materia de conciliación y corresponsabilidad, incluyendo el derecho de adaptación a la jornada establecido en el artículo 34.8 del Estatuto de los Trabajadores, a fin de que no interfiera el trabajo con la vida personal y familiar".

cias empresariales para la elaboración de una política interna con las modalidades y acciones de formación (previa audiencia y para la celebración de convenios con los medios y medidas para hacerla efectiva). El riesgo de limitación o lesión de los derechos fundamentales relacionados con la desconexión digital puede implicar la inconstitucionalidad de normas y cláusulas de convenios colectivos o acuerdos empresariales. Especialmente si restringen o vulneran los derechos previstos legalmente a la intimidad y protección de datos, a conciliación de la vida laboral y horario flexible y a tiempo de descanso, a registro horario adecuado, a la salud (prevención de riesgos laborales), o a la igualdad (formación y promoción profesional)[368].

La problemática jurídica y constitucional del derecho a la desconexión digital deriva principalmente del conflicto entre la libertad de empresa y otros derechos fundamentales como igualdad, intimidad y protección de datos[369]. El derecho a desconexión digital constituye un límite de la libertad empresarial como establece la STC 90/1997, de 6 de mayo: "los equilibrios y limitaciones recíprocas que se derivan para ambas partes del contrato de trabajo, supone que también las facultades organizativas empresariales se encuentran limitadas por los derechos fundamentales del trabajador, quedando obligado el empleador a respetar aquéllos". Aunque Trillo Párraga reconoce que "la imposibilidad de penetración de los derechos fundamentales de los trabajadores en el ámbito de las relaciones laborales desde la óptica empresarial, y este tipo de resultado refuerza la sensación

---

368 Al margen de otros derechos laborales a la dotación y mantenimiento de medios y equipos, abono y compensación de gastos (ordenador y equipos informáticos) para evitar costes añadidos.

369 Para Martínez Moya, J., "El derecho a la desconexión digital: contenido, límites y limitaciones. Confirmación judicial de sanción impuesta a un controlador aéreo por negarse a realizar un curso de formación *on line", Revista de Jurisprudencia Laboral,* n°1, 2021, "muestra un contenido que es preciso concretar dada la parquedad y generalidad de su enunciado legal en el artículo 88 de la Ley Orgánica 3/2018, de 5 de diciembre, de Protección de Datos Personales y Garantía de los Derechos Digitales y en el artículo 20 bis del ET; derecho que resulta directamente ejercitable y, al tiempo muy flexible en su configuración, lo que compromete a su vez otros derechos como el de conciliación al vida personal, la intimidad o la prevención de riesgos".

de una suerte de indemnidad respecto de actuaciones empresariales vulneradoras de derechos fundamentales"[370].

De un lado, la desconexión digital restringe el poder y facultades de organización empresarial imponiéndose deberes por el legislador para no menoscabar los derechos de los trabajadores, como la limitación del uso de medios tecnológicos durante los periodos de descanso y el respeto a la duración máxima de la jornada laboral.

Sin embargo, pese a las garantías previstas en la Ley 10/2021, de 9 de julio, del trabajo a distancia, el riesgo de abusos empresariales y vulneración de derechos de los trabajadores puede derivar de ""la discrecionalidad de las políticas internas sobre desconexión; instrucciones en relación a la legislación de protección de datos, las facultades de control empresarial para verificar el cumplimiento de obligaciones y deberes laborales; de los medios telemáticos lesivos de la dignidad y de las circunstancias personales como la discapacidad; y la interpretación de las circunstancias excepcionales y de emergencia que limitan el derecho a la desconexión digital". La obligación de cumplir las órdenes del empresario que al trabajador impone el art. 5.c), Estatuto de los Trabajadores, no puede entenderse naturalmente como una obligación absoluta, sino que, como el propio precepto exige, "ha de tratarse de órdenes dadas en el ejercicio regular de sus facultades directivas, y el trabajador podrá negarse a cumplirlas, sin incurrir en desobediencia, cuando el empresario actúe con manifiesta arbitrariedad y abuso de derecho" (STS de 28 de noviembre de 1989).

Como manifestación del derecho de igualdad y conciliación de la vida laboral y familiar, la denegación por el empresario de la desconexión digital no puede basarse en simples molestias o dificultades organizativas de la empresa, sino exclusivamente en el criterio de imposibilidad empresarial. La estrecha relación entre el derecho a desconexión digital y la conciliación de la vida laboral, familiar per-

---

370 La Sentencia del Tribunal Superior de Justicia de Palmas de Gran Canaria de 12 de marzo de 2019 señala: "El derecho a una indemnización resarcitoria se engarza al ejercicio del propio derecho de reducción de jornada (artículos 37.6 º y 7º ET), lo que exige que su interpretación y aplicación se realice con perspectiva de género de conformidad con el art. 4, 14 y 44 de la LOIEMH 3/2007 en relación con la Ley 39/1999, dado su impacto desproporcionado de género".

sonal (artículo 30 bis ET), limita la libertad empresarial por excesivas restricciones empresariales que obstaculizan su ejercicio, una interpretación abusiva de las circunstancias excepcionales o de emergencia y el riesgo de enfermedades psicosociales.

La delimitación entre el trabajo efectivo y el tiempo de descanso como criterio determinante de la desconexión digital, resulta una labor jurídica compleja en la práctica para el cómputo del tiempo en cursos de formación o a efectos retributivos. La consideración como tiempo trabajo precisa tres elementos:" a) Que el trabajador esté en ejercicio de su actividad y funciones; b) Que el trabajador esté a disposición empresarial c) Que el trabajador permanezca en el trabajo" (STJUE n.º C-266/14, de 10 de septiembre de 2015).

De igual modo se lesiona "si el control empresarial con medidas tecnológicas implantadas en el domicilio familiar, exceden el poder de dirección y organización del trabajo, para controlarlo fuera de la jornada laboral" (STSJ Cataluña 3613/2013, de 23 de mayo de 2013)[371]. La disponibilidad desproporcionada del trabajador a distancia en los supuestos de un estado de guardia y localización permanente, afecta negativamente a su vida personal y familiar[372]. "La obligación de permanecer presente físicamente en el lugar determinado por el empresario y la restricción que, desde un punto de vista geográfico y temporal, supone la necesidad de presentarse en el lugar de trabajo en un plazo excesivamente breve, limitan de manera objetiva las posibilidades que tiene un trabajador de dedicarse a sus intereses personales y sociales, diferenciándose de la mera disponibilidad a los efectos de que el empresario pueda localizarle" (STJUE, C-518/15, de 21 de febrero de 2018 (Caso Matzak).

Los Tribunales admiten que "no afecta al derecho a la desconexión digital (y, por tanto, a la intimidad personal y familiar) que la

---

371 Vid., Purcalla Bonilla, M., "Control tecnológico de la prestación laboral y derecho a la desconexión: Claves teóricas y prácticas. Presente y futuro del trabajo", *Anuario IET*, Vol. 5, 2018, pág. 102, sobre el derecho a no estar "permanentemente" localizado por medios electrónicos colocados en el vehículo o en el móvil, en el ordenador o Tablet.

372 También la Carta de Derechos Digitales con fecha de julio 2021 recoge el derecho a la desconexión digital, al descanso y a la conciliación de la vida personal y familiar, entre otros principios.

empresa ordene la realización de trabajo efectivo y retribuido fuera del horario normal, porque entonces ya no hablamos de tiempo de descanso, sino de tiempo de trabajo" (STSJ Madrid 7803/2021, de 9 de julio)[373]. "El derecho del trabajador a la desconexión digital no es incompatible con que la empresa pueda imponer la realización de actividades laborales fuera del horario ordinario" (STSJ de 9 de junio de 2021)[374]. Aunque el ejercicio de la desconexión digital puede quedar vinculado al interés productivo de la empresa según la STC 192/2003, de 27 de octubre.

La STSJ Cataluña 3681/2018, de 17 de octubre de 2018, advierte que "la sentencia del TJUE de 21 de febrero de 2018, C-518/15 se refiere a un tiempo de guardia localizado de un trabajador en su domicilio con una obligación de responder a las convocatorias de su empresario en un plazo muy reducido, que restringe considerablemente la posibilidad de realizar otras actividades, por lo que se considera excepcionalmente tiempo de trabajo efectivo" (SAN 125/2018, de 20 de septiembre de 2018, STSJ Madrid 569/2018, de 25 de julio de 2018, STSJ Aragón 420/2018, de 17 de julio de 2018).

En relación a los cursos de formación, la STSJ Madrid de 4 de noviembre de 2020 admite que "su realización *on line* de carácter obligatorio fuera del horario de trabajo puede considerarse tiempo de trabajo efectivo y no derecho a desconexión". En términos similares, la STSJ Madrid de 9 de junio afirma que "no es incompatible la desconexión digital con que la empresa pueda imponer actividades laborales fuera del horario ordinario como trabajo efectivo y retribuido. Se considera infringido igualmente el derecho a desconexión digital en la orden de un curso a distancia sin modificar los cuadrantes de trabajo presencial" (STSJ Madrid 962/2020, de 4 de noviembre de 2020)[375].

---

373 La STSJ de Madrid, 4 de noviembre de 2020 resuelve que "la realización de un curso formativo online de carácter obligatorio fuera del horario de trabajo tiene la consideración de tiempo de trabajo efectivo y, por tanto, no resulta de aplicación el derecho a la desconexión digital".

374 En los casos fortuitos como el corte de luz o desconexión involuntaria a internet se considera como tiempo de trabajo (SAN 10 de mayo de 2021).

375

"El derecho a la desconexión digital debe ser ineludiblemente preservado cuando se imponga la realización de algún tipo de trabajo a distancia o cuando se

Sobre la infracción de este derecho y los deberes empresariales, el Real Decreto legislativo 5/2000, de 4 de agosto, por el que se aprueba el texto refundido de la Ley sobre Infracciones y Sanciones en el Orden Social (LISOS), califica como leves (art. 6.6 LISOS) "los incumplimientos que afecten a obligaciones meramente formales o documentales; graves (art. 7.5 LISOS) por la transgresión de las normas y límites legales o pactados en materia de jornada, trabajo nocturno, horas extraordinarias, horas complementarias, descansos, vacaciones, permisos y, en general, el tiempo de trabajo a que se refieren los artículos 12, 23 y 34 a 38 del ET".

En segundo lugar, la discrecionalidad o arbitrio empresarial y la negociación colectiva en la determinación de los requisitos y condiciones para acogerse al trabajo a distancia, pueden generar desigualdades entre trabajadores y también empleados públicos. El riesgo de efectos discriminatorios por establecerse diferentes jornadas mínimas presenciales y días de teletrabajo, exigir distinta antigüedad y conocimientos para ejercer la actividad profesional de modo telemático, o la fijación de los puestos beneficiados, permite atisbar una problemática constitucional por prescindir de las necesidades de conciliación y circunstancias familiares y personales. La baremación desde una perspectiva de género y vulnerabilidad ha de aplicarse a la resolución de conflictos entre derechos fundamentales de los trabajadores y la libertad de empresa en el ejercicio de la desconexión digital. De igual modo la protección jurídica frente al despido y la garantía de indemnidad por reclamar el derecho a la desconexión digital, deben unificarse por no ser una cuestión estrictamente laboral sino constitucional en base a la implicación de derechos fundamentales.

Por último, el conflicto entre la libertad de empresa y los derechos fundamentales a la intimidad y protección de datos (artículo 17), se produce "cuando se infringe la prohibición de instalar

---

trate de que el trabajador se vea obligado a utilizar en su domicilio herramientas tecnológicas. Se trata de un mínimo legal insoslayable por la negociación colectiva y aplicable ex lege y que debe ser garantizado, en virtud del desarrollo que en este punto realiza la Ley Orgánica 3/2018 del artículo 18.4 de la Constitución, aunque estemos fuera del marco del teletrabajo hoy regulado por el Real Decreto-ley 28/2020" (STS 5 de julio de 2021).

programas o aplicaciones en dispositivos propiedad de la persona trabajadora y de la vigilancia o control empresarial que afecte a su dignidad. También puede derivar de la obligación impuesta al trabajador de proporcionar el móvil o correo electrónico a la empresa en el momento de celebración del contrato". La STS de 21 de septiembre de 2014 se opone a cláusulas contractuales en las que el trabajador preste un consentimiento voluntario a la aportación de datos personales. La consideración del trabajador como la parte más débil del contrato, al ser incluido por la empresa en el momento de acceso a un bien escaso como es el empleo, influye en que su consentimiento sobre tal extremo no sea por completo libre y voluntario. Por esta razón, se entiende que tal cláusula sería nula al atentar contra un derecho fundamental debiendo excluirse de los contratos de trabajo.

En consecuencia, el derecho a desconexión digital garantiza la inconstitucionalidad de las cláusulas contractuales de renuncia a derechos fundamentales como la protección de datos o intimidad, al no ser "necesarios para el mantenimiento o cumplimiento "del contrato de trabajo y tratarse de una cláusula abusiva y lesiva.

5.2.2. La corresponsabilidad parental

5.2.2.1. De los permisos parentales al permiso por nacimiento de hijos

El Real Decreto-ley 6/2019, de 1 de marzo, de medidas urgentes para garantía de la igualdad de trato y de oportunidades entre mujeres y hombres en el empleo y la ocupación, consolida el derecho a la corresponsabilidad como exponente jurídico de la perspectiva de géneros. La equiparación parental se proyecta en el cuidado del lactante y la reducción de la jornada de trabajo con la misma duración y régimen para ambos progenitores (artículo 183). En el Anteproyecto de Ley de Familias se incluyen permisos para cuidado de convivientes y familiares aunque sin reducirse a los progenitores y un permiso parental no retribuido de ocho semanas hasta que el menor cumpla ocho años.

La contribución de la jurisprudencia al equilibrio constitucional en las relaciones familiares se refleja en la STS de 10 enero

2017 señalando que "la consecución de la igualdad efectiva, tal y como persigue la LOIEMH pasa, no sólo por el reconocimiento de derechos de maternidad en sentido estricto, sino por la eficaz implantación de instrumentos de equiparación en el ámbito de la vida familiar, como reequilibrio de la desigualdad histórica. **De ahí que la prohibición de discriminación entre mujeres y hombres alcance también a los hombres que ejercitan derechos de conciliación o parentalidad, puesto que éstos actúan como instrumentos de corresponsabilidad familiar garantes de aquella igualdad".** Con posterioridad la STS de 10 marzo 2020 recuerda que "para cumplir con el objetivo de alcanzar la igualdad real y efectiva de mujeres y hombres, la utilización de las medidas de corresponsabilidad debe hacerse facilitando que los hombres hagan uso de los derechos de conciliación de la vida familiar. Por lo que el retraso en el inicio del ejercicio del permiso de lactancia que postulaba la empresa, resulta lesivo para la efectividad del derecho constitucional" (artículos 14.1 y 8 LOIEMH).

La evolución hacia una perspectiva "de géneros" responde al desarrollo del Estado social y de las sociedades modernas, mediante la equiparación jurídica y la superación de las asimetrías entre sexos y géneros. El avance en la igualdad de los permisos por nacimiento y cuidado de hijos, sin distinciones entre los de maternidad y paternidad, tiende a eliminar los resquicios de inconstitucionalidad derivados no sólo de hechos biológicos diferenciales sino también de razones económicas que han obstaculizado un trato igualitario de los progenitores hasta fechas recientes, relegando incluso el interés superior del menor a relacionarse con ambos. De igual modo, las reticencias del Tribunal Constitucional a la nivelación entre los permisos de paternidad y maternidad ha retardado el progreso hacia un equilibrio en las responsabilidades familiares. Al respecto, la STC de 17 de octubre de 2018 manifestaba que "la atribución del permiso por maternidad, con la correlativa prestación de la seguridad social, a la mujer trabajadora, con una duración superior a la que se reconoce al padre, no es discriminatoria para el varón. La maternidad, el embarazo y el parto son realidades biológicas diferenciadas de obligatoria protección, que se refiere a la protección integral de las madres. De ahí, que las ventajas que se determinen para la mujer no pueden considerarse discriminatorias para el hombre"[376].

El Alto Tribunal fundamentaba la desigualdad entre los permisos de paternidad y maternidad en su finalidad diferente, pese a la convergencia en bienes comunes protegibles constitucionalmente como la protección de la familia y en el interés del menor. Mientras el permiso de maternidad protege la salud de la mujer, el permiso de paternidad favorece la conciliación de la vida personal, familiar y laboral sin resultar lesivo del derecho fundamental de igualdad[377]. En concreto, la "finalidad primordial que persigue desde siempre el legislador al establecer el descanso por maternidad y el correspondiente subsidio económico de la seguridad social es la protección de la salud de la mujer trabajadora, durante el embarazo, parto y puerperio. A diferencia del permiso de paternidad que obedece a una finalidad tuitiva diferente favorecer, la conciliación de la vida personal, familiar y laboral, fomentando la corresponsabilidad de madres y padres en el cuidado de los hijos comunes"[378].

---

376 Con esta argumentación el Tribunal ha desestimado el recurso de amparo presentado por un padre de familia y la asociación Plataforma por permisos iguales e intransferibles de nacimiento y adopción contra una sentencia del Tribunal Superior de Justicia de Madrid que denegó que el permiso de paternidad fuera equiparable al de maternidad, esto es, con una duración de dieciséis semanas.

377 "La decisión del legislador, desde luego inobjetable, de reconocer a los hombres el derecho a la suspensión del contrato de trabajo por nacimiento de un hijo, con el correlativo a percibir la prestación por paternidad de la Seguridad Social, tiene una finalidad diferente al supuesto tradicional de suspensión del contrato de trabajo de la mujer trabajadora por parto. No se trata, como es obvio, de proteger la salud del trabajador, sino de contribuir a un reparto más equilibrado de las responsabilidades familiares en el cuidado de los hijos. Buena prueba de la diferencia apuntada es que el permiso de maternidad en caso de parto se configura legalmente como un derecho originario de la madre trabajadora (STC 76/2011, FJ 3); Este Tribunal ya ha tenido ocasión de señalar que la maternidad, el embarazo y el parto son realidades biológicas diferenciadas de obligatoria protección, derivada directamente del artículo 39.2 CE, que se refiere a la protección integral de las madres. Por tanto, las ventajas que se determinen para la mujer no pueden considerarse discriminatorias para el hombre (SSTC 109/1993, FJ 4, y 75/2011, FJ 7)».

378 El artículo 56 LOIEMH establece que "con la finalidad de proteger la conciliación de la vida personal, familiar y laboral se reconocerá un permiso de paternidad, en los términos que disponga dicha normativa".

Esta argumentación implica un trato desigual entre causas discriminatorias, por razón de sexo y asunción de obligaciones familiares con el riesgo de brecha entre sujetos discriminados, puesto que ambas afectan al derecho fundamental de igualdad. Si bien el Alto Tribunal lo justificaba en la literalidad del artículo 44 LOIEMH que únicamente dispone el fomento de "la asunción equilibrada de obligaciones familiares", sin reconocer un derecho exigible de corresponsabilidad.

Esta posición jurisprudencial deviene de la doctrina jurisprudencial contraria a la discriminación sexual de los hombres basada en "diferenciaciones históricas muy arraigadas y que han situado, tanto por la acción de los poderes públicos como por la práctica social, a sectores de la población en posiciones no sólo desventajosas, sino abiertamente contrarias a la dignidad humana" (STC 128/1987). Su influencia ha venido justificando diferencias de trato en perjuicio de los hombres discutibles desde un punto de vista constitucional y la discriminación de las mujeres por su blindaje legal en el ejercicio de los derechos de conciliación y permisos como el de maternidad, con el riesgo de desincentivar su contratación.

En la actualidad, la superación de una perspectiva de género "estereotipada" opuesta a la equiparación de los permisos de maternidad y paternidad, incluso en perjuicio de los menores, se ha verificado a través del Real Decreto-ley 6/2019, de 1 de marzo, de medidas urgentes para garantía de la igualdad de trato y de oportunidades entre mujeres y hombres en el empleo y la ocupación. La unificación en un permiso único por nacimiento de hijos termina con la dudosa constitucionalidad de una perspectiva de género sesgada y se aproxima a otros países europeos (v.gr. Finlandia), proclives a un permiso familiar sin diferencias entre ambos progenitores[379].

---

379 Según cifras recogidas por la Comisión Europea, "la tasa de empleo femenina es inferior a la masculina en 11,5 puntos. Además, la cifra de mujeres que trabajan a tiempo parcial es de un 31,1%, mientras que en los hombres este dato baja significativamente a un 8,2%. El motivo de no trabajar, según el 31% de las mujeres que no se encuentran dentro del mercado laboral, es ocuparse del cuidado de un familiar".

5.2.2.2. Derivaciones de la igualdad de géneros en la reciente jurisprudencia

Con la igualación entre los permisos de paternidad y maternidad no desaparece la problemática jurídica, como la derivada del uso acumulativo de ambos por uno sólo de los progenitores en las familias monoparentales (STSJ Valencia 3471/2021, de 30 de noviembre). En principio, "el reconocimiento de un derecho a la prestación adicional del permiso de dieciséis semanas a familias monoparentales evita la discriminación con las familias biparentales" (STSJ del País Vasco nº 396/2020 (recurso 941/2020), de 6 de octubre de 2020).

Desde una "perspectiva de géneros", puede fundamentarse la atribución de un permiso por nacimiento de hijo con una duración correspondiente a la suma de los permisos de ambos padres sin distinciones entre ellos, no sólo por razones de paridad sino en base al interés de los menores. En este último sentido García Romero, B. considera necesario que "se produzca una intervención del legislador que garantice la preservación del interés superior del recién nacido en supuestos de familia con un solo progenitor, tanto en el caso de ser este el modelo familiar inicialmente elegido, como cuando es sobrevenido, por ejemplo, a causa del fallecimiento de la madre biológica o del otro progenitor, de modo que no se vea reducido el tiempo real de cuidados en comparación con el de otros menores de familias biparentales"[380].

También en la esfera judicial la STSJP de Valencia 1217/2020, de 6 de octubre, desarrolla una interpretación favorable al permiso de paternidad en interés del menor y protege a las familias monoparentales frente a la discriminación indirecta de las normas. Se admite la posibilidad de transferir periodos de estos permisos para incentivar la implicación de los padres en el cuidado de los hijos desde su nacimiento y protege la corresponsabilidad familiar. "Cuando el Real Decreto Ley 6/2019 establece una prestación de ocho semanas por nacimiento y cuidado de hijo para el otro progenitor, está

380 Vid., García Romero, B., "Permisos por nacimiento y cuidado de menor y su discutida acumulación por el progenitor único en caso de familia monoparental para preservar el interés del menor", Revista de Jurisprudencia laboral, nº 6, 2022.

incurriendo en una absoluta discriminación para el menor. Y, para ello, se está basando en el trabajo desigual que se oferta a las familias biparentales frente a las monoparentales; pues, mientras aquellas disfrutan de un permiso de veinticuatro semanas, repartidas entre dieciséis semanas para la madre y 8 para el otro progenitor; en estas el beneficio es exclusivamente de dieciséis semanas, restándose derechos fundamentales que afectan tanto al derecho de la igualdad de género como a los hijos, que quedan desprotegidos"[381].

En consecuencia, la referida STSJP Valencia abre la vía a la transferibilidad de los permisos de paternidad y maternidad para la protección del interés del menor, aunque "no sólo en favor de la madre ya que ésta puede optar por ceder al padre, cuando ambos trabajen, el disfrute de una parte determinada del periodo de descanso posterior al parto, con exclusión de las seis semanas de descanso obligatorio para la madre" (STC 111/2018, FJ 7).

Desde una perspectiva de "géneros", resultaría discriminatorio que ambos permisos no fueran transferibles en sentido bidireccional, también para su ejercicio por el padre en caso de monoparentalidad con idéntica motivación: evitar "el cuidado del hijo por personas externas a sus progenitores antes de tiempo por el hecho de contar con un solo progenitor". Por tanto, el permiso de maternidad aun concediéndose originariamente por razones biológicas deja de ser individual e intransferible, en base al interés de los menores y las familias[382].

Este criterio se confirma en las Sentencias del Tribunal Superior de Justicia del País Vasco de 6 de octubre de 2020 y 8 de febrero de 2022, al admitir que "la denegación a una trabajadora el derecho a la prestación de las semanas adicionales del segundo progenitor (semanas que le corresponden por nacimiento y cuidado de hijo o

---

381 La sentencia recurrida argumentaba que "la prestación por nacimiento y cuidado de menor es un derecho intransferible de cada progenitor. Con lo que, si solo existe uno de ellos, no concurre ninguna prestación más".

382 Vid., Ballester Pastor, "Las familias monoparentales tienen derecho a la misma prestación por nacimiento y cuidado de hijos que las familias biparentales. Las normas deben velar por la protección del menor, lo que no cuadra con el diseño de un derecho individual e intransferible de cada progenitor", *Revista de Jurisprudencia Laboral,* nº 1, 2021, pág. 4

hija), discrimina al menor en una familia monoparental". Aunque argumenta que "los hogares monoparentales, e indirectamente la mujer, queda discriminada" y que "el mayor bloque de integrantes en el rango de progenitores de las familias monoparentales es el de la mujer"[383].

En base a esta fundamentación difícilmente se hubiera transferido el permiso de paternidad a un padre en situación de monoparentalidad al concluir que "cuando se establece el disfrute de la suspensión del contrato de trabajo en el art. 48, números 5 a 7 ET, incorporando al varón u otro progenitor, de forma indirecta se está perjudicando a la mujer". Sin embargo, la aplicación de la discriminación indirecta exclusivamente para la protección de mujeres en situación de monoparentalidad, puede generar efectos contraproducentes. De un lado como señala la citada sentencia, "la integración en un solo progenitor de la acumulación de todo el período de suspensión aglutina toda la suspensión en un solo trabajador"[384]. Este beneficio puede tornarse en contra de la mujer por el riesgo de discriminación laboral derivado del coste y el impacto para la organización de permisos acumulados, en perjuicio de la trabajadora. Por otra parte, la atribución de un complemento de maternidad exclusivamente a las mujeres (artículo 60 Real Decreto Legislativo 8/2015, de 30 de octubre, por el que se aprueba el texto refundido de la Ley General de la Seguridad Social) puede generar consecuencias discriminatorias para los padres trabajadores.

Así resulta de la STJUE de 12 de diciembre de 2019, C-450/18 declarando que "el Derecho de la Unión se opone a una norma que reconoce el derecho al complemento a las mujeres en las condiciones previstas en dicho precepto, mientras lo niega a los hombres que

---

383 El Tribunal Superior de Justicia del País Vasco, en la citada sentencia, analiza la desigualdad de género que supone el concepto mismo de la familia monoparental. Ofrece, además, datos al respecto: por cada familia monoparental encabezada por un hombre, hay cinco encabezadas por mujeres.

384 La referida sentencia del TSJPV señala que "se ha pretendido una igualdad entre el hombre y la mujer, pero se ha introducido una nueva brecha que nos sitúa no ante el techo de cristal sino ante el suelo pegajoso, y ante una concepción de la igualdad funcionalista, que obvia el que las distintas manifestaciones de la misma se desarrollan dentro de los hábitat o estructuras sociales".

se encuentren en idéntica situación"[385]. Esta sentencia se aparta de la consolidada jurisprudencia constitucional española contraria a la discriminación por razón de sexo de los hombres, en base a que el complemento por maternidad a los varones en la misma situación de las mujeres pretende evitar un trato discriminatorio en una prestación atribuidas a las mujeres por "aportación demográfica", es decir por tener hijos (razones biológicas).

El carácter discriminatorio para el varón de este complemento de maternidad se fundamenta en que los padres contribuyen en igual forma "a la demografía". Su impacto en la legislación española derivó en el Real Decreto-ley 3/2021, de 2 de febrero que establece un complemento de pensiones contributivas para la reducción de la brecha de género, "con el que se persigue reparar el perjuicio que han sufrido a lo largo de su carrera profesional las mujeres por asumir un papel principal en la tarea de los cuidados de los hijos que se proyecta en el ámbito de las pensiones". Esta regulación no impide que también los padres puedan solicitar dicho complemento siempre y cuando se hayan visto perjudicados en su carrera laboral por periodos sin cotizar o reducciones de trabajo.

Sin embargo, a diferencia de la mujeres que sólo deben cumplir el requisito de tener hijos para la atribución del complemento, a los hombres se les exige además un estado civil de viudez, la interrupción o afectación de su carrera profesional, al margen de unas fechas en el nacimiento de los hijos y que la suma de las pensiones reconocidas sea inferior a la suma de las pensiones que correspondan a la mujer[386]. Este plus de requisitos "por razón de sexo" implica una diferencia de trato sin justificación constitucional, especialmente en

---

385 Mientras se consideraba que el derecho al complemento de los hombres que cumplieran esos requisitos debía reconocerse únicamente con efectos a partir de la publicación de la referida sentencia del Tribunal de Justicia de la Unión Europea en el DOUE, la reciente STS concluye que "los hombres que reúnan las exigencias establecidas tienen derecho a que el complemento de pensión por aportación demográfica se les reconozca con efectos retroactivos".

386 La STC 41/2002, de 25 de febrero, estima que el cese de la funcionaria interina durante el permiso de maternidad, se habría producido "por no reunir los requisitos de idoneidad que permiten seguir sustentando su nombramiento debido a encontrarse la recurrente en situación de baja por maternidad" (también SSTC 203/2000, de 24 de agosto y 240/1999, de 20 de diciembre).

las familias monoparentales donde el progenitor masculino asume en solitario las responsabilidades familiares; y también en el caso de los divorciados con régimen de custodia compartida, que soportan un perjuicio en su carrera laboral como cualquier mujer "por asumir un papel principal en la tarea de los cuidados de los hijos que se proyecta en el ámbito de las pensiones"[387].

Bajo la apariencia de un derecho con "perspectiva de género" legal, se encubre la atribución de este complemento por razón de sexo y causas biológicas, pese a que la prestación de la Seguridad Social no se reconoce por causa de maternidad sino como medida para la reducción de la brecha de género. El legislador se muestra pues, reacio a la superación del sexo por un concepto más evolucionado de género, como punto de inflexión para elevar la corresponsabilidad a derecho común de ambos progenitores.

No obstante, este salto cualitativo de la perspectiva de género a la de géneros a través de la corresponsabilidad exige la evaluación del posible impacto negativo derivado de la desigualdad estructural y de la corrección de asimetrías por discriminación indirecta. En torno a esta tesis destacan las conclusiones de la Abogacía General en el Asunto C-625/20: "El artículo 4, apartado 1, de la Directiva 79/7/CEE (LA LEY 2408/1978) del Consejo, de 19 de diciembre, relativa a la aplicación progresiva del principio de igualdad de trato entre hombres y mujeres en materia de seguridad social, debe interpretarse en el sentido de que se opone a una norma nacional que tiene por efecto situar en desventaja a una proporción significativamente más alta de mujeres que de hombres al permitir compatibilizar dos o más prestaciones de incapacidad causadas en diferentes regímenes de la seguridad social como resultado de dos o más incapacidades, mientras que prohíbe percibir dos o más prestaciones de este tipo en el mismo régimen aunque se cumplan los requisitos para acceder a todas ellas, lo que corresponde al órgano jurisdiccional remitente comprobar".

---

387 Según el artículo 3 c) del Convenio de Estambul, por «género» se entenderán los papeles, comportamientos, actividades y atribuciones socialmente construidos que una sociedad concreta considera propios de mujeres o de hombres

Sobre el riesgo de la igualación de ambos géneros a efectos de la legislación de Seguridad Social en el caso concreto, Molina Navarrete C. argumenta que "dos de cada tres hombres que tienen reconocidas diversas incapacidades probablemente podrán compatibilizar las prestaciones de dos o más regímenes, pero solo una de cada dos mujeres que tienen reconocidas diversas incapacidades probablemente podrá hacer lo propio. Estas cifras revelan que la norma sitúa en desventaja a una *proporción significativamente más alta* de mujeres que de hombres"[388].

Sin embargo, el complemento de maternidad-demográfica no puede generar una diferencia de trato entre ambos géneros si los hombres estuvieran en la misma posición que las mujeres, debiendo reconocerse a aquéllos con efectos retroactivos (STS 16 de febrero de 2022)[389]. Este planteamiento se adapta al Convenio de Estambul, favorable a la aplicación de la perspectiva de géneros en garantía de la igualdad de resultados entre las **mujeres y los hombres,** mediante la obligación de diligencia debida de los Estados de llevar a cabo cuantas actuaciones sean adecuadas y necesarias para corregir esas brechas de género.

5.2.2.3. Custodia compartida

5.2.2.3.1. Igualdad en las relaciones familiares

La aplicación de la perspectiva de géneros en las relaciones familiares fundamenta la protección de la corresponsabilidad parental a través de la custodia compartida[390]. La correlación entre ambos con-

---

388 Destaca Molina Navarrete, C.,"Protección multinivel e igualdad de género en el Derecho de la Seguridad Social: más allá del derecho al desempleo de las Kelly de hogar", *Diario La Ley* Nº 10028, 2022. "A contrario sensu, la norma nacional controvertida sitúa en desventaja a aproximadamente la mitad de las mujeres que tienen diversas incapacidades, mientras que esa proporción es de solo un tercio en el caso de los hombres que tienen diversas incapacidades".

389 Vid., Molina Navarrete, C., Protección..., cit., el Alto Tribunal se pronuncia a favor de "la doctrina judicial patria minoritaria y, llevando al extremo la decisión del TJUE, le da la más absoluta retroactividad".

390 A propósito, vid., Pérez Sola, N., "La igualdad en la regulación constitucional de la familia, el matrimonio y los menores", Estudios de Deusto: Revista de Derecho Público, Vol. 62, nº. 1, 2014, pág. 123.

ceptos deriva de su definición como un sistema familiar posterior a la ruptura matrimonial o de pareja que, basado en "el principio de corresponsabilidad parental, permite a ambos progenitores participar activa y equitativamente en el cuidado personal de los hijos, pudiendo en lo que a residencia se refiere, vivir cada uno de ellos durante lapsos sucesivos más o menos predeterminados" (Lathrop).

El Comité de los Derechos del Niño de Naciones Unidas (2013) se manifiesta en favor de corresponsabilidad pues "las responsabilidades parentales compartidas suelen ir en beneficio del interés superior del niño. Es contrario al interés superior que la ley conceda automáticamente la responsabilidad parental a uno de los progenitores o a ambos. Al evaluar el interés superior del niño, el juez debe tener en cuenta el derecho del niño a conservar la relación con ambos progenitores, junto con los demás elementos pertinentes para el caso".

En esta línea la jurisprudencia del Tribunal Supremo admite que "los derechos derivados de la relación paterno filial exige que ambos progenitores se aparten de divergencias puntuales en relación a la crianza y educación del hijo y adquieran un mayor compromiso para hacer efectivo el de corresponsabilidad, el ejercicio de sus funciones después del divorcio, compartiendo lo que es propio de este sistema de guarda y custodia, llamada compartida, que es el sistema normal e incluso deseable..."(STS de 24 de abril de 2018).

El régimen de corresponsabilidad parental se considera "normal y aún deseable, en tanto permite la efectividad del derecho que los hijos tienen a relacionarse con ambos progenitores, aún en situaciones de crisis, siempre que sea posible y en tanto lo sea" (SAP de Cádiz de 16 de septiembre de 2016, SAP de Sevilla de 16 de mayo de 2018).

La jurisprudencia en custodia compartida ha contribuido a juridificar la corresponsabilidad a través del derecho de igualdad y el interés del menor[391]. Sobre ambos argumentos se pronuncia la sentencia de la Audiencia Provincial de Sevilla de 29 de junio de 2011: "La custodia compartida se basa en la corresponsabilidad parental y en la igualdad entre los progenitores. Mientras la custodia exclusiva o monoparental (materna) resulta incompatible con el principio de

---

391 Sobre corresponsabilidad vid., Moraga García, Igualdad y Custodia compar*tida*, Estudios homenaje a la profesora J. Sevilla, Corts Valencianes, 2014, pág. 489.

igualdad constitucional y también con el interés del menor, interpretado como derecho a mantener vínculos con ambos progenitores". Más recientemente la SAP de Sevilla de 12 de noviembre de 2019 confirma "la custodia compartida, como sistema de organización familiar posterior a la ruptura de la convivencia conyugal o de pareja, basada en la idea de corresponsabilidad parental en la distribución equitativa y paritaria de tareas, funciones y tiempos de permanencia de los hijos con cada progenitor".

Por consiguiente, la custodia compartida implica no sólo la igualdad entre progenitores respecto de la asunción de obligaciones familiares sino también de los hijos, evitando un trato desigual antes y con posterioridad a ruptura de la convivencia. En principio, conviene partir de la patria potestad como un derecho a relacionarse con los hijos y un deber de "velar" por ellos, tenerlos en su compañía, procurándoles una educación integral" (artículo 154 C.C.). Esta vertiente bipolar de la patria potestad no desaparece por el divorcio o separación de los progenitores, salvo alteraciones significativas en las circunstancias familiares. A propósito, la STS de 11 de octubre de 1991 sostiene que "el derecho de los padres a la patria potestad con relación a sus hijos menores y dentro del mismo, el específico a la guarda y tutela de los mismos, viene incluido entre los que la doctrina dominante denomina derechos —función, en los que, la especial naturaleza que les otorga su carácter social, que trasciende del ámbito meramente privado, hace que su ejercicio se constituya, no en meramente facultativo para su titular— como sucede en la generalidad de los derechos subjetivos sino en obligatorio para quien lo ostenta, toda vez que adecuado cumplimiento llena unas finalidades sociales, en este caso de interés familiar que le hacen reconocido por la Jurisprudencia, y por tanto exigible por ambos progenitores".

Conforme al artículo 92 C.C., la separación y divorcio no exime de las obligaciones con los hijos y, en consecuencia, tampoco pueden justificar la privación de derechos inherentes a la patria potestad. Por esta razón, la pérdida de derechos familiares de un divorciado o separado legal no motiva un cambio de la patria potestad conjunta a custodia exclusiva, salvo causas justificadas y excepcionales, ante el riesgo de discriminación por estado civil o circunstancias familiares.

En particular, la exigencia de un plus de requisitos a los separados o divorciados para el ejercicio de las mismas funciones de la patria potestad que venía desempeñando sin alteraciones sustanciales, debe sopesarse desde criterios de razonabilidad, proporcionalidad y posibles efectos discriminatorios. Considera la STS de 19 de julio de 2013 que "la custodia compartida exige sin duda un compromiso mayor y una colaboración de sus progenitores tendente a que este tipo de situaciones se resuelvan en un marco de normalidad familiar que saque de la rutina una relación simplemente protocolaria del padre no custodio con sus hijos que, sin la expresa colaboración del otro, termine por desincentivarla tanto desde la relación del no custodio con sus hijos, como de estos con aquel".

Desde una perspectiva jurídica, resulta incoherente que durante la convivencia no haya controles ni supervisión fiscal o dictamen de especialistas salvo en supuestos excepcionales, mientras se exigen múltiples cautelas tras la ruptura de la convivencia familiar, sin haber antecedentes o conflictos entre progenitores que de mutuo acuerdo optan por la custodia compartida. Sin perjuicio de que el hecho de que los progenitores puedan no encontrarse en buena armonía es una consecuencia lógica tras una decisión de ruptura conyugal, pues "lo insólito sería una situación de entrañable convivencia que, sin duda, podría darse, pero que no es el caso" (STS de 14 de abril de 2018). Para que esta tensa situación aconseje no adoptar el régimen de guarda y custodia compartida, será necesario que sea de un nivel superior al propio de una situación de crisis matrimonial (sentencias 566/2014, de 16 de octubre; 433/2016, de 27 de junio; 409/2015, de 17 de julio y 296/2017, de 12 de mayo). Si bien Carrasco Perea entiende que "las partes tendrían que ser capaces de reproducir después de la ruptura una situación colaboradora similar a la existente antes de aquélla".

La prolongación de los derechos y obligaciones parentales tras la ruptura de la convivencia implica la aproximación entre la patria potestad y custodia compartida, garantizando la igualdad de los progenitores y de los hijos. Las SSTS de 29 de noviembre de 2013, de 17 de diciembre de 2013, de 25 de abril de 2012, se manifiestan favorables a la aproximación del modelo de convivencia existente antes de la ruptura matrimonial, para garantizar "a sus padres la posibilidad de seguir ejerciendo los derechos y obligaciones inherentes a la potestad o responsabilidad parental y de participar en igualdad de condiciones en el desarrollo y crecimiento de sus hijos, lo que sin duda parece también lo más beneficioso para ellos" (STS 2 de julio 2014).

Paralelamente, la normalización de la custodia compartida determina la permanencia de las responsabilidades familiares existentes antes de la ruptura de la convivencia. En estos términos la SAN de Sevilla de 7 de marzo de 2019 señala que "la custodia compartida como sistema de organización familiar, posterior a la ruptura de la convivencia conyugal o de pareja, basada en la corresponsabilidad parental y en la distribución equitativa y paritaria de funciones y cometidos respecto de los hijos menores, ha de ser contemplada como sistema normal y deseable, no excepcional, en atención a sus innegables beneficios y ventajas, y debe ser implantada siempre que sea viable, conveniente y beneficiosa para el interés de los hijos"[392].

En definitiva, la jurisprudencia opta por la necesaria reciprocidad entre patria potestad y custodia compartida tras la ruptura de la convivencia, sin alteración del régimen de derechos y obligaciones parentales salvo causa justificada. De este modo se evita un trato desigual y discriminatorio entre progenitores por razón del estado civil y paralelamente garantiza el derecho de los hijos a la corresponsabilidad familiar.

5.2.2.3.2. El interés del menor y su adaptación a la corresponsabilidad

El interés del menor presenta una dimensión constitucional desde una doble vertiente como derecho de no discriminación a causa de ruptura de la convivencia y por el posible conflicto con el derecho a igualdad de los progenitores en las relaciones familiares.

---

392 Entre otras, la STS de 29 de abril de 2013 señala que "la redacción del artículo 92 no permite concluir que se trate de una medida excepcionalísima sino que, al contrario, habrá de considerarse normal e incluso deseable, porque permite que sea efectivo el derecho que los hijos tienen a relacionarse con ambos progenitores, aun en situaciones de crisis, siempre que ello sea posible y en tanto en cuanto lo sea. También la STS 30 de octubre de 2018 admite que su doctrina es adoptar el régimen de guarda y custodia compartida no como medida excepcional, sino como la más normal, al permitir que sea efectivo el derecho de los hijos a mantener relación con ambos progenitores".

En relación al interés de los hijos a relacionarse con ambos progenitores tras la ruptura de la convivencia, conduce necesariamente al sistema de custodia compartida y no exclusiva materna como se ha mantenido hasta fechas recientes. El interés del menor se identifica con la corresponsabilidad familiar como modelo idóneo para "asegurar el adecuado desarrollo evolutivo, estabilidad emocional y formación integral del menor" (SSTS de 29 de noviembre de 2013, de 17 de diciembre de 2013, de 25 de abril de 2012).

Desde esta perspectiva, la tutela del interés del menor ha contribuido a impulsar el desarrollo de la corresponsabilidad como derecho a través de la jurisprudencia ordinaria sobre custodia compartida. Según las SSTS 13 de diciembre de 2017 y de la Audiencia Provincial de Cádiz de 16 de septiembre de 2016 "el régimen de corresponsabilidad parental, considerado normal y aún deseable, en tanto permite la efectividad del derecho que los hijos tienen a relacionarse con ambos progenitores, aún en situaciones de crisis, siempre que sea posible y en tanto lo sea". También la SAP de Sevilla de 29 de junio de 2011 afirma que la custodia compartida se basa en la corresponsabilidad parental y la igualdad entre los progenitores.

Sin embargo, el interés del menor puede no coincidir con la pretensión de los progenitores de corresponsabilizarse y asumir equilibradamente las obligaciones familiares, con el riesgo de conflicto entre ambos y lesión del derecho fundamental de igualdad parental. En estos supuestos, el interés superior del menor ha de ser objeto de ponderación con el derecho de igualdad y así se prevé por la STS de 11 de octubre de 1991 admitiendo que "en la custodia compartida además de interpretarse en interés de los hijos, debe tenerse en cuenta la protección de los derechos fundamentales de las partes en juego"[393].

Sin embargo, en la práctica prevalece la doctrina jurisprudencial relativa a la supremacía del interés del menor por considerarse un parámetro intrínsecamente razonable y proporcionado que tiende a eludir el control de constitucionalidad. "El canon de razonabilidad

---

393 Vid., Belloso Martín, N., "La concreción del interés (superior) del menor a partir de los conceptos jurídicos indeterminados: la ¿idoneidad? De la mediación familiar", *Anuario de la Facultad de Derecho,* ISSN 1888-3214, nº. 10, 2017, pág. 27.

constitucional deviene más exigente por cuanto que se encuentran implicados valores y principios de indudable relevancia constitucional, al invocarse por el demandante de amparo el principio del interés superior del menor que tiene su proyección constitucional en el art. 39 CE y que se define como rector e inspirador de todas las actuaciones de los poderes públicos, tanto administrativas como judiciales" (SSTC 141/2000, de 21 de mayo, FJ 5; 217/2009, de 14 de diciembre, FJ 5; 127/2013, de 3 de junio, FJ 6, y 138/2014, de 8 de septiembre, FJ 2, entre otras"). Aunque el Tribunal Supremo admite que "la medida que se adopte respecto del interés del menor no debe restringir o limitar más derechos que los que ampara" (STS 19 de febrero de 2016) y "no crea ni extingue por sí solo las relaciones de la patria potestad" (STS 14 de septiembre de 2018).

Ahora bien, el amparo del interés del menor frente a simples incomodidades de los hijos tras el divorcio o separación, no puede justificar su prevalencia sobre el derecho de igualdad y a corresponsabilidad de los padres. Para Galatzer-levy, Gould Martindale y Goldstein "puede resultar irreal recomendar la situación óptima, por lo que en muchas ocasiones el evaluador lo que debe hacer es intentar encontrar la alternativa menos perjudicial al menor y la menos gravosa para él". El interés del menor interpretado como el más beneficioso y menos lesivo, implica la obligación de soportar molestias e incluso, ciertos efectos perjudiciales inevitables. Como reconoce la STS de 29 de abril de 2013, la vida del menor tras la ruptura "en la práctica puede ser más compleja que la que se lleva a cabo cuando los progenitores conviven".

5.2.2.3.3. Efectos discriminatorios por inaplicación de una perspectiva de géneros

La denegación judicial de la custodia compartida puede reconducirse a la esfera de la discriminación (múltiple) por razón de estado civil (en epígrafe anterior), género y circunstancias familiares o personales. De igual modo cabe cuestionar la constitucionalidad de la privación de la custodia compartida a los progenitores masculinos por el hecho de indicios o estar incursos en procedimientos por violencia de género.

En primer lugar, respecto de la vulneración del derecho a prohibición de discriminación por circunstancias familiares y personales de los progenitores deriva de las decisiones judiciales contrarias a la custodia compartida, basándose en aquellas profesiones que requieren desplazamientos continuos y de cierta permanencia (Sentencia de la Audiencia Provincial de Valencia de 31 de marzo de 2004); en los horarios laborales del padre o la distancia entre los domicilios de los progenitores (STS 30 de octubre de 2018)[394]. La jurisprudencia opuesta a la custodia compartida por las circunstancias expuestas puede provocar efectos discriminatorios, así como una penalización o revictimización por la imposibilidad de conciliar la vida laboral y familiar durante y tras la ruptura de la convivencia. Por esta razón, la STSJ Aragón de 6 de abril de 2015 reconoce que "procede la custodia compartida...pese a que el padre tenía horarios variables, porque la posibilidad de conciliación no es circunstancia determinante por sí sola".

En relación al segundo aspecto, el Convenio Estambul (artículo 31) establece que en la custodia y derecho de visita "se tengan en cuenta los incidentes de violencia" y en el marco nacional se dispone la privación de la custodia sobre los hijos impuesta a los progenitores que estuvieran inmersos en un proceso por un supuesto delito de violencia de género y cuando el juez advierta que existen "indicios fundados", aunque no haya aún una condena (92.7 la Ley Orgánica 8/2021, de Protección Integral de la Infancia y la Adolescencia frente a la violencia infantil, aprobada en junio de 2021 en el Código Civil). Desde una perspectiva de géneros, la Ley 16/2022, de 5 de septiembre, de reforma del texto refundido de la Ley Concursal) modifica el apartado 7 del art. 92 del Código Civil, que dispone "**no procederá la guarda conjunta cuando cualquiera de los dos progenitores esté incurso en un proceso penal** iniciado por atentar contra la vida, la integridad física, la libertad, la integridad moral o la libertad e indemnidad sexual del otro cónyuge o de los hijos que convivan con ambos".

---

394 Si bien la SAP Lugo de 5 de diciembre de 2018, estima "la custodia compartida pese a que el padre es marinero y pasa largos periodos fuera, por el apoyo de los abuelos paternos".

A nivel jurisprudencial, se deniega la custodia compartida a los condenados penalmente por violencia de género con prohibición de comunicación, amenazas y agresiones a la pareja o familia, pues "la existencia de una condena por la vía penal al padre hace inviable esa medida"; en base a indicios fundados de violencia sobre la mujer sin condena y sólo por imputación de un delito de coacciones a la madre; por trato vejatorio y humillante con desprecio a la madre probado en sentencia penal" (STS de 27 de octubre de 2021, rec. núm. 183/2018). Sin embargo, para que la violencia sea causa de privación de la custodia compartida suele exigirse judicialmente el perjuicio al interés del niño, por lo que no todo maltrato a un progenitor justifica el rechazo de la custodia compartida, sino aquél en que los hijos hayan sido víctimas directas o indirectas de esos actos de violencia.

En esta línea interpretativa, el TC admitió a trámite la cuestión de inconstitucionalidad que presentaron los magistrados de la Sala de lo Civil del Supremo respecto del artículo 97.2 C.C., alegando que la norma impugnada no permite a los jueces "valorar la gravedad" del caso concreto para determinar qué es más beneficioso para el menor. Según este precepto "no procederá la guarda conjunta" cuando cualquiera de los progenitores esté investigado por intentar atentar contra la vida, la integridad física, la libertad, la integridad moral o la libertad e indemnidad sexual del otro cónyuge o de los hijos que convivan con ambos". Entre los argumentos cabe destacar que la referida norma "no permite al tribunal valorar la gravedad, naturaleza o alcance del delito que se atribuye a uno o a ambos progenitores, ni el efecto que desencadena en la relación con los hijos o hijas menores de edad, tampoco contempla su carácter doloso o culposo, ni las concretas circunstancias concurrentes que exijan un específico tratamiento individualizado". Se aplica con "carácter imperativo y automático, sin admitir excepción alguna", "incluso basta que cualquiera de los progenitores esté incurso en un proceso penal, todavía no enjuiciado, para que se vede la custodia compartida". Por lo que "se subordina o posterga, sin posibilidad de valoración alternativa o tratamiento específico alguno, el interés de un menor", porque, a su juicio, caben "otras medidas alternativas menos gravosas".

En sintonía con esta posición judicial también la denominada violencia económica basada en el incumplimiento del deber de corresponsabilidad mediante el impago reiterado de pensiones y alimentos en perjuicio de los niños, habría de configurarse como causa legal de privación de custodia. Así la jurisprudencia rechaza el sistema de guarda conjunta "cuando se esconden intereses espurios de carácter económico-patrimonial, como la evitación del pago de pensiones, la recuperación del uso de la vivienda conyugal, o la solicitud fraudulenta en beneficio económico del progenitor" (STS de 27 de octubre de 2021, rec. núm. 445/2021). Según el Tribunal Constitucional "por imperativo constitucional, los padres tienen la obligación de prestar asistencia de todo orden a los hijos al estar basada en el principio de solidaridad familiar, con fundamento legal en el art. 39.3 CE" (Amparo Constitucional 3966/97. Pleno del Tribunal Constitucional. España, 15/01/2001).

No obstante, la privación de custodia compartida por indicios o estar incurso en un procedimiento de violencia de género plantea dudas sobre su constitucionalidad. Los derechos de igualdad (de padres e hijos) en las relaciones familiares, la presunción de inocencia, la tutela judicial efectiva, el libre desarrollo de la personalidad del menor, pueden vulnerarse por la declaración de la madre en fraude de ley o sin pruebas. Por esta razón, la Ley vasca 7/2015 sobre relaciones familiares en supuestos de separación, establece la necesidad de una "**condena penal por sentencia firme**" para no conceder la guarda y custodia. De modo que la mera acusación sería insuficiente para denegar la custodia a los padres, pese a la existencia de un procedimiento abierto sin sentencia.

El Tribunal Supremo ha venido cuestionando que se prive "**automáticamente**" de la custodia a un hombre que mantenga un procedimiento penal abierto por violencia de género y sin tener en cuenta el interés del menor, sino que ha de atenderse a las circunstancias concretas del caso. Por esta razón, se presentó ante el TC una cuestión de inconstitucionalidad del artículo 92.7 C.C. basada en la vulneración del derecho al libre desarrollo de la personalidad, la protección de la vida familiar y el principio del interés superior del menor; en que dispone "**de forma tajante**" que no procederá la guarda conjunta "con carácter imperativo y automático" y "sin admitir excepción alguna"; y por la existencia de otras medidas alternativas "menos gravosas" como el prudente arbitrio judicial.

También se ha planteado una cuestión de constitucionalidad del artículo 94 C.C. (2022) desde el Juzgado de Primera Instancia de

Móstoles, argumentando que "la protección de la familia y el derecho de los hijos a relacionarse con sus padres y al libre desarrollo de la personalidad, resultan desprotegidos por el automatismo en la decisión judicial sobre retirada de visitas, objetivamente contrario al superior interés del menor; y que "el derecho a la presunción de inocencia puede infringirse al establecerse una sanción civil a la investigación de un delito que, con independencia de lo que se haya actuado en la investigación penal, obliga al juez civil a adoptar una consecuencia jurídica de índole sancionadora".

La reciente STC 106/2022, de 13 de septiembre de 2022 ha resuelto finalmente "la constitucionalidad de los preceptos legales que excluyen el establecimiento de un régimen de visita o estancia para el progenitor incurso en proceso penal o respecto del cual existan indicios fundados de violencia doméstica o de género y facultan al otro progenitor para que proporcione asistencia psicológica a los hijos menores de edad". Concluye al respecto que "el párrafo cuarto del art. 94 CC, carece del automatismo que predican los recurrentes y no predetermina legalmente la privación del régimen de visita o estancia a ninguno de los progenitores. Es la autoridad judicial la que tomará la decisión de suspender, de restringir o no el régimen de visitas y estancias, y lo deberá hacer guiada por la finalidad de velar por el interés del menor (art. 39 CE). A tal fin, el precepto impugnado no limita la posibilidad de que el órgano judicial valore la gravedad, naturaleza y alcance del delito que se atribuye a un progenitor o a ambos, ni su incidencia en la relación paterno o materno filial, su carácter doloso o imprudente, la persona o personas directamente afectadas por el mismo, así como las concretas circunstancias del caso"[395].

Pese a la reconocida constitucionalidad de la privación de custodia compartida por indicios o estar incurso en un procedimiento, la

---

395 Señala que "el precepto impugnado faculta a la autoridad judicial para que pondere entre otras las consecuencias irremediables que el trascurso del tiempo de duración de la instrucción puede tener para las relaciones entre el niño y los progenitores que no viven con él (por todas, STEDH *Saleck Bardi c. España*, § 52), el carácter provisional de la condición de investigado en un proceso penal, así como, su deber de adoptar medidas eficientes y razonables para proteger a los niños de actos de violencia o de atentados contra su integridad personal".

defensa del interés del menor permite replantear su carácter inconstitucional en base a la desprotección de los hijos víctimas de otras violencias, doméstica o vicaria ejercida por las madres. Al margen de la inobservancia del Convenio de Estambul en materia de prevención y de igualdad de resultados entre hombres y mujeres, especialmente la diferencia de trato y brecha entre víctimas menores exige una revisión de la Ley Orgánica 8/2021.

6. Conclusiones

– El sistema actual antidiscriminatorio se considera agotado por la atomización del régimen de igualdad, su cuestionamiento desde el ámbito internacional, adolecer de prevención, así como por su incapacidad para contener la violencia de género y el retroceso en punitividad.

– Como ejes vértebradores destacan la perspectiva de género, la vulnerabilidad como criterio antidiscriminatorio y la evolución hacia una perspectiva de géneros.

– La perspectiva de género se integra por la jurisprudencia como método de análisis e interpretativo (preferente sobre la literalidad normativa), principio informador y de equidad, con una función correctora de asimetrías entre sexos, resolución de conflictos jurídicos y deber judicial de aplicación. El proceso de juridificación se refleja en los ámbitos procesal (inversión de la carga de la prueba en beneficio de la víctima, su consideración como testigo cualificado en delitos de maltrato, beneficios como la prescripción o agravante de género); laboral (penalizaciones por ejercicio de derechos) y administrativo (informes de impacto de género para validez de planes urbanísticos). En el marco constitucional, contribuye a cuestionar el automatismo de las normas, a la relajación del término de comparación en situaciones de desigualdad estructural, a reforzar la proporcionalidad y a la aplicación de la especial transcendencia constitucional.

– La construcción jurídica de nuevas modalidades discriminatorias y otras violencias de género (mobbing, bullying, ciberacoso, violencia intrafamiliar y filioparental...) se fundamenta en la comisión por el hecho de ser mujer, afectarles desproporcionadamente y por las relaciones de poder y subordinación que subyacen en otros contextos (intrafamiliar o doméstico, educativo, laboral, virtual...). La gravedad de la violencia, la vulnerabilidad de las víctimas, la identidad de bienes constitucionalmente protegidos y la lesión de derechos fundamentales, justifica la unificación de las violencias de género en términos similares a las violencias sexuales (Ley Orgánica 10/2022, de 6 de septiembre, de garantía integral de la libertad sexual), para eliminar la brecha actual entre víctimas de maltrato.

– En el acoso laboral convergen las relaciones de poder por razón de sexo o género y de superioridad jerárquica, la posibilidad de comisión grupal y por medios tecnológicos, agravando la discriminación y violencia sobre la mujer trabajadora. La exigencia legal de reiteración implica el deber de soportar actos continuados de lesión en los derechos fundamentales sin posibilidad de reclamación, pese a la gravedad atribuible también a un acto único de efectos permanentes y su reconducción a la figura del acoso.

La traslación de la perspectiva de género a la esfera laboral permite la flexibilización de presupuestos, la prevención de mobbing, la inversión de la carga de la prueba en favor de la víctima, las garantías de indemnidad y la aproximación al régimen previsto para la violencia de género.

– Entre los derechos fundamentales desde una perspectiva de género se desarrollan manifestaciones como la tutela judicial por responsabilidad del Estado, la revictimización, el acceso a información de género, la discriminación indirecta y por circunstancias familiares o personales y la agravante de género.

– El derecho a exigir responsabilidades del Estado en violencias sexuales y de género deriva del incumplimiento de los deberes de prevención, adopción de medidas protectoras, errores o inaplicación de la evaluación del riesgo y negligencias determinantes de daños, lesiones o resultado de muerte. El deficiente funcionamiento del sistema público en la protección de las mujeres e hijos como víctimas, habría de ser objeto de regulación para incorporar una responsabilidad objetiva y solidaria de los servicios o agentes intervinientes por fallos en la garantía de las víctimas.

– La victimización secundaria por razón de género puede implicar la vulneración de derechos fundamentales (honor, intimidad, imagen, dignidad…), justificando límites a la libertad de expresión, información o protección de datos y un régimen de sanciones, deberes, responsabilidades e indemnización a las víctimas.

– La desinformación de las mujeres como causa de desprotección y revictimización fundamenta el desarrollo de la transparencia de género, especialmente en los delitos de maltrato y violencia sexual. El reconocimiento de un derecho subjetivo, individual y adaptativo de información según las necesidades y el interés de las víctimas responde al riesgo de vulneración de sus derechos fundamentales (vida, integridad, seguridad, libertad...). La perspectiva de género como recurso metodológico y de análisis, justifica una interpretación amplia y *pro libertate* de la titularidad del derecho y del objeto accesible a la información. La dimensión constitucional de la información influye en un concepto amplio de víctimas (reales y potenciales en situación de riesgo) y también de maltratadores (sin condena, reincidentes, no rehabilitados); y en la superación del plano de la legalidad ordinaria en cuanto a la apertura de datos y documentación en poder de la Administración (Registros, sentencias...), para la tutela de mujeres y víctimas con fines preventivos.

– La equiparación jurídica de víctimas y agresores respecto a información y derecho al olvido resulta insostenible desde una perspectiva de género y vulnerabilidad, en el marco de la relación procesal-penal. Los conflictos entre los derechos fundamentales de mujeres (seguridad, libertad, integridad...) y delincuentes (protección de datos, intimidad, presunción de inocencia...), deben ponderarse en base a la incipiente jurisprudencia de la que se infiere un "interés público de género" intrínseco al maltrato y violencia sexual.

– El derecho al olvido de los maltratadores o agresores sexuales con el riesgo de blanquear su imagen y reputación, resulta limitado por el interés público, la libertad de información y el interés de la víctima.

– La omisión, denegación, errores o fallos en la información sobre infractores, maltratadores y agresores sexuales, así como la desinformación de mujeres en situación de peligro (por falta de avisos, alertas públicas...) como causa de daños, muerte, lesiones o revictimización, implica la responsabilidad del Estado. La perspectiva de género debe contribuir a facilitar la demostración de la relación de causalidad, incluso a la inversión de la carga de la prueba en contra de los poderes públicos causantes del daño y revictimización.

– El tratamiento homogéneo de víctimas con necesidades y circunstancias familiares o personales diferentes, puede vulnerar el derecho fundamental de igualdad y derivar en discriminación indirecta y revictimización.

– La agravante de genero aplicable a la violencia por ser mujer y sin limitarse a las relaciones de pareja pone en evidencia la insostenibilidad de un concepto excluyente de violencia de género, contrario al Convenio de Estambul y sin acomodo en la Unión Europea. La diferencia de trato entre víctimas de violencia de género y otras violencias procede de la integración de la agravante de género en el tipo penal en aquélla, mientras en las demás depende del arbitrio judicial.

– La vulnerabilidad por razones de género afecta a niñas y mujeres mayores como consecuencia de la intersección con otros factores de riesgo como la edad, discapacidad, dependencia, exclusión social…). Su impacto constitucional deriva de la exigencia jurisprudencial de una motivación, razonabilidad y proporcionalidad más rigurosa, con el desplazamiento del principio legalista por el de equidad. La vulnerabilidad representa un salto cualitativo del Estado de Derecho al Estado Social, mediante la aplicación directa de los principios rectores sin legislación de desarrollo.

– El recurso a la mediación para solucionar conflictos jurídicos en casos de discriminación o violencia por razón de género (doméstica, escolar…) resulta cuestionable desde un prisma constitucional, por la indisponibilidad de los derechos fundamentales y la aplicación analáogica de la prohibición en la violencia de género

– Entre las propuestas antidiscriminatorias de mayores se incluyen procedimientos administrativos y judiciales ágiles y urgentes, un registro de maltratadores para la inhabilitación de cuidadores, la desheredación de hijos por abandono sentimental, el control jurídico de las sujeciones físicas o químicas (Instrucción de la Fiscalía), gestores patrimoniales y personales de mayores bajo la supervisión del MF y la delimitación de "un interés del mayor".

– La desconexión digital afecta a derechos fundamentales (igualdad, salud, intimidad…) y a bienes constitucionalmente protegidos (familia, menores, dignidad, libre desarrollo de la personalidad…). El conflicto con la libertad de empresa deriva de la disponibilidad desproporcionada del trabajador o trabajadora con los deberes de localización permanente y presentarse en el trabajo en plazo breve; del ejercicio del poder organizativo y direccional fuera de jornada laboral; y de la desinformación sobre derechos y condiciones a desconectar.

– La construcción jurídica de la corresponsabilidad como derecho fundamental de igualdad deriva del reconocimiento de un derecho a no ser discriminado por circunstancias familiares y personales y de la dimensión constitucional de la conciliación consolidada por la jurisprudencia. La unificación de la patria potestad y custodia compartida se considera conveniente desde una perspectiva constitucional para eludir el riesgo de tratos discriminatorios en las relaciones familiares antes y después de la ruptura de la convivencia.

– La constitucionalización del interés del menor ha impulsado la configuración de la corresponsabilidad como derecho fundamental de hijos y progenitores, superando la legalidad vigente anclada en el "fomento de la asunción equilibrada de obligaciones familiares" (artículo 44 LOIEHM).

– El recurso judicial a criterios como la profesión, jornada laboral, dedicación anterior al cuidado de los hijos y también la exigencia de condicionantes que agravan o penalizan a los progenitores tras la ruptura de la convivencia, pueden incurrir en discriminación (múltiple) por razón de estado civil, circunstancias familiares o personales y género. La actual problemática constitucional derivada de una nueva realidad social, la necesidad de configurar el contenido del derecho fundamental a corresponsabilidad en las relaciones familiares, sin desarrollo en la doctrina del Tribunal Constitucional, la pervivencia de una jurisprudencia residual lesiva de la igualdad y de la seguridad jurídica, entre otras razones, justifican la especial transcendencia constitucional de la custodia compartida.

– Las Leyes de igualdad y su aplicación generan desigualdades y la igualdad formal se muestra impotente para extirpar las desigualdades estructurales. El criterio de la desproporción afectante a mujeres en otras modalidades de violencia y respecto del maltrato o discriminación masculina, debe abordarse no en las leyes sino mediante acciones positivas y políticas evaluables y renovables. En términos de prospectiva se plantea la deconstrucción del sistema antidiscriminatorio actual con el fin de cohesionar y unificar las violencias contra las mujeres, consolidar la vulnerabilidad y la perspectiva de géneros, eliminando diferencias de trato inconstitucionales.

Bibliografía

AA.VV., *Prevención del acoso escolar bullying y ciberbullying*, Instituto Interamericano de Derechos Humanos, San José, ISBN 978-9968-611-98-5, 2014.

AA.VV., *Maltrato Infantil en la familia en España, Informes, estudios e investigación*, Ministerio de Sanidad, política social e igualdad, 2011.

AA.VV., *Manual de Derecho Constitucional español con perspectiva de género* (Coord. Ventura Franch/Iglesias Bares), Universidad de Salamanca, 2020.

AA.VV., *El ciberacoso como forma de ejercer la violencia de género en la juventud: un riesgo en la sociedad de la información y del conocimiento*, Ministerio de Sanidad, Servicios Sociales e Igualdad, Centro de Publicaciones, Madrid.

AA.VV., La interpretación y aplicación del derecho en clave de igualdad de género" (Coords. Cárdenas, A./Salazar Benítez, O.), Tirant lo Blanch, 2021.

AA.VV., *Impacto de la comunicación familiar en la victimización por internet en parejas adolescentes. Una perspectiva de género*, Universidad de Guadalajara, México, Especial Nº 13, 2016.

AA.VV., "Violencia escolar: comportamientos violentos Un análisis desde la perspectiva de género", *ESHPA*, Nº 2, 2018.

AA.VV., *Guía de prestaciones para personas mayores, personas con discapacidad y personas en situación en dependencia. Recursos estatales y autonómicos*, Ministerio de Sanidad y Política Social, 2010.

AA.VV., *Informe: Las personas mayores en España*, Ministerio de Sanidad, Servicios Sociales, Igualdad, 2017.

AA.VV., *Vejez, Negligencia, Abuso y Maltrato*, Observatorio de Personas Mayores, ISBN: 84-8446-076-2, Madrid, 2004.

AA.VV., "Análisis de las Conductas Violentas en la escuela en función del género y el tipo de Centro", *ESHPA*, nº 2, 2018, págs. 16-29. http://hdl.handle.net/10481/49834.

AA.VV., *Bullying y ciberbullying en adolescentes escolarizados*, VIII Congreso Internacional de Investigación y Práctica Profesional en Psicología XXIII, Universidad de Buenos Aires, 2016.

AA.VV., "Violencia intrafamiliar desde la perspectiva de género: discurso de víctimas y agresores", *Documentos de trabajo social: Revista de trabajo y acción social*, Nº 59, 2017.

AA.VV., "El maltrato entre iguales", *Psicología Conductual*, Vol. 19, Nº 1, 2011.

AA.VV., *El ciberacoso como forma de ejercer la violencia de género en la juventud: un riesgo en la sociedad de la información y del conocimiento*, Delegación del Gobierno para la Violencia de Género, Ministerio de Sanidad, Servicios Sociales e Igualdad, Centro de publicaciones, Madrid.

AA.VV., "Relaciones entre el bullying y el cyberbullying: prevalencia y co-ocurrencial", *Pensamiento Psicológico*, Vol. 14, Nº 1, 2016, págs. 49-61.

AA.VV., *Bullying, cyberbullying y dating violence. Estudio de la gestión de la vida social en estudiantes de Primaria y Secundaria de Andalucía,* Fundación Centro de Estudios Andaluces, I.S.S.N.: 1699-8294, 2017.

AA.VV., *La desconexión digital en el trabajo,* Aranzadi, ISBN 9788413459677, 2020.

AA.VV., *Impacto de la comunicación familiar en la victimización por internet en parejas adolescentes. Una perspectiva de género,* Opción, Año 32, Especial No.13, 2016.

AA.VV., "El bullying revisión teórica, instrumentos y programas de intervención", *Revista de estudios e investigación en psicología y educación,* Vol. Extr., Nº 2. Disponible en DOI: 10.17979/reipe.2015.0.02.1299, 2015.

AA.VV., "El bullying y otras formas de violencia adolescente", *Cuadernos de Medicina Forense versión on line,* Nº 48-49, abr./jul. 2007.

AA.VV., *El ciberacoso como forma de ejercer la violencia de género en la juventud: un riesgo en la sociedad de la información y del conocimiento,* Delegación del Gobierno para la Violencia de Género, Colección 18.

AA.VV., *Mobbing, género y salud, 2003 - 2006,* Instituto de la Mujer, Madrid, 2016.

AA.VV., "Conducta bullying y su relación con la edad, género y nivel de formación en adolescentes", *Psicogente,* Nº 13, 2010. http://www.unisimonbolivar.edu.co/rdigital/psicogente/index.php/psicogente.

AA.VV., *Ciberacoso en función del género. Propuestas de análisis,* Instituto de la Mujer, 2016.

AA.VV., "Indicadores de violencia en Niñas y Niños de Primaria: Acoso y Victimización. Enfoque de Seguridad Ciudadana, Derechos Humanos y Perspectiva de Género", *URI: http://hdl.handle.net/10481/49834.*

AA.VV., "Diferencias de género en el acoso psicológico en el trabajo", *Psicologia em Estudo,* Maringá, Vol. 10, Nº 1, 2005, págs. 3-10.

AA.VV., "Análisis de las Conductas Violentas en la escuela en función del género y el tipo de Centro", *ESPHA,* nº 2, 2018, págs. 16-29.

AA.VV., "El conflicto de rol de género masculino y su vinculación con el acoso escolar (bullying)", *Feminismo/s,* nº 25, 2015, págs. 89-110.

AA.VV., "Las ciberagresiones en función del género", *RIE,* 2017, 35(1), 197-214.

AA.VV., "La protección constitucional de las personas mayores como fundamento de la gerontología", *GEROKOMOS,* Nº 14, 2003.

AA.VV., *Protección civil y penal de los menores y personas mayores vulnerables en España,* Aranzadi, ISBN 978-84-9099-239-5, 2018.

AA.VV., "*Estudio comparativo de género sobre el acoso escolar: estrategias y acciones",* disponible en https://doi.org/10.47197/retos.v44i0.88111.

AA.VV., *Justicia en clave feminista Reflexiones en torno a la inserción de la perspectiva de género en el ámbito judicial* (dir. Goizeder Otazua Zabala Ander Gutiérrez-Solana), Universidad País Vasco, 2021.

AA.VV., "Perspectiva de género en la violencia filio-parental", *Revista Latinoamericana de Estudios de Familia,* Nº 13, págs. 143-162, disponible en https://doi.org/10.17151/ rlef.2021.13.2.8.

AA.VV., "¿Acoso psicológico en el trabajo, un problema de género?", *Enseñanza e investigación en psicología,* Vol. 11, Nº 1, enero-junio, 2006, págs. 53-63.

AA.VV., *Inteligencia artificial y filosofía del derecho,* Ediciones Laborum, ISBN 978-84-19145-21-5, Murcia, 2022.

Alonso Salgado, *Violencia de género, justicia restaurativa y mediación,* disponible en https://minerva.usc.es › xmlui › bitstream › handle

Abramovich/Courtis, "Apuntes sobre la exigibilidad judicial de los derechos sociales", *repositoriocdpd.net:8080/.../Art_CourtisC_Apuntes Exibilidad Judicial_2001.pdf?*

Agelán Casasnovas, "Ciberacoso y transmisión de imágenes no consentidas (Sexting) Nuevas conductas de violencia contra las mujeres", www.observatoriojusticiaygenero.gob.do/.../TPI_catedra_virtual_21_noviembre_201...

Aguilar Gonzálvez, M.ª C. *La negociación colectiva en el sistema normativo comunitario* Lex Nova, Valladolid 2006.

Aguilera Portales/ Espino Tapia, "Fundamento y naturaleza jurídica de los derechos sociales ante la crisis del Estado Social de Derecho", *Revista Telemática de Filosofía del Derecho,* Nº 10, 2006/2007.

Añón Roig, "Derechos sociales: Cuestión de legalidad y legitimidad", *Anales de la Cátedra Francisco Suárez,* Nº 44, 2010.

- "Principio antidiscriminatorio y determinación de la desventaja", *Isonomía,* Nº 39, 2013
- "Transformaciones en el derecho antidiscriminatorio: avances frente a la subordinación", *Instituto de Investigaciones Jurídicas y Sociales,* Nº 26, 2021.

Aragüez Valenzuela, L., "Desafíos de la digitalización de las relaciones laborales: algoritmos digitales, robotización y trabajo a distancia", *e-Revista Internacional de la Protección Social,* Vol. VII, nº 1, 2022.

Aranda Álvarez, E., "La Ley contra la violencia de género", *Temas para el debate,* Nº. 121, 2004, págs. 12-13.

- "Violencia de género y discapacidad", en Fernández Santiago/ Sánchez Carazo/ Aranda Álvarez, *Más allá de la ley: enfoques sobre la violencia de género:* Jornadas / Coord. Reviriego Picón, 2009, ISBN 978-84-692-2506-6, págs. 164-191.
- "La Ley de Igualdad: Planteamiento general y su aplicación práctica en la Sociedad", en *La mujer en las Fuerzas y Cuerpos de Seguridad (20 años en la Guardia Civil):* XXI Seminario "Duque de Ahumada", (5 y 6 de mayo de 2009), 2010, ISBN 978-84-8150-293-0, págs. 13-20.

Artemi Rallo, *El derecho al olvido en el tiempo de internet: la experiencia española,* Proyectos de investigación financiados por el Ministerio de Economía y Competitividad (DER 2012- 34764) y la Universitat Jaume I (P1-1B2012-12) sobre la reforma del sistema europeo de protección de datos.

Ashiagbor Diamond, "El reto de la discriminación múltiple e intersectorial en la ley de la UE", *University of London,* ADC, tomo LXVI, 2013.

Atria, F., "*¿Existen derechos sociales?", Perf. Latinoam,* Vol. 14, Nº 28 jul./dic. 2006.

Ballester Pastor, "Las familias monoparentales tienen derecho a la misma prestación por nacimiento y cuidado de hijos que las familias biparentales. Las normas deben velar por la protección del menor, lo que no cuadra con el diseño de un derecho individual e intransferible de cada progenitor", *Revista de Jurisprudencia Laboral,* Nº 1, 2021,

Baquero Cruz, "La protección de los derechos sociales en la Comunidad Europea tras el Tratado de Amsterdam", *Revista de Derecho Comunitario Europeo,* nº 2, 1998.

Barceló Doménech, J., "Abandono de las personas mayores y reciente doctrina del tribunal supremo español sobre la desheredación por causa de maltrato psicológico", *Actualidad jurídica iberoamericana,* nº. 4, 2016.

Barón Vioque, *Estigma del sistema de género: aprendizaje de los modelos normativos, bullying y estrategias de resiliencia,* Universidad Complutense de Madrid, 2013.

Barrere Unzueta, M. A, "Filosofías del Derecho antidiscriminatorio ¿Qué Derecho y qué discriminación? Una visión contra-hegemónica del Derecho antidiscriminatorio", *AFD,* 2018, págs. 11-42.

Barrere Unzueta/ Morondo Taramundi, "Subordiscriminación y discriminación interseccional: elementos para una teoría del derecho antidiscriminatorio", *Anales de la Cátedra Francisco Suárez,* nº 45, 2011, págs. 15-42.

Basset, U., "La violencia económica contra la mujer en la ruptura: las hipótesis menos pensadas", *Revista Anales de la Facultad de Ciencias Jurídicas y Sociales,* Número extraordinario 2021.

Belloso Martín, N., *Igualdad de género. Una visión jurídica plural,* Jornadas Igualdad Efectiva. Realidad o ficción. Burgos, 11, 12 y 13 de marzo de 2008 / Coord. Gómez Campello/Valbuena González, 2008, ISBN 978-84-96394-98-8, págs. 293-310.

- *La problemática de los sesgos algorítmicos (con especial referencia a los de género). ¿Hacia un derecho a la protección contra los sesgos?,* en AA.VV., *Inteligencia artificial y filosofía del derecho,* Ediciones Laborum, ISBN 978-84-19145-21-5, Murcia, 2022, págs. 45-69.
- "La concreción del interés (superior) del menor a partir de los conceptos jurídicos indeterminados: la ¿idoneidad? De la mediación familiar", *Anuario de la Facultad de Derecho,* Nº. 10, 2017, págs. 1-42.
- "Las Personas Mayores en el Contexto de la Sociedad Paliativa. Algunas Reflexiones Desde la Filosofía de Byung-Chul Han", *Revista internacional CONSINTER de direito,* Vol. 8, Nº 14, 2022 (Ejemplar dedicado a: Estudios Contemporáneos), págs. 153-182.
- "Mediación penal: ¿beneficios reales o potenciales?", *Criminología y Justicia,* nº 4, 2012, págs. 21-34.

Bender, L., " Sex Discrimination or Gender Inequality? " *Fordham Law Review,* Vol. 57, 1989.

Benítez Eyzaguirre, L., "Transparencia y participación para un gobierno abierto", (Coord. por Sánchez de Diego Fernández de la Riva, Sierra-Rodríguez), 2020, ISBN 978-84-7052-805-7, págs. 347-360.

- "Ética y transparencia para la detección de sesgos algorítmicos de género", *Estudios sobre el Mensaje Periodístico,* Vol. 25, nº 3, págs. 1307-1320.

– *La invisible perspectiva de género en la transparencia,* en *Transparencia y Participación para un gobierno abierto* (Coords. Sierra Rodríguez/Sánchez de Diego), Wolters Kluwer, Madrid, 2020, págs. 345-358.

Bermejo García, L., *Envejecimiento activo y actividades socioeducativas con personas mayores,* Guía de buenas prácticas, 2010.

Bobbitt-Zeher, " Gender discrimination at work: Connecting gender stereotypes, institutional policies, and gender composition of workplace ", *Gender & Society,* 2011, journals.sagepub.com

Borges Blázquez, R., "Europa ante la perspectiva de género", *Diario La Ley,* nº 9588, 2020.

Bustos Bottai," "Discriminación por razón de sexo y acciones positivas", Comunicación presentada en el Seminario "Los Derechos Humanos, la utopía de los excluidos", 2007.

– "Discriminación por razón de sexo y acciones positivas: Reflexiones a la luz de la jurisprudencia español y aproximación a la ley para la igualdad efectiva", *Revista de Filosofía, Derecho y Política,* nº 6, 2007.

Caamaño Rojo, E., "La discriminación laboral indirecta", *Revista de Derecho,* Vol. XXII.

Caamaño Rojo/Ugarte Cataldo, "El acoso laboral: tutela y prueba de la lesión de los derechos fundamentales", *Ius et Praxis* Vol. 20, nº 1, 2014.

Cabrales Lucio, "Los derechos sociales. Una propuesta de interpretación conforme en el control constitucional de la Ley", *Universitas. Revista de Filosofía, Derecho y Política,* nº 16, julio 2012.

Calvo Gallego, "Mobbing y negociación colectiva", disponible en *http://hdl.handle.net/10272/3409, 2007.*

Cano Mata, A., "El principio de igualdad en la Doctrina del Tribunal Constitucional", *Revista de Derecho Privado,* 1983, Madrid.

Carbonell, M., "Igualdad y Constitución", *Cuadernos de la Igualdad,* nº 1, 2004.

– "Eficacia de la Constitución y derechos sociales: Esbozo de algunos problemas", *Estudios Constitucionales,* n° 2, 2008, págs. 43-71.

Carmona Cuenca, "El principio de igualdad material en la Constitución europea", disponible en *e-archivo.uc3m.es/bitstream/handle/10016/19182/FCI-2004-8-carmona.pdf?*

– "El principio de igualdad material en la jurisprudencia del Tribunal Constitucional", *Revista de Estudios Políticos,* Nº 84, 1994.

– "La perspectiva de género en los Sistemas Europeo e Interamericano de Derechos Humanos", *Cuadernos y Debates,* Nº 243, 2015.

– *Igualdad de género y Derecho antidiscriminatorio. La Constitución española de 1978, en Diversidad de género e igualdad de derechos: manual para una asignatura interdisciplinar* (Coord. por Carmona Cuenca, Bengoechea Bartolomé), ISBN 978-84-9004-602-9, 2012, págs. 67-80.

Caro Herrero, G., "Reflexiones sobre la concurrencia de violencia económica en el contexto de familia: impacto y mecanismos para su neutralización", *Rev. Boliviana de Derecho,* nº 32, 2021, págs. 124-149.

Cascajo Castro, "Derechos sociales", *Cuadernos de Derecho Público*, Nº 37, págs. 1-28.

Castillo Hernández, Manifestaciones de la Conducta de Agresión en el Contexto Universitario, *Escenarios*, Vol. 11, nº 1, enero-junio, 2013.

Catalán Frías, "La Custodia compartida", *Revista Derecho y Criminología*, págs. 57-82, 2011.

Cerezo Ramírez/Rubio Hernández, "Medidas relativas al acoso escolar y ciberacoso en la normativa autonómica española. Un estudio comparativo. Competencias", *Aprendizaje y reflexión docente*, Vol. 20, nº 1, 2017.

Cerezo Ramírez, F., "Agresores y víctimas del bullying: desigualdades de género en la violencia entre escolares", *Informació psicològica*, nº 94, 2008, págs. 49-59.

Chester Alexis C. *Buama, Gender Discrimination, Society Publishing*, ISBN-10: 1774073315.

Clemente Roncero, I., "Responsabilidad patrimonial del Estado por error en la valoración del riesgo de violencia de género", *AD* nº 178, 2020.

Coll-Planas, Cruell, "La puesta en práctica de la interseccionalidad política: el caso de las políticas LGTB en Cataluña", *Revista Española de Ciencia Política*, nº 31, marzo 2013.

Colomar Pueyo, G., *Abuso y maltrato al anciano: analisis y revisión de sentencias* judiciales en España, tesis doctoral, Universidad Autónoma de Barcelona, 2018.

Coma Solé, M., *Los malos tratos a las personas mayores*, Sociedad Española de Geriatría y Gerontología, 2005.

Córdoba, C. R., "La Victimización Secundaria en la Violencia Sexual. Análisis de la victimización secundaria en casos de abusos y agresiones sexuales, y sexting", *Ehquidad*. nº 17, págs. 179-210. disponible en doi:10.15257/ehquidad.2022.0007.

Córdova López, O., "La violencia económica y/o patrimonial contra las mujeres en el ámbito familiar", disponible en https://doi.org/10.33539/peryfa.2017.n6.468, págs. 39-58.

Cortez G. (2006), "Aspectos bioéticos del final de la vida", *Cuad. - Hosp. Clín.*, Vol.51, Nº 2, 2006.

Cucarella Galiana, L., Derecho a la igualdad, prohibición de discriminación y Jurisdicción, Colección Temas, ISBN: 978-84-9020-393-4, 2019.

Cuesta Arzamendi, *El maltrato de personas mayores*, Instituto Vasco de Criminología, Guipuzkoa, 2006.

Cuevas Mendoza/Dávila Pérez/Jacobo Oceguera, "Violencia económica y patrimonial contra las mujeres: Un abordaje del sistema económico con perspectiva de género", disponible en https://doi.org/10.22529/rdm.2022(5)2, págs. 4-35.

De Andrés del Campo/ Collado Alonso, "Brechas digitales de género. Una revisión del concepto", *Teletrabajo positivo y saludable*, Vol. 20, nº 1 (2020), págs. 34-58

Defensor del Pueblo de Andalucía, *Informe sobre la atención a las personas mayores dependientes en Andalucía*, 2007.

Defensor del Pueblo, *La atención sociosanitaria en España: perspectiva gerontológica y otros aspectos conexos. Recomendaciones del defensor del pueblo e informes de la sociedad española de geriatría y gerontología y de la asociación multidisciplinaria de gerontología,* Madrid, 2000.

De la Puebla Pinilla, A., "Últimos pronunciamientos judiciales sobre conciliación y corresponsabilidad", *Femeris,* Vol. 6, nº 2, págs. 215-226. Disponible en doi: https://doi.org/10.20318/femeris.2021.614.

Del Pino Peña, *Análisis diferencial de la violencia y el acoso psicológico en el trabajo del personal docente: génesis de estudio para una gestión educativa contra el mobbing universitario desde una perspectiva de género,* XIX Congreso Internacional de Contaduría Administración e Informática, 2014.

Diamond Ashiagbor, "Reto de la discriminación múltiple e intersectorial en la ley de la UE", *ADC,* Tomo LXVI, 2013.

Diana Deer/León, "De la violencia marital a la violencia económica y patrimonial en Colombia", *Revista de Estudios Socio-Jurídicos,* Vol. 23, nº I.

Díez-Picazo, L., *Sistema de derechos fundamentales,* Tirant lo Blanch, ISBN 9788413786674, 2021.

Domenech del Río, "Juventud, violencia de género y nuevas tecnologías. Explicación de los estudios más relevantes de la delegación del gobierno para la violencia de género", disponible en *https://www.fiscal.es/fiscal/.../ponencia%20escrita%20Sra%20Domenech.pdf*

Donoso-Vázquez, T/ Rubio Hurtado, M. J./ Vilà Baños, R., "Las ciberagresiones en función del género", *Revista de Investigación Educativa,* nº 35, págs. 197-214, disponible en DOI: http://dx.doi.org/10.6018/rie.35.1.249771, 2017.

Donoso Vázquez/Vilà Baños/Rubio Hurtado/Prado Soto, "Perfil de cibervictimización ante las violencias de género 2.0", *Femeris,* Vol. 1, nº 1-2, págs. 35-57, disponible en doi: http://dx.doi.org/10.20318/femeris.2016.3226 http://www.uc3m.es/femeris

Donoso-Vázquez/Rubio/Vilá, *Ciberacoso en función del género. Propuestas de análisis, I + G 2014. Aportaciones a la Investigación sobre Mujeres y Género,* págs. 873-892.

Donoso Vázquez/Rebollo Catalán, *Violencias de género en entornos virtuales,* Editorial Octaedro, 2018.

Duque Sánchez/ Teixidó, "Bullying y Género. Prevención desde la Organización Escolar", *REMIE: Multidisciplinary Journal of Educational Research,* Vol. 6, nº 2, 2016.

Durán/Martínez Pecino, "Ciberacoso mediante teléfono móvil e Internet en las relaciones de noviazgo entre jóvenes", *Revista Científica de Educomunicación, www.revistacomunicar.com | www.comunicarjournal.com.*

Durán M., "Ciberacoso mediante teléfono móvil e Internet en las relaciones de noviazgo entre jóvenes", *Psicología Conductual,* Vol. 21, Nº 3, 2013.

Eliozondo Urrestarazu, J., *Discriminación múltiple e interseccional en la legislación antidiscriminatoria de la Unión Europea hacia una Europa más inclusiva,* tesis doctoral, 2017.

Escartín/Salin/Rodríguez-Carballeira, "El acoso laboral o mobbing: similitudes y diferencias de género en su severidad percibida", *Revista de Psicología Social,* 2013.

Esparza Reyes/Díaz Revorio, "Los mecanismos jurídicos de lucha contra la discriminación: aportaciones para la configuración del derecho antidiscriminatorio", *Revista de Derecho Político,* nº 105, mayo-agosto 2019, págs. 57-79.

Esparza-Reyes, E./Díaz Revorio, F., "Los mecanismos jurídicos de lucha contra la discriminación: aportaciones para la configuración del Derecho Antidiscriminatorio", Revista de Derecho Político, nº 10, 2019, págs. 57-79.

Esquembre Valdés, M., "Género y ciudadanía, mujeres y Constitución", *Feminismo/s,* nº 8 dic. 2006.

Estébabez, "Sexismo y violencia machista en la juventud. Las nuevas tecnologías como arma de control", *Revista de Estudios de Juventud,* nº 92, Adolescentes Digitales.

Evans, M., *The persistence of gender inequality,* ISBN: 978-0-745-68995-1, 2016.

Evelyn Ellis/Watson P., *EU Anti-Discrimination Law,* ISBN-10: 0199698465.

Fabregat Monfort, "El acoso laboral desde la perspectiva de la prevención de riesgos laborales", *Revista de Relaciones Laborales,* nº 23, 2010.

Faraldo Cabana, P., "Razones para la introducción de la perspectiva de género en Derecho penal a través de la Ley Orgánica 1/2004, de 28 de diciembre, sobre medidas de protección integral contra la violencia de género", *Revista penal,* Nº 17, 2006, págs. 72-94.

Fawcett, B., *Violence against women: current theory and practice in domestic abuse, sexual violence and exploitation,* Londres, ISBN: 978-1-8490-5132-3, 2013.

Fernández Nieto, J., "Responsabilidad de la administracion de justicia y violencia de género: la asignatura pendiente del estado. Comentario a la Sentencia AN Sala Sección 5 del Contencioso-Administrativo 2187/2019 de 30 de septiembre", disponible en *https://el derecho.com › responsabilidad-de-la-administr.*

Fernández Ruiz/Gálvez, "Igualdad, diferencia y desigualdad. Apropósito de la crítica neoliberal de la igualdad", *Anuario de Filosofía del Derecho,* X, 1993,

Ferrajoli, L., "Sobre los derechos fundamentales", *Cuestiones Constitucionales,* nº 15, 2006.

– *Igualdad y diferencia,* Instituto de Investigaciones Jurídicas UNAM, 2015.

Ferrer Pérez/Bosch Fiol, "Violencia de género y misoginia: reflexiones psicosociales sobre un posible factor explicativo", *Papeles del Psicólogo,* Nº 75, 2000.

Ferrer Pérez/Bosch Fiol/Navarro Guzmán/Ramis Palmer/García Buades, "Los micromachismos o microviolencias en la relación de pareja: Una aproximación empírica", *Anales de Psicología,* Vol. 24, nº 2, diciembre, 2008, págs. 341-352.

Figueroa Agreda, M., "Los algoritmos de internet y el monopolio sociocultural de los buscadores en la entrega de datos: opciones para salir de la burbuja", abacoenred.com·https://abacoenred.com › 2018/12

Figueruelo Burrieza, "La protección constitucional de las personas mayores", Conferencia pronunciada en la Universidad de Salamanca en el marco de las Jornadas "Los mayores ante el Derecho", noviembre de 2003.

Franconi, A., "El algoritmo de la discriminación sobre la base del género", ponencia Congreso Internacional "Retos interdisciplinares en el entorno de la Industria 4.0", 2021.

Fuentes Valdivieso, "Acoso laboral o mobbing y violencia de género", *Rev Sanid Milit,* nº 67, Ene.-Feb, 2013.

– "La protección jurídica de las personas mayores desde la perspectiva de los derechos humanos; Derechos humanos y personas mayores: instrumentos de protección jurídica", *Revista de Derecho NED,* nº 17, 2015.

Galera V., "Los derechos sociales en tiempos de crisis económica", *Papeles el tiempo de los Derechos,* nº 19, 2014.

Gálvez Mendoza, L., "El régimen de separación de bienes y la violencia patrimonial en las relaciones de pareja", *Revista de Derecho* Nº 24, 2018, págs. 1-24.

Gama, R., "Prueba y perspectiva de género. Un comentario crítico", Quaestio facti. *Revista Internacional sobre Razonamiento Probatorio,* nº 1, 2020, págs. 285-298.

Ganuza Fernández/Gómez Fortes, "Control político y participación en democracia: los presupuestos participativos", *Digital CSIC,* 2008.

Garaigordobil/ Aliri, "Ciberacoso ("cyberbullying") en el País Vasco: diferencias de sexo en víctimas, agresores y observadores", *Psicología Conductual,* Vol. 21, nº 3, 2013.

Garaigordobil/ Oñederra, "Un análisis del acoso escolar desde una perspectiva de género y grupo", *Ansiedad y Estrés,* Vol. 15, nº 2-3, 2009.

García-Pablos de la Molina, *Tratado de Criminología,* Tirant lo Blanch, Valencia, 1999.

García Garnica, C., "La protección jurídica de las personas mayores: un reto para el siglo XXI", Electronic copy available at: https://ssrn.com/abstract=3359822.

García González, G., "El derecho a la desconexión digital de los empleados públicos: alcance y significado de un derecho emergente en el contexto de la crisis sanitaria", 2020, disponible en http://dx.doi.org/10.2436/rcdp.i0.2020.3505.

García Matamoros, "Los derechos sociales desde la perspectiva de los derechos fundamentales", *Opinión Jurídica,* Vol. 3, nº 6, 2004.

García Medina/Guilarte Martín-Calero, "La protección jurídico-civil de la ancianidad", *Oñati Socio-Legal Series,* Vol. 1, nº 8, 2011.

García Romero, B., "Permisos por nacimiento y cuidado de menor y su discutida acumulación por el progenitor único en caso de familia monoparental para preservar el interés del menor", *Revista de jurisprudencia laboral,* nº 6, 2022.

Gargarella, "¿Democracia deliberativa y judicialización de los derechos sociales?", *Perfiles Latinoamericanos,* nº 28, julio-diciembre, 2006.

Garretón, "Igualdad, Ciudadanía y Actores en las políticas sociales", *Revista Ciencias Sociales,* nº 9, 1999.

Garrorena, "Igualdad jurídica e igualdad real y efectiva en la Jurisprudencia del Tribunal Constitucional", *Anales del Derecho,* Vol. 6, 1984.

Gracia Ibáñez, J., "El maltrato familiar hacia las personas mayores", *Ciencias Biomédicas*, nº 10, 2012.

Giró Miranda, "La violencia hacia las personas mayores", *Trabajo Social Hoy*, nº 72, 2014.

Golpe, L./Avale, *Cuidados de personas mayores, responsabilidad y compromiso,* Universidad Nacional de Mar de Plata, ISBN 987143295X, 9789871432950, 2012.

Gómes Canotilho, "Tomemos en serio los derechos económicos, sociales y culturales", *Revista del Centro de Estudios Constitucionales,* Vol. 23, nº 1. septiembre-diciembre 1988.

Gómez Colomer, J., "La victimización secundaria de la mujer que ha sufrido acoso sexual, acoso laboral o tratos vejatorios y degradantes, a cargo de su superior jerárquico funcionario público, en el procedimiento administrativo sancionador", *Revista Electrónica de Ciencias Criminológicas,* nº 2, 2017.

Gómez Conesa, A., "Análisis crítico del agravante por razones de género del art. 22.4 CP", *Diario La Ley*, 2021.

González Ramírez/Fuentealba Martínez, "El aporte de Mediación Penal a los conflictos de violencia intrafamiliar y género en el ámbito familiar", disponible en *https://files.stample.co › stample-1522449388221.*

Gorelli Hernández, "Acoso laboral y negociación colectiva en Andalucía", Temas laborales, Vol. III, nº 100, 2009.

Gorka Moreno, "La reformulación del Estado del bienestar: el workfare, las políticas activas de empleo y las rentas mínimas", *Revista de Servicios Sociales,* nº 43, 2008.

Gutierrez de Piñeres Botero/Andres Pérez C., "Revisión teórica del concepto de victimización secundaria", *Liber,* Vol.15, nº 1 ene./jun 2009.

Gutiérrez Rivas/ Salazar Ugarte, I*gualdad, no discriminación y derechos sociales: una vinculación virtuosa,* México, ISBN 978-607-7514-31-2 2011.

Hamodi Galán/Jiménez Robles, "Modelos de prevención del bullying: ¿qué se puede hacer en educación infantil?", *Revista de Investigación educativa,* 2018.

Hattery/ Smith, Gender, " Power and violence ", ISBN: 978-1538118177, 2019.

Hernández de Frutos, "La violencia bullying en las relaciones de género entre escolares de Navarra", *Revista Internacional de Sociología (RIS)* Tercera Época, n° 27, septiembre-diciembre, 2000.

Hernández Teodoro, "La violencia bullying en las relaciones de género entre escolares de Navarra, Universidad pública de Navarra", *Revista Internacional de Sociología (RIS)* Tercera Época, n° 27, septiembre-diciembre, 2000.

Herrera, CM.,"Estado, Constitución y Derechos sociales", *Revista de Derecho del Estado,* nº 5, 2003.

Herrero Brasas, "La discriminación por edad y su efecto en la economía", *Claves de Razón Práctica,* nº 196, 2009.

Herreros Hernández, I., *Patriarcado, machismo y misoginia. Reproche penal, Fiscalía Provincial Las Palmas,* 2017.

Hierro, L., "Los derechos económico-sociales y el principio de igualdad en la teoría de los derechos de Robert Alexy", *Cuadernos de Filosofía del Derecho,* nº 30, 2007.

Huelves Martín, F., "Buenas prácticas TIC. La alfabetización digital en mayores", *TESI*, nº 10, 2009.

Huenchuan Navarro, M*arco legal y de políticas en favor de las personas mayores en América Latina,* Proyecto Implementation of the Madrid Plan of Action on Ageing and the Regional Conference on Ageing, (UNFPA), Santiago de Chile, 2004.

Iborra Marmolejo, *Maltrato de las personas mayores en la Familia en España,* Centro Reina Sofía, Valencia, 2008.

Illana Conde, La protección penal de las personas mayores más vulnerables, Jornadas Autotutela y demás mecanismos de promoción de la Santiago de Compostela 21 y 22 de junio de 2012, disponible en https://aequitas.notariado.org › liferay › get_file

Iniesta Martínez/Invernón Gómez, "Violencia escolar y relaciones de género: una aproximación teórica", *Escenarios,* Vol. 11, nº 1, enero-junio, 2013.

Javato Martín, M., *Violencia, abuso y maltrato de personas mayores perspectiva jurídico-penal y procesal: conforme a la Ley Orgánica 5/2010, de 22 de junio, de modificación del Código Penal,* Valencia, Tirant lo Blanch, 2010.

Jiménez, Arroyo, S., "Madres victimizadas. Análisis jurídico de la violencia filio parental como un tipo de violencia hacia la mujer", *Anales de Derecho,* Vol., 35, nº 1, 2017.

– "La violencia filio parental: ¿un tipo de violencia hacia la mujer? Conclusiones finales y propuestas", *Anales del Derecho,* Nº 1, 2017.

Jiménez Campo, "La igualdad jurídica como límite frente al legislador", *Revista Española de Derecho Político,* nº 9, 1983.

Jiménez Hidalgo, A., "Juzgar con perspectiva de género en la jurisdicción de lo social. ¿es necesaria una reforma legislativa?", *Ponencia impartida en las 2as. Jornadas Jurídicas de Derecho Laboral y Sindical del Gabinet Tècnic Jurídic de Cataluña "La precariedad laboral: desigualdad y discriminación",* Barcelona, noviembre 2018.

Kenna, "El derecho a la vivienda: obligaciones positivas y derechos exigibles", *Revista Europea de Derechos Fundamentales* nº 12, 2008.

Lathrop, "Protección jurídica de los adultos mayores en Chile", R*evista Chilena de Derecho,* Vol. 36, nº 1, 2009, págs. 77-113.

Lema Añón, *Derechos sociales, ¿Para quién? Sobre la universalidad de los derechos sociales,* Universidad Carlos III de Madrid. Instituto de Derechos Humanos Bartolomé de las Casas; Dykinson, 2010.

Leturia/Etxaniz, *Los derechos de las personas mayores y la prevención del mal trato,* Colección Derechos humanos "Juan San Martín, 2009.

Lombardo, E., "El mainstreaming de género en la Unión Europea", *Aequalitas. Revista jurídica de igualdad de oportunidades entre mujeres y hombr*es, Vol. 10, nº 15, mayo-diciembre 2003, págs. 6-11.

Lopera Mesa, "Los derechos fundamentales como mandatos de optimización", *Cuadernos de Filosofía del Derecho,* nº 27, 2004.

López Camps, "La gestión de la calidad en la Administración local", *Papers de Formación Municipal,* nº 48, 1998.

López Doblas, *Personas mayores viviendo solas La autonomía como valor en alza,* Premio IMSERSO "Infanta Cristina", Ministerio de Trabajo y Seguridad Social, 2014.

López Gerosol/ Castro Clemente, "Soledad y aislamiento, barreras y condicionamientos en el ámbito de las personas mayores en España", *Ehquidad,* nº 12, 2019.

López Menudo, "Los derechos sociales en los Estatutos de Autonomía", Revista Andaluza de Administración pública, nº 73, 2009.

López López, J., "Corresponsabilidad familiar y políticas legislativas sobre igualdad", *Temas Laborales* nº 67, 2002, págs. 45-70.

López de Zubiria, S., "La agravante de discriminación por género como respuesta a las limitaciones penales en la violencia de género", *Eunomía. Revista en Cultura de la Legalidad,* nº 22, págs. 158-187, disponible en https://doi.org/10.20318/eunomia.2022.6811

Lorenzo Rodríguez-Armas, M., "La igualdad real y efectiva desde la perspectiva de género en la jurisprudencia del Tribunal federal alemán y el Tribunal Constitucional español", *Anuario Jurídico y Económico Escurialense,* 2007, págs. 181-194.

Llovera/Alfaro/Bautista, "Acoso laboral: un análisis normativo y jurisprudencial", disponible en http://hdl.handle.net/2117/23556.

Llorent-Vaqueros, M/Sianes-Bautista, A, *Micromachismos coercitivos desde la perspectiva del universitario: una aproximación descriptiva,* Universidad de Sevilla, 2016.

Macchiavelli, N., "La violencia de género y el uso de algoritmos como herramienta efectiva para la protección de los derechos fundamentales", *AFD,* 2022 (XXXVIII), págs. 59-76.

– "Perspectiva de género en las nuevas tecnologías: el problema de los sesgos", *Diario DPI,* nº 84, 2021, págs. 1-26.

Magro Servet, V., "La responsabilidad patrimonial del Estado por defectuoso control de la valoración del riesgo de la víctima de violencia de género", *CEFLegal: Revista Práctica de Derecho. Comentarios y casos prácticos,* nº. 240, 2021.

Maldonado-García/ Erazo- Álvarez, "Violencia económica y patrimonial. Acceso a una vida libre de violencia a las mujeres", *Iustitia Socialis. Revista Arbitrada de Ciencias Jurídicas,* Vol V, nº 8, 2020, págs. 511-526.

Mantilla Falcón, J., "La importancia de la aplicación del enfoque de género al derecho: asumiendo nuevos retos", *Themis Revista de Derecho,* nº 63, págs. 131 -146.

– "Derecho y perspectiva de género: un encuentro necesario, Maestría de Estudios de Género y de Derechos Humanos de la Pontificia Universidad Católica del Perú", V*ox Iuris,* Lima (Perú), nº 32, 2016, págs. 117-125.

Manzanero Jiménez/ Pérez García-Ferrería, "Sobre el derecho al olvido digital: una solución al conflicto entre la libertad de información y el derecho de protección de datos personales en los motores de búsqueda", *RJUAM,* nº 32, 2015-II, págs. 249-258.

Marco Francia, P., "Los malos tratos en la tercera edad en España. La invisibilidad como factor de vulnerabilidad", *TraHs,* n°5, 2019.

Marín de Espinosa, Elena B., "La agravante genérica de discriminación por razones de género (art. 22.4 CP)", *Revista Electrónica de Ciencia Penal y Criminología (en línea)*, 2018, págs. 20- 27.

Márquez Prieto, A., "Entre algoritmos: género humano y género artificial", *e-Revista Internacional de la Protección Social*, vol. VII, nº 1, 2022.

Martí, J., "El ingreso de personas con deterioro cognitivo en residencias", *Informes Portal*

Mayores, nº 61, 2006.

Martínez López, "Los servicios de atención a domicilio en España: Antecedentes, Evolución Histórica y Marco Normativo", disponible en *https://docplayer.es › 8398349-1-los-servicios-de-atenci.*

Martínez Maroto, A., *Gerontología y derecho: aspectos jurídicos y personas mayores*, Ed. Médica Panamericana, ISBN 9788479036492, 2001.

– "El maltrato a personas mayores y su regulación en la legislación española", *Informes Portal Mayores*, nº 40, 2005.

Martínez Moya, J., "El derecho a la desconexión digital: contenido, límites y limitaciones. Confirmación judicial de sanción impuesta a un controlador aéreo por negarse a realizar un curso de formación *on line*", *Revista de Jurisprudencia Laboral*, nº 1, 2021.

Martínez Ques, "La protección jurídica de las personas mayores desde la perspectiva de los derechos humanos", Revista de Derecho UNED, nº 17, 2015.

Maturana, P., "Juzgar con perspectiva de género: Fundamentos y análisis de sentencias",

Anuario de Derechos Humanos, Vol. 15, nº 2, 2019.

Medina Tornero, *Políticas sociales para las personas mayores en el próximo siglo*, Actas del Congreso, Murcia (10-12 de noviembre de 1999), 2000.

Melgar, L., "Acoso escolar, discriminación y violencias sociales", *Biblioteca Jurídica Virtual del Instituto de Investigaciones Jurídicas de la UNAM www.juridicas.unam.mx.*

Mendiri/García Fuentes, "El bullying revisión teórica, instrumentos y programas de intervención", *disponible en http://revistas.udc.es/index.php/reipe/article/view/reipe.2015.0.02.1299.*

Mercader Uguina, J., *Discriminación algorítmica y derecho granular: nuevos retos para la igualdad en la era del big data*, Universidad Nacional Autónoma de México, 2022.

Mercado Pacheco, P., "Igualdad y derecho antidiscriminatorio", *disponible en https://doi.org/10.30827/acfs.v45i0.522.*

Molina Navarrete, C., "Protección multinivel e igualdad de género en el Derecho de la Seguridad Social: más allá del derecho al desempleo de las "Kelly de hogar", *Diario La Ley*, nº 10028, 2022.

Molina Peligero, M., "La violencia filioparental en el contexto de la violencia familiar", *IPSE-ds*, Vol. 9, 2013.

Monasterio Astobiza, A., Ética algorítmica: implicaciones éticas de una sociedad cada vez más gobernada por algoritmos, Dilemata, nº 24, (Ejemplar dedicado a: Ética de datos, sociedad y ciudadanía), 2017, págs. 185-217.

Monereo, C., "Una teoría de los derechos sociales es posible", *disponible en observatoridesc.org/files/cap1.pdf.*

Monereo Atienza, "Herramientas para una teoría de los derechos sociales" *Anuario Filosofía del Derecho,* nº 22, 2005.

Monteiro Santana García, V., "Misoginia en el espacio público, femicidio no íntimo y prueba criminal", *Revista de Políticas y Problemas Públicos,* Vol. 8, nº 1, enero-junio 2019.

Montero Casillas, M., "El régimen económico de gananciales ante las situaciones de violencia de género" Diario La Ley, n 6923, 2008

Mora, M., *Formación y objeto del derecho antidiscriminatorio de género: perspectiva sistemática de la igualdad desde el Derecho público. Perspectiva sistemática de la igualdad desde el derecho público,* ISBN 978-84-92788-34-7, Atelier, 2011.

Mora Ruiz/Giles Carnero, *El derecho antidiscriminatorio de género,* Ed. Agapea, ISBN 9788496560628, 2008.

Morcillo-Martínez, *Discapacidad intelectual y violencia de género en mujeres migrantes: "la multidiscriminación,* https://www.aragon.es/estaticos/GobiernoAragon/Organismos/InstitutoAragonesMujer, 2012.

Moreno Jiménez, "Diferencias de género en el acoso psicológico en el trabajo: un estudio en población española", *Psicologia em Estudo,* Maringá, Vol. 10, nº 1, 2005.

Moreno Márquez, "La reformulación del Estado del bienestar: el workfare, las políticas activas de empleo y las rentas mínimas", *Ekaina,* junio 2008.

Moreno Moreno J., "Mayores y calidad de vida", *Portularia,* nº 4, 2004.

Moya Bernal/Barbero Gutiérrez, *Malos tratos a personas mayores. Guía de actuación, Colección Manuales y Guías Serie Personas Mayores,* Ministerio de Trabajo y Asuntos Sociales, 2005.

Muñiz Rivas/Monreal Gimeno, "Violencia de pareja virtual y ajuste psicosocial en la adolescencia desde la perspectiva de género", *International Journal of Developmental and Educational Psychology,* Vol. 2, nº 1, 2017.

Muñoz Tortosa, *Personas mayores y malos tratos,* Ed. Pirámide, ISBN 84-368-1917-9 2004.

Navarro/Larrañaga/Yubero, "El conflicto de rol de género masculino y su vinculación con el acoso escolar (bullying)", *Feminismo/s,* nº 25 junio, 2015.

Nikken, "La protección de los derechos humanos: haciendo efectiva la progresividad de los derechos económicos, sociales y culturales", *Revista IIDH,* Vol. 52, 2010.

Niño Patiño, N., "Perspectiva y enfoque de género: herramienta para la toma de decisión judicial", *Revista Temas Socio Jurídicos,* Vol. 38, nº 77 julio - diciembre, 2019.

Nogueira Alcalá, "La protección de los derechos sociales como derechos fundamentales de eficacia inmediata y justiciables en Jurisdicción constitucional: La sentencia del Tribunal Constitucional ROL 1710-2010-INC., del 6 de agosto de 2010, sobre la constitucionalidad del artículo 38 Ter, de la Ley de Isapres", *Estudios Constitucionales,* Año 8, nº 2, 2010.

Osborne/ Molina Petit, "Evolución del concepto de género", *Revista de Metodología de las*
Ciencias Sociales, nº 15, 2008.

Ortega Ortigoza, D., "La violencia filio-parental. ¿Un subtipo de violencia de género? Una revisión bibliográfica de la figura de la víctima", *Revista Educación Social,* nº 21, 2015.

Óscar Ortíz, D., "La violencia económica en el ámbito penal", Revista Pensamiento Penal nº 11, 2017, págs. 1-6.

Peral López, M. C., "Responsabilidad pública en materia de violencia de género (Especial referencia a las hijas e hijos de madres maltratadas)", *Femeris,* Vol. 5, nº 2, págs. 166-182, *disponible en doi: https://doi.org/10.20318/femeris.2020.5389.*

Pereira i Puigvert, S., "El principio de igualdad de género y el derecho antidiscriminatorio, en Principios y garantías procesales", en "Liber Amicorum" homenaje a la profesora Mª Victoria Berzosa Francos (Dir. Joan Picó i Junoy), ISBN 978-84-941304-9-6, 2013, págs. 289-300.

Pérez Amorós, F., "Derecho de los trabajadores a la desconexión digital: mail on holiday", *Revista IUS,* Vol.14, nº 45 ene./jun, 2020.

Pérez Campos, "La desconexión digital en España ¿un nuevo derecho laboral?", *Anuario jurídico y económico escurialense,* nº 52, 2019.

Pérez Cázares, M., "El acceso a la justicia delas personas adultas mayores. El Nuevo Derecho Procesal Geriátrico, *TraHs,* nº 5, 2019.

Pérez Luño, *"El concepto de igualdad como fundamento de los derechos económicos, sociales y culturales", Anuario de Derechos Humanos,* nº 1, 1981.

Pérez del Río, T., "La violencia de género en el trabajo: el acoso sexual y el acoso moral por razón de género", *Temas Laborales,* nº 91, 2007.

Pérez Sola, N., "L a igualdad en la regulación constitucional de la familia, el matrimonio y los menores", *Estudios de Deusto: Revista de Derecho Público,* Vol. 62, nº 1, 2014, págs. 117-157.

- "La dimensión constitucional y convencional de la igualdad de género, Género, derecho y tutela jurisdiccional: Visiones desde España y América Latina" (coord. Ruiz-Rico, Rodríguez Ruiz, ISBN 978-84-1113-799-7, 2022, págs.135-156.

Peroni, L., *"Los estereotipos en el Derecho Antidiscriminatorio: Comentario, Discusiones", nº* 28, págs. 71 a 86, 2022.

Prieto Sanchís, "Los derechos sociales y el principio de igualdad sustancial", *Revista del Centro de Estudios Constitucionales,* nº 22, 1995.

Poyatos i Matas, G., "Juzgar con perspectiva de género: una metodología vinculante de justicia equitativa", *Revista de Género e Igualdad,* nº 2, 2019, págs. 1-21.

- "Acoso sexual, prescripción y justicia de género a propósito de la sentencia de la sala social del Tribunal Superior de Justicia de Canarias de 10 de febrero de 2022 (rec. 1481/2021)", *CEFGestión: Revista de actualización empresarial,* pags. 71-78, 2022.

Purcalla Bonilla, M., "Control tecnológico de la prestación laboral y derecho a la desconexión: Claves teóricas y prácticas", *Anuario IET de Trabajo y Relaciones Laborales,* 2018.

Quezada-Astudillo/Zamora Vázquez, "Vulneración de los derechos de las mujeres víctimas de violencia económica y patrimonial", *FIPCAEC,* Vol. 6, nº 3, 2021, págs. 475-498.

Quintero Olivares, G., "La tutela penal: entre la dualidad de bienes jurídicos o la perspectiva de género en la violencia contra la mujer", *Estudios Penales y Criminológicos,* Vol. XXIX (2009), págs. 421-445.

Ramírez Belmonte, "Concepto de género: Reflexiones", *Ensayos nº 8,* 2008.

Ramírez-Bustamante, N., "Análisis jurídico de la discriminación algorítimica en los procesos de selección laboral", *Researchgate,* 2020, págs. 1-30

Reche Tello, N., "La desconexión digital como límite frente a la invasión de la privacidad", *IUSLabor* n º 3, 2019.

Rey Martínez, F., "La discriminación múltiple, una realidad antigua, un concepto nuevo", *Revista Española de Derecho Constitucional,* nº 84, septiembre-diciembre, 2008.

Rivas Vallejo, P., "Sesgos de género en el uso de inteligencia artificial para la gestión de las relaciones laborales: análisis desde el derecho antidiscriminatorio", *E-Revista Internacional de la Protección Social,* Vol. 7, nº 1, 2022, págs. 52-83.

– "Discriminación algorítmica: detección, prevención y tutela", *Researchgate,* 2021, págs. 1-80.

Robles/Molina, "¿Una consecuencia más de las desigualdades sociales? Un análisis de caso para Andalucía", *Empiria. Revista de Metodología de Ciencias Sociales,* nº 13, enero-junio, 2007.

Rodhe, D., *Justice and Gender: Sex Discrimination and the Law,* ISBN 9780674491014, 1991.

Rodríguez-Blanesa/Vives-Cases, "Oportunidades y retos en el abordaje de la violencia de género en el medio laboral: un contexto de oportunidad para la prevención", *Arch Prev Riesgos Laborales,* Vol. 20, nº 3 jul./sep. 2017.

Rodríguez Cabrero, G., *La participación social de las personas mayores,* Instituto de Migraciones y Servicios Sociales (España), Colección Estudios Serie personas mayores, Madrid, 2008.

Rodríguez P., *Residencias y otros alojamientos para personas mayores,* Ed. Médica Panamericana, Buenos Aires, ISBN: 978-84-9835-001-2, 2007.

Rodríguez Ruiz, B., *Género y Constitución. Mujeres y varones en el Orden constitucional español,* Colección Teoría y Práctica, Ed. Jurúa, Lisboa, ISBN: 9789897124228, 2017.

Rojo Pérez/Fernández Mayoralas (Ed.), *Calidad de vida y envejecimiento,* Fundación BBVA, Bilbao, 2011.

Rueda Estrada (Coord.), *El maltrato a personas mayores: Bases teóricas para su estudio,* Colección Documentos de acción social, Serie personas mayores, 2008.

Rueda Martín, M., "Cometer un delito por discriminación referente al sexo de la víctima y/o por razones de género como circunstancia agravante genérica", *Revista Electrónica de Ciencia Penal y Criminología,* nº 21, 2019.

Sáez Lara, C., "El algoritmo como protagonista de la relación laboral. Un análisis desde la perspectiva de la prohibición", *Temas laborales: Revista andaluza de trabajo y bienestar social,* nº 155, 2020, págs. 41-60.

Sáez Narro, N.; Aleixandre Rico, M., y Meléndez Moral, J. C., "Los problemas de la tercera edad, según la tercera edad", *Geriátrika,* nº 11, 1995.

Salazar Benítez, O., "La necesaria perspectiva feminista en la enseñanza, interpretación y aplicación del Derecho", *Investigaciones feministas,* Vol. 12, nº 2, 2021.

Salazar Pizarro, "Fundamentación y estructura de los derechos sociales", *Rev. Derecho* (Valdivia), Vol. 26, nº 1, jul. 2013.

Sánchez Aguadero, "Abordaje del maltrato al anciano en el ámbito doméstico", R*ev. Enferm. CyL,* Vol 7, nº 1, 2015.

Sánchez Pérez, "La tutela de los derechos sociales a través de la jurisprudencia del Tribunal Constitucional", *disponible en digibug.ugr.es/.../La%20tutela%20 de%20los%20derechos%20sociales%20a%20.*

Sánchez Trigueros/Folgoso Olmo, "En torno a la desconexión digital", *Revista Internacional y Comparada de Relaciones Laborales y Derecho del Empleo,* Vol. 9, nº. 2, 2021.

Sánchez-Urán, "Despido y móvil discriminatorio: garantías, sustantiva y procesal, tras la LOIEMH", *Actualidad Laboral,* nº 14, 2007.

Sánchez-Zafra, M./Zagalaz-Sánchez, M. L./Cachón-Zagalaz, J., "Análisis de las Conductas Violentas en la escuela en función del género y el tipo de Centro". *ESHPA Education,* 2018.

Santana Vega, D., *Marco jurídico y social de las personas mayores y de las personas con discapacidad,* Ed. Reus, Madrid, 2008.

Sarasola Sánchez-Serrano, *Trabajo social y servicios sociales para personas mayores,* Universidad Pablo Olavide, 2015.

Sastre Ariz, "Hacia una teoría exigente de derechos sociales", *Revista de Estudios Políticos (Nueva Época),* nº 112, abril-junio, 2001.

Seijas Villadongos, *Derechos, deberes y protección jurídica de las personas mayores, 2004.*

Seone Marín/Olaizola Nogales, "Análisis de la circunstancia agravante de discriminación por razones de género", *Estudios Penales y Criminológicos,* Vol. XXXIX (2019), *disponible en http://dx.doi.org/10.15304/epc.39.5880.*

Serra Cristóbal, "La discriminación múltiple en los ordenamientos jurídicos español y europeo", *Revista Española de Ciencia Política,* nº 31, marzo 2013.

Serrano Espinosa, G., "Conciliación, sí; pero mejor corresponsabilidad", *Diario La Ley,* nº 9890, 2021.

Shepherd, L., Gender, " Violence and Security ", London, 2009, d*isponible en DO - 10.1017/S1743923X10000437.*

Sobrino, G., *La protección laboral de la violencia de género: Déficits y ventajas,* ISNB 9788490042472, Valencia, 2013.

Solana Montes de Oca, "El mobbing desde la perspectiva de la mujer", *Revista de Ciencia y Técnica de la Universidad Empresarial Siglo 21,* nº 2 mayo, 2009.

Sowell, T., *Discrimination and Disparities,* 2022.

Tarunabh Khaitan, *A Theory of Discrimination Law,* Oxford University Press, 2015, hardback, ISBN 9780199656967, 2015.

Torres Sánchez, X./Ojeda Chamba, "La violencia de género manifestada en el mobbing maternal", *Rev. Derecho de los Grupos,* 2019.

Tortuero Zapata, J., *50 propuestas para racionalizar la maternidad y facilitar la conciliación laboral,* Civitas, ISBN: 9788447024971, Madrid, 2006.

Trujillo Pons, A., *La desconexión digital en el ámbito laboral,* Valencia, Tirant lo Blanch, ISBN: 978-84-1397-574-0, 2021.

Tur Ausina, R., "Igualdad de género y Derechos Humanos", en Deontología, principios jurídicos básicos e igualdad / Enrique Álvarez Conde (Aut.), 2016, ISBN 978-84-309-7061-2, págs. 402-416

- "Las políticas de igualdad de género en Europa: Unión Europea y Consejo de Europa", en Estudios interdisciplinares sobre igualdad / Coord. por M. D. Cancio/ Alvarez Conde (dir.), Figueruelo Burrieza/Nuño Gómez (dir.), 2009, ISBN 978-84-9890-068-2, págs. 337-366.
- "Violencia de género e igualdad: una cuestión de derechos humanos" (Coord. por Gallardo Rodríguez; Figueruelo Burrieza (dir.); del Pozo Pérez (dir.); León Alonso (dir.), ISBN 978-84-9045-077-2, 2013, págs. 277-292.

Valdivares Suárez, "Violencia escolar, patrones de género y derechos fundamentales. una reflexión a partir del "caso Carla", *Feminismo/s* nº 25 junio, 2015.

Valle Muñoz, "La garantía de indemnidad del trabajador por ejercitar acciones judiciales contra el empresario", *Rev. Derecho Social,* nº 29, 2005.

Verda y Beamonte, "El internamiento involuntario de ancianos en centros geriátricos en el Derecho Español", *Actualidad jurídica iberoamericana* nº. 4, 2016.

Vidal Casero, "El mobbing en el trabajo. su problemática", *Revista General Informática de Derecho,* nº 1, 2006.

Vidal Pérez de la Ossa, A., "La responsabilidad de la Administración frente a anomalías en la valoración objetiva del riesgo de las víctimas de violencia de género", d*isponible en https://interjuez.es › 2022/07/14 ›*

Villanueva Flores, "Análisis del Derecho y perspectiva de género", *Derecho PUCP,* 1997, págs. 485-518.

Vivas Tesón, I., *Las transformaciones del derecho de familia desde una perspectiva de género,* Investigaciones multidisciplinares en género: II Congreso Universitario Nacional "Investigación y Género", Sevilla, 17 y 18 de junio de 2010, ISBN 9788469379820, 2010, págs. 1207-1231.

Viviana Tepfer, M., "Algoritmos, nuevo actor en las relaciones laborales", www.cielolaboral.com, págs. 1-3.